EINE FRAU UND IHR HUND

Viv Billingham

GÜNTER PIEPENBROCK
VERLAG · BIELEFELD

Der Erinnerung Megs (Zuchtbuch No. 24202) und ihres Herrn GWB gewidmet, der mir erlaubt hat, von ihm zu lernen und mir beibrachte, meinen eigenen Verstand zu gebrauchen.

Günter Piepenbrock
Buchverlag und Versand
D-33647 Bielefeld

Übersetzung ins Deutsche: Günter Piepenbrock

Druck:
Hans Kock Buch- und Offsetdruck GmbH, Bielefeld

ISBN 3-9803006-4-1

Inhalt

GWB

Einleitung

von Major-General D.L. Lloyd Owen, CB, DSO, OBE, MC

Als Viv Billingham mir zum erstenmal erzählte — etwas schüchtern, wie ich mich erinnere — daß sie ihre Lebensgeschichte zum zukünftigen Nutzen ihres Sohnes Geoff aufgeschrieben hat, habe ich sie überredet, mich das Manuskript lesen zu lassen. Das war vor ungefähr zwei Jahren. Seitdem wurden weitere Kapitel hinzugefügt, andere wurden erweitert und verbessert, doch es war mir vom ersten Augenblick an klar, daß ich das Zeugnis eines Menschen gelesen hatte, der eine ungewöhnliche Kenntnis über Schafe und über Hütehunde im besonderen und eine scharfsinnige Erkenntnis der Natur und der Schönheit der Landschaft im allgemeinen, besaß. All dies geschah, bevor eine außergewöhnliche Sammlung von Fotografien hinzugefügt wurde, die sicherlich dazu beitragen wird, die Charaktere von Menschen und Hunden, die in diesem schönen Buch so hingebungsvoll beschrieben werden, zum Leben zu erwecken. Und Geoff, ihr Ehemann, der auf diesen Seiten immer nur GWB genannt wird, hat nicht erst jetzt damit begonnen, diese wirklich köstlichen Vignetten zu zeichnen, die den Anfang jedes Kapitels zieren. Ich wußte schon lange, daß er ein Künstler ist, denn bereits vor einigen Jahren hat er mir zwei Exemplare seiner entzückenden Zeichnungen geschenkt.

GWB, wie auch Viv, seine Frau, sind Hundeführer der Spitzenklasse von internationalem Niveau. Wer die Kreaturen der Natur so brillant zu porträtieren vermag wie er, ohne darin jemals unterrichtet worden zu sein, hat offensichtlich Talent, und es zeigt seine scharfe Beobachtungsgabe und seine lebenslange Liebe zu ihnen. Wie glücklich muß Viv sein, eine ebensolche Neigung zu haben. Man erkennt es auf jeder Seite dieser bezaubernden, aufrichtigen Chronik.

Für den Berufsschäfer und den Hundeführer gibt es in diesem informativen Buch vieles, worüber sich das Nachdenken lohnt. Für den Border-Collie-Liebhaber — wie ich einer bin — gibt es eine Menge gute Ratschläge, basierend auf soliden Überzeugungen, die durch jahrelange Erfahrung gewachsen sind. Weil dies Buch so allgemein verständlich geschrieben ist, wird man auf fast jeder Seite etwas lernen können.

Jenen Lesern, die nur wenig oder gar keine Kenntnis von Hunden und Hütehund-Trials, noch von Schafen und ihrer Landschaft haben, wird dies Buch sicherlich auch viel Freude machen. Es ist voll der einfachen Philosophie einer Frau, die über die Tiere schreibt, die sie so sehr liebt, und über den Beruf einer Schäferin, den sie mühsam erlernen mußte.

Alle, die dieses Buch lesen und sich daran erfreuen, werden verstehen können, warum der acht Jahre alte Garry, der Sohn von GWBs großartiger Hündin Jed, ein Hund ist, der Viv Billingham so viel bedeutet.

David Lloyd Owen
Balintore, Oktober 1983

Vorwort

von Eric Halsall

Gael hatte einen schwarzkehligen Taucher in das kalte, klare Wasser des kleinen Sees getrieben, und jetzt läßt der kleine Collie seine Zunge mit beiläufigem Interesse über die zwei braunen Eier schnippen, die der Vogel in seinem rohen Nest aus Sumpfmoos zurückgelassen hat. Ich sitze im Heidekraut, um zu beobachten und über mein Glück nachzusinnen, daß ich solche einfachen Freuden jeden Tag genießen darf. Ich befinde mich gerade mit Gael auf der Isle of Mull; zu Hause, oberhalb des Gorge of Cliviger in Lancashire, dürfen wir Dinge erleben, die diesen verwandt sind.

Viv Billingham, die Autorin dieses Buches, erfreut sich an ähnlichen Ereignissen in der wilden Großartigkeit der Cheviot-Hills, und ihre Schriften spiegeln ihre Lebensfreude in solch unzivilisierten Gegenden wider. Das alleine ist schon ein ausreichender Grund, für alle, die sich an Großbritanniens unverdorbener Landschaft erfreuen, dies Buch zu kommentieren. Viv fand Beliebtheit bei einem Fünf-Millionen-Publikum, welches ihre fast poetischen Beschreibungen ihrer Cheviot-Heimat im Fernsehprogramm ‚One Man and His Dog' von BBC 2 sah und hörte. Ihr Buch vervollständigt diese ersten Eindrücke, so daß nun jeder diese Freuden und Drangsale des Lebens in den Cheviots mit ihr teilen kann. Viv ist eine Schäferin von nicht geringem Kaliber, und ihre Geschichte ist folglich sehr praxisbezogen.

Viv arbeitet mit ihrem Ehemann Geoff zusammen (dessen Zeichnungen außerdem zur Faszination dieses Buches beitragen) und hilft bei der Verwaltung einer der ältesten Cheviot-Herden auf einer Fläche von 800 Acres in den schottischen Borders. Sie leistet Geburtshilfe zur Lammzeit, kann eine Herde scheren und ins Tauchbad schicken, kann sowohl die Schafe von den Hügeln sammeln, als auch die ganz normalen Aufgaben einer Frau erledigen und sich um Geoffry Junior kümmern. In der Wettkampfwelt der Sheepdog-Trials ist sie eine ebenbürtige Konkurrentin — sicherlich eine Leistung in einem Gebiet, das bisher fast ausschließlich den Männern vorbehalten war. Viv ist eine der sehr wenigen Damen, die bisher ihr Land bei International-Trials vertreten haben. Zweifellos kennt sie sich mit ihren ständigen Begleitern, den Border Collies, aus und weiß, wie man mit Schafen umgehen muß. Sie liebt ihre Hunde mit Gefühl und praktischem Verstand. Sie besitzt eine große Einsicht in die Veranlagung und die Möglichkeiten des Arbeitscollies.

Dies Buch ist mit Witz und Charme, mit Einfühlung und Wissen von einer Frau geschrieben, die weiß, wovon sie spricht. Der Geist und die Frische der wilden Cheviots ist in all ihren Worten zu spüren — aber auch die traditionellen Werte ihres Waliser Anfangs. In der Zeit umstrittener Standpunkte — in denen viel zur gegenwärtigen Literatur über Arbeitscollies hinzugefügt wird — findet man in diesem Buch sowohl Abhandlungen über Temperament und Charakter der Hunde als auch über Zucht und Aufzucht der Welpen. Man findet hier viel Hilfe und Rat, um Hunde für die Arbeit auf den Hügeln und auch für die etwas präziseren Anforderungen des Trial-Feldes zu trainieren.

Folgt man Vivs Methoden — und Argumenten — dann wird man einen Hund heranziehen, der fähig ist, das Vieh zu bewegen. Folgt man ihrem Rat, wird man einen verläßlichen, treuen Gefährten haben. Liest man ihre Worte, so wird man mit noch größerer Freude den Hütehund-Trials zusehen können. Und die Schönheit der wilden Hügel wird einem immer gegenwärtig sein.

Eric Halsall
Cliviger, Oktober 1983

‚Ein Hütehund muß mit großer Sorgfalt und über eine längere Zeit geformt werden, was von dem vorhandenen Material und dem Maß der gewünschten Feinheit abhängig ist, bis man schließlich das fertige Produkt, seine Schöpfung in Händen hat. Hoffentlich ist es eine Kombination aus Verstand, Fähigkeit und großer Schönheit.' Garry und Laddie (im Vordergrund), Vater und Sohn, in den Cheviots.

Einführung

Man mag denken, daß eine Frau etwas anmaßend handelt, wenn sie zu Feder und Papier greift, um über das ‚heilige' Thema des Hütehunde-Trainings zu schreiben, da es viele qualifizierte Männer gibt, die dies besser könnten. Alles, was ich zu meiner Verteidigung sagen kann, ist, daß ich mich weder als Fachmann betrachte noch als literarisches Genie. Die meisten der Bücher, die je über Hütehunde geschrieben wurden, habe ich entweder gelesen oder selbst erworben und mich daran erfreut. Ich fühle jedoch, daß es zu diesem Thema noch so viel zu sagen gibt, besonders, weil der Border Collie in der ganzen Welt rapide an Bekanntheit zunimmt.

Während all der Jahre sind Geoff, mein Ehemann, und ich zu der Überzeugung gekommen, daß es relativ wenig Hundeführer gibt, die bereit sind, ihre Methoden des Hütehundtrainings anderen mitzuteilen. Sie ziehen es vor, dieses wie ein Geheimnis zu bewahren. Ich gebe unsere Methoden jetzt in der Hoffnung preis, daß der ‚beste Freund des Menschen' der Nutznießer sein wird.

Es ist oft gesagt worden, daß es für jeden Hund den richtigen Mann, und für jeden Mann den richtigen Hund gibt. Nur ganz selten ist es uns vergönnt, einen Hundeführer zu treffen, der die Fähigkeit besitzt, sich den Grillen und Eigenarten jedes Hundes anzupassen — ein wahrer Hundeführer im tiefsten Sinne des Wortes. Es mag seltsam erscheinen, daß die erfolgreichsten Partnerschaften oft auf Ähnlichkeiten im Temperament — und gelegentlich auch im Aussehen — von Hund und Hundeführer zurückzuführen sind. Obwohl manche Hunde ungeduldig und von Natur aus schwierig sind, so wird es ein junger, beeindruckbarer Hund sehr schnell, wenn er in die falschen Hände kommt.

Die folgenden Seiten sind für Leute wie mich geschrieben, die durch Erfahrung lernen, und für solche, die Besitzer von sensiblen Hunden sind. (Diese Sorte Hund ist bei einem Tadel oftmals beleidigt. ‚Schmollen' ist bei den heute gezüchteten Hunden ein weitverbreiteter Fehler.)

Alle meine Hunde haben mich mehr gelehrt, als ich ihnen jemals beibringen könnte, denn es gibt für alles, was ein Hund tut, einen Grund. Wenn er einen Fehler macht, dann geschieht das oft, weil er eine Lektion, die sein Hundeführer kurz zuvor mit ihm übte, falsch verstanden hat. Alle Tiere sind Geschöpfe mit Gewohnheiten, und deshalb ist es wichtig, schlechte Gewohnheiten auf freundliche Art und Weise zu korrigieren, denn die Lebenserwartung eines Hundes ist (verglichen mit der des Menschen) relativ kurz — darum tu es mit Güte!

Man wird auf den nächsten Seiten einige Wiederholungen finden. Geduld, Freundlichkeit und allgemeines Verständnis können bei der Schaffung eines verläßlichen und nützlichen Partners nicht genug betont werden.

Vivien Billingham
Yetholm, Oktober 1983

Kapitel 1

Huldigung an William Goodfellow und Laddie

William Goodfellow — oder Willie, wie ihn seine Freunde und Rivalen nannten, wurde Ende des letzten Jahrhunderts geboren. Vom zarten Alter von zehn Jahren an, ausgenommen der Zeit des Ersten Weltkrieges, war Willie nie ohne die Gesellschaft eines Hundes. Nachdem er unversehrt aus dem Krieg zurückgekehrt war, verbrachte er den größten Teil seines Lebens damit, auf dem rauhen, offenen Bergland von Cumbria und Northumberland, Schafe zu hüten. Als Assistenzschäfer, der sich bei Bewcastle um 500 Mutterschafe kümmern mußte, bekam er das damals königliche Gehalt von 5 Pfund im Monat!

Einer seiner engsten Freunde war Dave Dickson aus Hawick (wie man hört, ein unbezahlbarer Typ), der Eigentümer von Ben. Es sind jetzt mehr als zwanzig Jahre her, seitdem dieser hochgeschätzte Hund sich in der Hütehundewelt einen Namen machte. Er war als großartiger Arbeiter an den Schafen bekannt und repräsentierte Schottland bei vielen Gelegenheiten. Ben wurde Vater von vielen begehrten, registrierten Welpen, und wenn man die Wahrheit sagen soll, auch zahlreichen unregistrierten Welpen, die ebenso gesucht waren!

Unten links: *Garry mit seinen Söhnen Laddie (links) und Glen (Mitte).*

Rechts: *Willie und Laddie* (The Farming News, Glasgow).

Unten: *Willie mit dem Schild beim ‚Scottish National' in Kelso* (R. Clapperton, Selkirk).

Dave Dickson war in der Gegend bekannt dafür, daß er mit seinen Freunden gerne mal einen Drink nahm. Während dieser Zusammenkünfte blieb Ben draußen vor der Tür, um sich dort selbst zu amüsieren. Diese Vergnügen beinhalteten auch schon mal ein Stelldichein mit einer flirtenden Hündin, die irgendeinem der örtlichen Schäfer gehörte.

Ben war wegen seiner großen Intelligenz und seines guten Wesens hochgelobt, welches der größere Teil seiner Nachkommenschaft glücklicherweise von ihm erbte. Kurzhaarig, mittelgroß, mehr schwarz als weiß. Eine seiner besten Fertigkeiten war, ein Schaf zu vereinzeln und von der Herde getrennt zu halten. Sein Vater, Croziers Toss war beim Shedding, dem Abtrennen, ebenso gut, und seine Mutter, Robertsons Beat war als ordentliche Arbeiterin auf den Hügeln bekannt.

Willie Goodfellow zeigte immer eine tiefe Zuneigung zu allen Hunden, und schätzte sich sehr glücklich, einen von Bens Söhnen, die er mit Phil hatte, zu bekommen — Laddie war sein Name. Er war ein etwas zurückhaltender, dreifarbiger Hund, mit mittellangem Fell. Willies Angaben zufolge, soll er ein noch besserer Hund als sein berühmter Vater gewesen sein und hat sich angeschickt, große Dinge für Willie zu tun. Er hat bei zahllosen Trials in der ganzen Region Siege und Plätze errungen.

Willies und Laddies stolzester Augenblick kam 1958, als Laddie 8 Jahre alt war und sie die schottische Meisterschaft bei Kelso gewannen. Bis zu dem Tage hatte noch kein ‚Tommy' diese große Ehre gewonnen.

Genau wie sein Vater Ben und sein Großvater Toss erwies sich Laddie als ein kraftvoller Arbeiter und besonders guter Shedding-Hund. Er war mit einer natürlichen Veranlagung

Unten links: *Willie und Laddie (unten rechts), im schottischen Team, Kelso* (R. Clapperton, Selkirk). **Oben:** *Jimmy Andersons Rüde Hope.*

geboren, Schafe ganz selbständig in eine Linie zu bringen und sie mit nur wenigen oder gar keinen Kommandos auf dem Weg zu halten.

Mehr als zwanzig Jahre lang war Willie unser engster Freund. Er war einer der nettesten Menschen, die man sich wünschen konnte — ein großer Geschichtenerzähler und Humorist, obwohl er sehr oft Schmerzen hatte, weil ihm beide Beine in seinen 70ern amputiert worden waren. Trotz dieser Tragödie lernte Willie unerschrocken, mit künstlichen Beinen zu laufen, machte auch als Hundeführer weiter und betätigte sich gelegentlich noch als Trials-Richter.

Einer der nettesten Züge von Willie war, daß er sich für die Hunde anderer Leute sehr interessierte. Während seines jährlichen Winterbesuches bei uns, konnte er sich nicht ins Haus begeben, bevor er den Inhalt jedes Zwingers untersucht hatte, und hinterher bestand er darauf, daß wir an einer geeigneten Stelle ein paar Schafe hinstellten, damit er die Fähigkeit jedes jungen Hundes beurteilen konnte. Er war stets bereit, seinen hochgeschätzten, freundlichen und praktischen Rat zu geben.

Nach dem Tee bei diesen Besuchen, wenn wir uns am Feuer wärmten, drehte sich die Unterhaltung meistens um Laddies Heldentaten. Willies klare, graue Augen leuchteten, wenn er in Erinnerungen schwelgte von den Tagen, als Männer noch Männer und Hunde noch Hunde waren und Laddie in der Blütezeit seines Lebens war. In jenen Tagen waren die Hütehund-Trials Ereignisse, bei denen man sich traf, um Spaß miteinander zu haben, sich zu entspannen und des Lebens zu freuen.

Seine späteren Jahre verbrachte Willie damit, in den Grasparks des Netherby Estate die Schafe zu hüten. Manchmal mußte er für etwa tausend Schafe sorgen. Nachdem er sich zur Ruhe gesetzt hatte, lebte er bis zu seinem Tode im Alter von 82 Jahren, 1980, in dem Kotten bei Kirck Andrews Towers. Er starb nur acht Tage nach seinem alten Freund und

Rivalen Jimmy Anderson aus Jedburgh, dessen berühmten Hund Hope er sehr bewundert hatte.

Die unbezahlbaren Charaktere der Trial-Scene, die nicht mehr unter uns weilen, können niemals ersetzt werden und dürfen deshalb auch nicht vergessen werden. Sehr geliebt und geachtet von allen, die das Glück hatten, ihn zu kennen, erinnert man sich an Willie hauptsächlich für seinen großen Mut und seine Leistungen mit dem berühmten Collie Laddie. Ich verdanke ihm so viel, daß ich ihm hier meinen Dank sage für die Begeisterung, die er in mir entfacht hat.

Kapitel 2

Erinnerungen an frühe Zeiten

Als ich ein kleines Kind von 4 Jahren war, begleitete ich meine Mutter und meine jüngere Schwester zu einem Hütehund-Trial, zu meinem allerersten! Es wurde auf einem Feld am Stadtrand von Norton abgehalten, nicht weit entfernt vom ‚Ententeich', wo wir an warmen Sommertagen regelmäßig picknickten. Ich erinnere mich lebhaft daran, wie ich zum ersten Mal einen richtigen Schäfer mit seinem Hund sah, und kann mir immer noch ins Gedächtnis zurückrufen, wie hingerissen ich von den ganzen Vorgängen war. Für mich war es bestimmt ein Fall von ‚einmal gesehen, nie vergessen'; ich war wirklich und wahrhaftig ergriffen.

Von dem Tage an hatte ich den Ehrgeiz, Schäferin zu werden. (Ich war so ungeduldig, endlich erwachsen zu werden, und sehnte mich verzweifelt danach, zu lernen, wie man einen Hütehund trainiert.) Aber genauso, wie ich danach schmachtete, eine Schäferin zu werden, muß ich noch weitere Begierden zugeben, die alle irgendwie eng miteinander zu tun hatten. Der eine Gegenstand meiner Begierden war sehr klein und deshalb nicht zu schwer zu erlangen, der andere war, für ein Mädchen, sicherlich als Heldentat zu betrachten, wenn ich die Kunst beherrschen würde.

Man glaube es, oder lasse es, aber mein kleineres Ziel war, im Alter von 7 Jahren, ein lebendiges Lamm hochzuheben und in meinen Armen zu hätscheln! Obwohl ich schon viele an den Ufern und Hecken bei uns in der Nähe hab' hüpfen und spielen sehen, so

hatte ich doch noch nie wirklich eines berührt, nie seine weiche Wolligkeit an meiner Wange gefühlt und gerade darauf war ich sehr gespannt. An einem ruhigen Sonntagnachmittag bekam ich während eines Spazierganges endlich meine große Chance, als ein großes, schwarzes, wolliges Lamm unter einem schattigen Weißdorn zwischen des Frühlings letzten Narzissen lag.

Zoll für Zoll kroch ich leise heran und mit verhaltenem Atem nahm ich es vorsichtig hoch. Meine Enttäuschung werde ich nie vergessen. Wie alles andere auch, sind Lämmer nicht das, was sie zu sein scheinen. Dieses hier, anstatt sich weich und wollig anzufühlen, hatte ein herbes, grobes Fell. Es wand sich, blökte vor Angst und hörte nicht auf, an meinem besten (aber meistgehaßten) blauen Baumwoll-Rüschenkleid herunterzupinkeln. Ich setzte die enttäuschende Kreatur angeekelt nieder und lief nach Hause!

Man könnte jetzt meinen, daß diese Lammepisode mir eine Lektion erteilt hatte; aber nein, unerschrocken blieb ich meinem Ziel treu, bis die passende Zeit kam, meine zweite und wichtigste Ambition in Angriff zu nehmen: so pfeifen zu können, wie die Schäfer beim Norton-Sheepdog-Trial.

Damals lebten wir in ‚Klein England unterhalb Wales' (wie man es nannte) oder, wie es auf dem Atlas bezeichnet wurde, Pembroke Dock, South Wales! Zur Schule hatte ich einen drei-Meilen-Marsch über ‚Barrack Hill', von wo aus man einen luftigen Ausblick auf das friedliche Örtchen Milford Haven hatte. Oft habe ich angehalten, um die atemberaubend schöne Ansicht eines Flugbootes, das über das ruhige Wasser glitt, zu beobachten, bis es schließlich mühelos in dem malerischen Hintergrund der blauen Prescelly Mountains verschwand. Dies waren die gleichen Berge, aus denen die berühmten blauen Steinsäulen von Stonehenge in Wiltshire gehauen wurden.

Hoch oben auf den Barrack Hills habe ich das Pfeifen geübt, ganz alleine zwischen den etwas verwunderten Schafen. Es ging über viele Wochen. Ich blies durch meine Finger, bis ich schwindlig war, und wenn ich dann die Schule erreichte, wurde ich in Ungnade zum Büro des Schulleiters geschickt, weil ich dauernd zu spät kam. An einem feuchten, nebligen Morgen passierte es dann. Ich hatte es tatsächlich fertiggebracht, den kleinsten Pfiff zustandezubringen — ich war so überrascht, daß ich meinen Ohren kaum traute. Innerhalb weniger Tage wurden meine Versuche lauter und schriller. Ich konnte die Vögel imitieren, Noten pfeifen, zwei oder vier Finger benutzen und sogar einen ‚Bariton' erzielen, indem ich durch eine Lücke zwischen meinen Daumen blies. Zu guter Letzt konnte ich pfeifen!

Siebenundzwanzig Jahre später, trotz der vielen Sticheleien über ein ‚pfeifendes Mädchen und eine krächzende Henne', pfeife ich immer noch. Abgesehen von der Notwendigkeit, einen Hund über große Entfernungen dirigieren zu können, wird niemand leugnen wollen, daß es auch eine wirklich nützliche Weise ist, die Aufmerksamkeit eines bestimmten Schäfers und eines kleinen Jungen zu erregen, wenn das Essen auf dem Tisch steht (mein Mann und mein Sohn). Wenn es mit den beiden nicht klappt, so werden statt dessen doch ein oder zwei Hunde eintrudeln!

Während meiner ganzen Kindheit war mein meistgehüteter Besitz ein Heft von BLACK BOB, THE DANDY COMIC WONDER DOG. Dies Büchlein handelt von den aufregenden Abenteuern eines arbeitenden Border Collies. Obwohl es an den Kanten abgenutzt ist, besitze ich es heute immer noch, in einer Schublade sicher aufbewahrt, und nur hervorgeholt als besondere Belohnung, wenn kleine Jungen brav waren.

Heutzutage kommen wir während der Sommermonate häufig durch das liebliche Border-Städtchen Selkirk, unseren Wagen mit Collies vollgestopft (sieht eher aus wie Noahs Arche), wenn wir auf dem Weg zu den vielen Sheepdog-Trials in der Gegend sind. Daran werde ich erinnert, daß die Dinge damals hier passierten, als ich noch ein Kind war. BLACK BOB und sein Herr, der Schäfer Andrew Glenn, haben mir Selkirk auf der Landkarte eingeprägt.

Kapitel 3

Meine erste Arbeitsstelle

Ein Freund meiner Tante war dafür verantwortlich, daß ich meine erste Anstellung auf einer Farm fand. Es war tatsächlich, um es zu zitieren ‚in einem wilden und einsamen Flecken', was meinen Enthusiasmus aber nicht dämpfen konnte. Briefe wurden gewechselt, und dann wurde verabredet, daß ich einen Monat Probezeit bekommen sollte.

Ich sollte — mit ein paar Habseligkeiten — in einer nahegelegenen Stadt abgeholt werden. Entschlossen, pünktlich zu sein, und voller Aufregung eilte ich mit meiner Mutter zu dem Treffpunkt. ‚Er' wartete bereits — ein netter, drahtiger Mann, der eine Brille trug. Seine Haare waren rötlichbraun und gekräuselt, seine Haut rosig und vom Schielen nach der Sonne gezeichnet. Weil er ein Yorkshire-Mann war, wurden seine Sätze mit ‚nay' und ‚naw-but' betont und seine Sprechweise war langsam und die Worte wohlüberlegt.

Nachdem wir uns vorgestellt hatten sagte ich meine ‚auf Wiedersehen', kletterte in seinen kleinen kastanienbraunen Kleinlastwagen, und meiner Mutter winkend, ging es ins Unbekannte. Nach einer rasanten Fahrt durch eine atemberaubende Landschaft, fuhren wir schließlich einen steilen, holprigen Pfad hinauf, der den kleinen Laster so durchschüttelte, daß ich dachte, er müsse sicherlich in Stücke zerfallen. Plötzlich trafen wir auf einen ehrfurchtgebietenden Anblick, denn hier, aus Sandstein gebaut, an der Hügelseite versteckt, stand ein altes Farmhaus, das auf ein grünes, friedvolles Tal hinabsah. Im Hintergrund turmhoch aufragend, befanden sich die Yorkshire Moore, dunkel, mysteriös und einladend.

Die Familie — seine Frau und zwei kleine Söhne — kamen heraus, um uns zu begrüßen. Ein Junge war etwas scheu, der andere grinste von einem bis zum anderen Ohr. Sie sahen so verschieden aus wie Kalk und Käse — Colin war ruhig, kräftig und blond, ein sanfter Junge mit den Augen seiner Mutter, während Lennie, pausbackig und rotwangig, runde, strahlende ‚Vergißmeinnicht'-Augen hatte.

Innerhalb einer Stunde und nach einer köstlichen Mahlzeit, war ich eingezogen und hatte meine wenigen Sachen ausgepackt. Zur Schlafenszeit zeigten mir die Jungen einen Raum, der direkt neben dem ihren lag, von dem aus man einen grandiosen Ausblick auf das Moor hatte, und nur Augenblicke, nachdem ich mich auf die wogende Federmatratze hab sinken lassen, war ich schon tief eingeschlafen. Am nächsten Morgen erwachte ich bei dem Geräusch von klirrenden Eimern und krähenden Hähnen. Mein Leben auf der Farm hatte begonnen.

Es gab dort verschiedene Collies, und ich befreundete mich schon bald mit Moss, einem älteren Hund, der mehr Charakter zu haben schien als alle Hunde, die ich seitdem traf. Moss beehrte mich mit seiner humpelnden Gegenwart, als ich die umliegenden Moore erkundete, denn bis zu unserem Zusammentreffen war er ein ‚Ein-Mann-Hund'. Vielleicht dachte er, daß ich einen Beschützer benötigte.

Als die herrlichen Apriltage von 1959 vorbeigingen, erschienen einer nach dem anderen die Leute aus der Gegend auf der Farm. Es war Dick, der örtliche Straßenarbeiter, der im Nebenberuf Schäfer war, mit seiner schwarzen Hündin Auld Lass, die meine speziellen Freunde wurden. Obwohl Dick doppelt so alt war wie ich, benahm er sich sehr freundlich und respektvoll mir gegenüber. Geduldig lehrte er mich das Landleben und erklärte mir die Eigenarten der Schafe.

Am Ende des Monats fragte mich mein Arbeitgeber, ob ich bleiben wolle, und anstelle eines Lohnes gab er mir ein Paar derbe Lederstiefel, die ich auf den Hügeln tragen konnte. Obwohl meine blasigen Füße aus Protest über die steifen Dinger bluteten, weigerte ich mich, sie auszuziehen. Ich glaubte fest, daß ich mich ohne diese Stiefel nicht als Schäferin, im engsten Sinne des Wortes, bezeichnen durfte.

Eines Tages schlug man vor, daß ich meinen eigenen Border Collie haben sollte, und so kam es, daß nach dem Trip, um einen Welpen auszusuchen, Kim in mein Leben kam. Sie war kurzhaarig, schwarzweißbraun, und ich war vernarrt in sie. Es war mir zu der Zeit kaum bewußt, daß unsere Beziehung nur von kurzer Dauer sein sollte.

An einem linden Sommerabend, hoch oben auf dem sonnigen Moor, machte Auld Lass ein krankes Mutterschaf ausfindig. Ein Swaledale aus guter Zucht, dessen Euter durch Mastitis blau und schmerzhaft geschwollen war. Ich hielt es für richtig, daß ich bei ihr blieb, während Dick mit Lass bei Fuß, nach Hause eilte, um den Traktor und die Transportkiste zu holen. Als die Sonne zu sinken begann, wurde es kalt und dunkel. Ich schmiegte mich an das Schaf, um mich zu wärmen.

Nachdem eine Ewigkeit vergangen war, wie es mir schien, bemerkte ich plötzlich ein helles orangenes Glühen am nächtlichen Himmel. Neugierig kletterte ich durch das rauhe Heidekraut zu einer höhergelegenen Stelle, um bessere Sicht zu haben. Ich werde niemals den Anblick vergessen. So weit das Auge sehen konnte, war das Moor ein brennendes Inferno. Beißender Rauch behinderte das Atmen, während die Flammen in den Himmel schlugen, höher und höher tanzend und flackernd. Jener Sommer war besonders heiß und trocken. Alle Leute vom Land fürchten die Moor- und Waldbrände, die so schnell durch die Sorglosigkeit der Unachtsamen entstehen können. An jenem Augustabend erschien mir die Feuersbrunst wie das Ende der Welt. Eine Weile stand ich wie hypnotisiert da, vom Licht des Feuers gebadet, bis ich durch das Tuckern des kleinen Traktors wieder zu Verstande kam. Mit Vollgas und schüttelnden Rädern raste er zu unserer Rettung heran ... gerade noch rechtzeitig.

Zwei Wochen nach diesem Ereignis beendete eine ernste und anhaltende Gelbsucht meinen denkwürdigen Aufenthalt in diesem gemütlichen kleine Farmhaus in den lieblichen, hügeligen Yorkshire-Moorlands, und ich fuhr nach Hause, um mich zu erholen und mein nächstes Abenteuer zu planen.

Kapitel 4

Meine zweite Arbeitsstelle

Nach einer mehrwöchigen Genesungszeit entschloß ich mich, herauszufinden, was das weitere Leben bringen sollte, und gab eine Annonce in einer bekannten Farmer-Zeitschrift auf. Innerhalb von vierzehn Tagen, von einer dicken Schicht Babyspeck geschützt und vor Enthusiasmus übersprudelnd, machte ich mich wieder auf, diesmal mit der Bahn nach West-Wales, doch traurigerweise ohne meine hingebungsvolle Hündin Kim, die ich leider zu Hause lassen mußte. Zitat: ‚Wir halten hier bereits zwei Arbeitscollies — genug für eine kleine Farm.' Mein guter Freund Dick bot Kim ein zu Hause und versprach, sie nachzusenden, falls mein neuer Arbeitgeber seine Meinung ändern sollte.

Nach einer langen, langsamen Reise, erst gen Süden und dann nach Westen, kam ich in der Dunkelheit auf dem Bahnhof an. Es goß in Strömen, und der Bahnsteig war kalt und leer. Glücklicherweise hatte das Restaurant noch geöffnet, so daß ich hineinging, um mich aufzuwärmen und eine dampfende Tasse Tee zu trinken. Zehn Minuten später erschien ein älterer, gebeugter Herr mit langen weißen Haaren, der sich besorgt umsah. Als er mich mit dem Koffer in der Hand erblickte, kam er herüber und stellte sich in

Inzwischen bewundere ich Katzen, wie es meine Türschwelle beweist!

äußerst kultiviertem Tonfall vor und erkundigte sich nach meiner Reise, während wir zum Parkplatz gingen, wo er seine Frau zurückgelassen hatte. Ich wurde in einer warmen, freundlichen Art von dieser reizenden Lady begrüßt, und sie war mir auf der Stelle sympathisch.

Nachdem wir meinen Koffer sicher verstaut hatten, kletterten wir alle in den Wagen und fuhren in die feuchte Nacht hinaus. Ich kuschelte mich eng an die Lady, unsere Knie mit einer dicken Decke bedeckt. Aus der Dunkelheit heraus fragte mein zukünftiger Arbeitgeber: ‚Ich hoffe doch, daß Sie Katzen mögen.' Weil meine Mutter mich einer Gehirnwäsche unterzogen hatte — zwei streunende Kätzchen hatten ihr Bettlaken beschmutzt — murmelte ich: ‚Äh, nicht sehr.' Jedoch muß ich zugeben, daß ich inzwischen die Katzen am meisten liebe. Vor unserer Haustür sitzt der Beweis!

Wir begannen eine lange Kletterfahrt, im niedrigsten Gang, einen holprigen Weg hinauf. (Sollte mein Leben voll holpriger Wege sein? fragte ich mich). Schließlich rutschten wir in den Stand. ‚Nun, da sind wir, meine Liebe, endlich zu Hause!' erklärte die Dame des Hauses. Ich sprang hinaus, landete auf weichem, schlammigen Boden, und war nicht wenig überrascht über den unglaublichen Anblick vor mir — eine helle Öllampe war neben etwas plaziert, was man nur als eine zerbrochene, böse zugerichtete Hintertür bezeichnen konnte, vollkommen ohne Farbe, und um unsere Füße strich, miauend, drückend, schiebend und schnurrend ein entzückendes Gedränge von Katzen. ‚Wo auf

Erden bin ich nur hingekommen?', fragte ich mich verwundert, als sie mit ihrem nassen Pelz meine nackten Beine kitzelten. ‚Das müssen Millionen jeder Gestalt und Größe gewesen sein!' Die Worte dieses Liedes blitzten mir durch den Kopf, und ich kicherte etwas hysterisch.

Man nahm mich mit hinein und gab mir ein heißes Getränk. Danach steckte man mir eine Kerze in die Hand und zeigte mir mein Zimmer. Es war dunkel, feucht und ungemütlich. Ich schlief unruhig. Am folgenden Morgen beim Frühstück wurde ich Elizabeth, dem einzigen anderen Mitglied der Belegschaft, vorgestellt, die ich, sobald sie mich eingearbeitet haben würde, ersetzen sollte.

Wenn man es von Walisisch in Englisch übersetzt, dann würde die Farm ‚Hügel der Vögel' heißen. Für mich heißt sie noch bis zum heutigen Tage ‚Hügel der Kätzchen' oder ‚Kätzchenhügel!' denn sie waren überall, wohin man auch blickte. In der Milchkanne, am Ausguß, an der Eiercreme, und zu meinem Schrecken kauerten sie auch oft in den Ecken. In solchen Fällen sagte ich mit lauter Stimme: ‚Was macht Pussy da?', aber es nützte nichts, und es blieb mir nichts übrig, als die Katzenhaare zu fangen, die in meiner Teetasse herumwirbelten und deutlich machten, was um mich herum vorging.

Zwei dieser ‚lieben Geschöpfe' zogen meine Aufmerksamkeit besonders auf sich. Einer hieß ‚Mouser', wegen seiner vollkommenen Häßlichkeit. Er war gelb und ähnelte einem räudigen Frettchen, sowohl im Aussehen als auch im Geruch. Er war narbenübersät von seinen Schlachten, hatte keine Ohren mehr, und seine linke Gesichtshälfte sah aus, als würde er dauernd knurren. Bei den Mahlzeiten starrte er mich durch seine bernsteinfarbenen Schlitzaugen unheilvoll an, wobei er hin und wieder mit einem ‚Klump'-Fuß auf meinen Teller zeigte. Die andere war die flaumige Tortie, ein extrem schönes Exemplar. Wie ihr Name andeutet, war sie schildpattfarben, hatte ein fließendes, seidiges Fell und glühende grüne Augen. Tortie hatte einen schelmischen, schwanzlosen, rötlichen Sohn, den ich ‚China' taufte, weil er, wenn er sich oben auf dem Fensterbrett niedergelassen hatte, so dekorativ aussah.

Eines Tages, beim Mittagessen, fragte ich den Herrn des Hauses zögernd, ob ‚China' nicht mein eigenes Haustier sein könne. Ohne ein Wort zu sagen, stand er vom Tisch auf und verließ den Raum. Als er draußen war, pflückte er meinen Liebling vom Fenstersims und verschwand mit ihm in Richtung Kuhstall. Ich habe ‚China' niemals wiedergesehen.

Elizabeth, die mit mir das Leben auf dem ‚Hügel der Pussies' teilte, war ein wirklicher Charakter mit viel Sinn für Humor. Wir sorgten für unseren eigenen Spaß — wir mußten es. Die größte Aufregung brachte uns immer der Waschtag, wenn wir mit geteilter Freude unsere Rüschenschlüpfer zu beiden Seiten der schlichten, langen Wollunterhosen unseres Chefs an die Leine klammerten.

Bei den Mahlzeiten wurden wir von ihm immer daran erinnert, daß er gierige Mädchen nicht mochte, mit dem Resultat, daß wir nur wenig aßen. An jedem Freitag hatten er und seine Frau einen ‚Ausgehtag'. In dem Augenblick, als sie losfuhren, sprangen wir in Aktion, backten wie wild und versteckten die Leckereien in Koffern oder sonstwo unter den Betten. Für den Rest der Woche, wenn wir uns hungrig fühlten, sind wir leise in den Raum des anderen geschlüpft, um ein gemeinsames Mitternachtsmahl einzunehmen. Ich bin sicher, daß diese Brotkrumen uns zu Fall brachten, denn nach kürzester Zeit wurde ich als fähig betrachtet, alleine fertig zu werden, so daß meine Freundin sich zu neuen Ufern aufmachte.

Noch lange Zeit, nachdem sie gegangen war, fühlte ich mich fürchterlich einsam. Zu Weihnachten war ich auf meinem tiefsten Punkt angelangt. Um mich wieder aufzuheitern, entschied ich mich, nach dem Melken am Heiligen Abend alle meine aufbewahrten Geschenkpäckchen zu öffnen. Also, pünktlich um 10 Uhr saß ich da in meiner ganzen Herrlichkeit beim Licht einer flackernden Kerze auf einem feuchten, dampfenden Bett, umgeben von einem Berg Geschenkpapier, schlürfte aus einer zerbrochenen, henkellosen Tasse Sherry und stopfte mich mit Datteln und Marzipan voll. Von dem Tage an hörte ich auf, mich selbst zu bemitleiden, und entschloß mich, die schöneren Seiten des Lebens ins Auge zu fassen, wann immer dies möglich sein sollte.

Das Farmhaus war groß, düster und unheimlich. Es gab nur eine Kerze, die immer auszugehen drohte. Badeabende waren immer ein Alptraum. Ich kann den heißen Wachs immer noch auf meine arglosen Finger tropfen fühlen, während ich die dunklen und zugigen Treppenstufen zum Abstell-Bade-Raum hochging. Der Grund meiner Furcht war eine riesige Fledermaus, eine erschreckende Kreatur, die sich oft an diesem Platz aufhielt. Sie flog bis in die Dachbalken hoch, versteckte sich dort im Schatten, bis ich nackend und zitternd in das Wasser stieg. Dann sauste sie geschwind und geräuschlos wie Graf Dracula in meine Richtung. Das einzige, was ich tun konnte, war, schnell unterzutauchen, um erst wieder nach oben zu kommen und nach Luft zu schnappen, als meine Lungen zu bersten drohten. Als sie das erstemal auftauchte, kreischte ich so laut, daß die Toten hätten erweckt werden können. (dachte ich). Ich hab' nicht mal die Lebenden geweckt!

Im Laufe der Zeit gewöhnte ich mich an die Fledermaus ‚George', wie ich sie nannte, und an ihre besonders unsozialen Possen. Ich erkannte, daß sie nur neugierig war, denn sobald ich meine Kerze ausblies, ließ sie mich allein. Vielleicht war ihr kalt ...

Es war zur Jahreswende, als das Unglück geschah. Jeden Abend, vor dem Melken, saß ich am Küchentisch und füllte die beiden Öllampen, eine für jedes Ende des Kuhstalles. An diesem besonderen Abend, nachdem die erste Lampe angefangen hatte zu glimmen, nahm ich die Schere fort, die man, wenn sie in Brennspiritus getaucht und erhitzt war, benutzte, um Lampen anzuzünden. Wie gewöhnlich blies ich darauf, doch bemerkte nicht, daß sie immer noch glühte, als ich sie in den Topf zurücksteckte. Es gab einen lauten Knall und einen Blitz, als das Feuer ausbrach. Ich sprang zurück, stolperte über den armen ‚Mouser', der ein erschrockenes Miauen von sich gab, und rannte in Sicherheit. Plötzlich stand die grüne Tischdecke in Flammen. Bewundernswert schnell faßte die Dame des Hauses sie an der Ecke und schleppte sie aus der Küche, den gefliesten Gang entlang und zur Hintertür hinaus.

Panikartig flohen die Katzen in alle Richtungen, und nach dem Schrecken, der ihnen in die Glieder gefahren war, wagte nicht eine von ihnen, wieder über die Türschwelle zu gehen, sondern sie zogen die Sicherheit auf den äußeren Fenstersimsen vor, wo sie verstimmte Mienen und verbrannte Barthaare zur Schau stellten.

Innerhalb einer Woche, jedoch nicht wegen des Feuerschocks, wurde der alte Herr krank und blieb im Bett. Der Doktor wurde gerufen und diagnostizierte Brucellose. Über Nacht wurde ich ins kalte Wasser geworfen. Die ganze Verantwortung für die Farm mit den Kühen, Kälbern und Llanwenog-Schafen (Welsh Blackface) lag auf meinen Schultern und blieb da für die nächsten langen und mühsamen sechs Monate.

Ich mußte arbeiten wie nie zuvor — jeden Morgen um 5 Uhr raus — für den Fall, daß die Melkmaschine ausfiel und ich per Hand melken mußte, wonach ich die Milch mit dem Traktor bis zum Ende des Weges bringen mußte, wo sie dann von einem Lastwagen abgeholt wurde. Das alles war vor dem Frühstück um 9 Uhr zu erledigen. Oh, was hatte ich dann einen Heißhunger! Als weitere Hauptaufgaben hatte ich die Kälber zu füttern, nach den Schafen zu sehen, Gras zum Heuen zu schneiden, es zu bündeln und für die Kühe nach Hause zu bringen. Abends gab es wieder die gleiche Melkprozedur wie morgens, und dann, nachdem ich den Kuhstall ausgemistet hatte, war meine letzte Aufgabe, die Öfen mit Koks aufzufüllen, ein Job, den ich haßte. Ich hatte lediglich die Öllampen bei mir, um zu erkennen, was Koks war und was Katzendreck …

Um allem die Krone aufzusetzen, entschied sich unsere Wasserversorgungsanlage, nur noch ganz schwach zu arbeiten. Es dauerte zwei Wochen, bis das fehlende Ersatzteil ankam. Zwei Wochen von nasser, rückenkrümmender Arbeit, wenn ich mich wieder und wieder einen steilen, schlüpfrigen Abhang hinaufplackte und dabei zwei Drei-Gallonen-Eimer mit frischem Wasser trug. Wochen wurden zu Monaten. Der arme, alte Gentleman, todkrank, rollte und drehte sich schwitzend im Haus, während ich das gleiche draußen tat.

Glücklicherweise hat jede Wolke einen Silberstreif. Gerade während dieser Zeit begann eine wunderbare Freundschaft mit den beiden Farmcollies — Bob, ein kleiner, haariger Geselle mit großen, unschuldigen Augen, und Ben, sein herumhüpfender schwarzer Sprößling.

Bob arbeitete für mich vom Wort ‚Vorwärts' an, außer wenn es stark regnete. In solchem Falle ging er auf Zehenspitzen hinaus und machte sofort einen hastigen Rückzieher auf sein Lager. Ben, obwohl er bisher nicht trainiert wurde, war voller Enthusiasmus. Heimlich fand ich Gefallen daran, ihn selbst zu trainieren. Würde ich es wagen? Ja, natürlich.

Nach drei Monaten war Ben vollkommen fähig und arbeitete traumhaft, ein geborener Hütehund. Nach und nach kam der alte Herr wieder zu Kräften.

Der Tag, vor dem ich mich so fürchtete, nahte. Sehr höflich sagte er mir, daß es nun nicht länger nötig sei, mit seinen Hunden zu üben. Der härteste Teil sollte nun kommen. Bob und Ben, die bisher gewohnt waren, mich überallhin zu begleiten, weigerten sich, flach auf dem Boden liegend, ihrem Herrn zu folgen. Man sagte mir, ich solle sie abschrecken und fortschicken. Ich hatte keine andere Wahl, und so lange ich lebe, werde ich den verletzten, überraschten Ausdruck in ihren Gesichtern nicht vergessen.

Ganz tief im Herzen hatte ich noch die schwache Hoffnung, daß man mir erlauben würde, eines Tages einen eigenen Hund halten zu dürfen, und bei einer passenden Gelegenheit lenkte ich zögernd das Gespräch auf dieses Thema, doch es war vergeblich. Schließlich, nach vielem Nachdenken und mit der Hoffnung, daß es irgendwo einen freundlichen Farmer gab, der mir erlauben würde, einen eigenen Hund zu halten, händigte ich dem sehr überraschten, alten Herrn meine Kündigung aus.

Kapitel 5

Meine dritte Arbeitsstelle: Mit Ernest Crisp

Es passiert den meisten von uns, daß irgendwann ein Charaktermensch unseren Weg kreuzt, der sich von allen anderen unterscheidet. Weil wir von ihm so beeindruckt sind, neigen wir dazu, seine Art und seine Redensweisen zu übernehmen. Sehr oft nehmen wir unbeabsichtigt bestimmte Manieren an, die wir bis zum Ende unserer Tage beibehalten. Für mich war Ernest Crisp solch ein Charakter. Er war mein dritter Arbeitgeber und der erste, der mir erlaubte, nicht nur einen, sondern viele Hunde zu halten. Ursprünglich kam ich auf diese Farm, um beim Lammen zu helfen, doch ich hörte dort erst nach 12 lehrreichen Jahren wieder auf, war beschäftigt als Schäferin und Mädchen für alles.

Es war Ernie, der mir Kim II schenkte, eine langhaarige, schwarz-braune Version der früheren Kim, die ich damals bei meinem Freund Dick zurücklassen mußte. ‚Denk daran, du kannst sie überhaupt nicht stoppen,' warnte er, und ich habe es auch nicht geschafft, außer wenn sie hundemüde war!

Eines Morgens lief Kim fort und paarte sich mit ihrem Vater, der auf der nächsten Farm lebte. Sein Name war Rob, und er verbrachte seine Freizeit damit, Männer zu beißen, die er vorher von ihren Fahrrädern gestoßen hatte und als Beute betrachtete. Seine eigentliche Beschäftigung war es, untergetaucht im Wassertank zu verbringen, was mich an die Zeiten erinnerte, als ich mich vor George, der Fledermaus, im Wasser versteckte. Rob vermied konsequent, wofür er gezüchtet wurde — die Arbeit.

Ein hübscher Rüdenwelpe kam aus der Verbindung von Rob und Kim. Er biß auch die Leute, doch zur Entschädigung war er ein großartiger Arbeiter. Ich nannte ihn Shep, und er wurde mein erster Trialhund. Bei seinem ersten Trial-Ausflug brachte er es irgendwie fertig, die Schafe im Sekretärs-Zelt einzupferchen, das aber wegen der anderen Gäste nicht sofort umkippte! Unglücklicherweise hatte der arme Shep, wegen seiner sehr engen Züchtung, ein für einen Hund recht ungewöhnliches Leiden. Er schielte, und ich habe mich oft verwundert gefragt, wie viele Schafe er wohl wirklich sah.

In jenen Tagen reiste ich oft per Bus zu den Trials mit meiner Krücke und Shep, den ich vorne sicher unter dem Sitz versteckte. Er machte sich nicht viel aus dieser Transportart, und es war deshalb kein Wunder, daß seine Nerven meistens in schrecklichem Zustand waren, wenn wir unseren Bestimmungsort erreichten. Shep und ich gewannen nie einen Preis, doch wir hatten bestimmt eine gute Zeit zusammen.

Ich kann bezeugen, daß Ernie während all der Jahre, seit ich ihn kannte, nur einmal die Geduld verlor, und das war, als Shep, mein Collie, ihm in den Fußknöchel biß! Es wäre egal gewesen, meinte Ernie, wenn der Hund sich nicht entschlossen hätte, ihn auf seiner eigenen Türschwelle zu beißen.

Obwohl weder er noch seine Frau Trial-Enthusiasten waren, begleiteten sie mich doch regelmäßig zu den Trials, wobei sie mir jede mögliche Ermutigung gaben. Als die Jahre vergingen, wuchs meine Zuneigung und mein Respekt zu Ernie, besonders wegen seiner Ehrlichkeit und Rechtschaffenheit, doch besonders wegen seines großen Humors. Seine oft wiederholten Witze und komischen Sprüche fand ich umwerfend lustig. Er nannte eine Schnake ‚Daddy-Langbein' oder eine ‚Jennyspinnmaschine', ein Kiebitz war ein ‚Pinkelbogen', eine Holztaube nannte er ‚cushit' (Ringeltaube), und der klagende Brachvogel wurde angemessen ‚wharp' genannt.

Weil Ernie einer der alten Schule war, mußte zuerst die Arbeit getan werden. Er glaubte fest daran, daß man vom Leben und dem Land nur das zurückbekommen konnte, was man vorher hineingesteckt hatte. Er war 6 Fuß und 1 Zoll groß in seinen Schäferstiefeln mit ihren hochgedrehten Spitzen — ‚viel besser, wenn man sich bergauf schaukelt', würde er lächelnd sagen, während er seine wettergeprüfte Kappe in einen flotteren Winkel zurechtrückte. Er war ein dürrer, drahtiger Mann, leichtgebeugt, mit apfelroten Wangen und tiefliegenden blauen Augen, der seine 300 Acres nach alter Manier bewirtschaftete, geradeso, wie er einst auch aufgewachsen war.

Kim II und Viv Billingham.

Ernest Crisp

Als ich damals als sehr unerfahrenes, 18jähriges Mädchen auf der Szene erschien, mußte ich als erstes lernen, wie man Getreide schneidet, einen Wender und altertümlichen Binder bedient. Ich kann mich noch gut an mein Entsetzen erinnern, als während meines behutsamen Weiterfahrens hölzerne Mitnehmer aus dem Segeltuch des Binders herausschwirrten, weil keiner daran gedacht hatte, mir zu zeigen, wie man sie befestigt!

In den Wintermonaten mußte ich lange, ermüdende Stunden ertragen, wenn ich mit einer Forke die Getreidegarben dem Einschmeißer oben auf der Dreschmaschine zuwerfen mußte. Ich verabscheute den Staub, den Lärm und die trippelnden Ratten, die immer drohten, im Inneren meiner Hosenbeine zu verschwinden, bis ich schließlich erkannte, warum alle anderen sich Bindegarn unterhalb der Knie um die Beine banden! Egal, welche Sorte Hafer wir im Frühling aussäten, er wuchs und wuchs, so wie Topsy.

Im Spätsommer sprang ein wildgewordener Galloway-Bulle über den Zaun in das 40 Acres große Feld mit 6 Fuß hohem Hafer. Er war zwei ganze Tage verschwunden, kam schließlich vollkommen durstig wieder zum Vorschein, aber sonst ging es ihm gut.

‚Mastvieh' war normalerweise gute drei Jahre alt, bevor das Wort ‚Markt' auch nur erwähnt wurde. Wenn es dann dort war und der Preis nicht in Ordnung, ging es wieder zurück nach Hause für weitere sechs Monate Mast. Jährlingsschafe wurden zusammen eingepfercht und auf abgemessenen Flecken des Rübenfeldes gefüttert — die wir ‚Rübenbrüche' nannten. Am späten Nachmittag wurden sie zum nächsten Feld getrieben, wo sie die Nacht auf sauberem Gras verbrachten, bevor sie am frühen Morgen mit Korn gefüttert wurden. Bei solchen Futterrationen wurden die Jährlinge sehr schnell marktfertig!

Ich verbrachte viele Tage damit, die Schafnetze umzusetzen, oft bei kaltem, frostigem Wetter, so daß meine Finger taub und ungeschickt wurden, und sobald es 4 Uhr war, war ich glücklich über die Gelegenheit, fortrennen zu können, um die immer hungrigen Mutterschafe mit Getreide zu füttern. Dann, wenn die Dunkelheit schnell herabsank und die funkelnden Sterne erschienen, am tiefen Winterhimmel aufgehängt, rannte ich nach Hause — die Hunde tanzten um meine Fersen — um das Abendmelken zu besorgen, bevor die Kühe gefüttert wurden und ich mich zurechtmachte, um den Abend am glühenden Kaminfeuer zu verbringen.

Bei schönem Frühlingswetter überraschte es nicht, daß Ernie während der ganzen Nacht Grassamen aussäte. Er benutzte ein altmodisches Säkübel, das mit einem Leinenriemen um seinen Hals gehängt war. So schritt er rauf und runter, wobei sich sein linkes Bein im Rhythmus zum rechten Arm bewegte, wie bei einem Geistermusiker. Nur der Mond führte ihn auf seinem Marsch. Ich kann ihn noch deutlich vor mir sehen, wie er auf einem Knie ausruhte, während seine immer geduldige Frau das leere Säkübel für ihn füllte. Am folgenden Morgen um halb acht, wurde sie von ihrer Arbeit befreit, um ihre zwei Hauskühe, June und Mary-Anne, zu melken und um den Kälbern und Hühnern das Frühstück zu geben, bevor sie sich ihren vielfältigen Haushaltsarbeiten zuwandte.

In Ernies späteren Jahren fing sein Augenlicht an, sich zu verschlechtern. Nach vielem Zureden machte er widerstrebend einen Besuch bei einem Augenspezialisten, der ihm sagte, daß, wenn er weiter Pfeife rauche, sich seine Augen noch mehr verschlechtern würden. Doch auch nach diesem Ultimatum gab er seine Gewohnheit nicht auf (weswegen ich ihn oft gescholten habe). Er informierte mich, daß es sehr schwer sei, etwas aufzugeben, was ihm den größten Genuß im Leben bereitete, so daß er also rauchen würde, wenn keiner es sieht, doch wegen des strengen Tabakaromas in seiner Kleidung fing seine fürsorgende Frau an, eine dunkle Ahnung von diesem ‚Geheimrauchen' zu bekommen. Sie war besorgt, weil er ihr versichert hatte, daß er seine Pfeife aufgegeben hat, also hat sie mich gefragt, ob ich ihn im Auge behalten wolle, um ihr hinterher zu berichten.

Ich habe ihn ganz unbeabsichtigt an den unwahrscheinlichsten Plätzen entdeckt. Eher wie ein schelmischer Schuljunge zwinkerte er mit den Augen, während er sich bemühte, die verräterische Pfeife zu verstecken und den Rauch mit seiner Hand wegzuwedeln. Obwohl ich auch wegen seiner Augen schrecklich besorgt war, konnte ich mich nie überwinden, irgendetwas zu erzählen. Weil er auch regelmäßig von seiner Frau erwischt wurde, rauchte er weniger, mit dem Resultat, daß sich sein Augenlicht verbesserte.

Traurigerweise verließ uns Ernie im Herbst 1978 nach kurzer Krankheit. Er hatte sich erst kürzlich in den Ruhestand in einen Steinkotten am Rand des Dorfes, in dem er geboren war, zurückgezogen. Nach all den Jahren harter Arbeit, dachte ich, hätte er mehr verdient als seine zugeteilten siebzig Jahre, aber es sollte nicht sein, und deshalb verlor ich meinen liebsten Freund.

Ich besuchte ihn im Krankenhaus, kurz bevor er starb, und saß an seinem Bett. Er konnte sehen, daß ich bei seinem Anblick sehr betrübt war, und er nahm meine Hand in seine großen verarbeiteten, drückte sie an sich und tröstete mich. Als die Zeit zum Abschied kam, waren keine anderen Worte nötig, als ein geflüstertes ‚goodbye', denn wir wußten beide, daß wir uns zum letzten Mal gesehen hatten. Ich hielt in der Tür nochmal inne, um einen letzten Blick auf den Mann zu werfen, der mich in seiner Art geformt hatte. Er hatte einen ins Weite gerichteten Blick in den Augen, zweifellos sah er lange vergangene Zeiten.

Als ich wieder aus dem Krankenhaus heraus war und von der Herbstsonne gewärmt wurde, mußte ich trotz meiner Tränen lächeln, als mir die Worte eines seiner Lieblingslieder durch die Gedanken huschten:

Der Farmer stand vor den Perlentoren,
sein Gesicht voller Narben und alt.
Er sei hier, um Erlaubnis zu holen,
der Herde beizutreten, schon bald.
‚Was hast du getan,‘ Sankt Petrus fragt,
‚um hier Eintritt zu erlangen?‘
‚Ich war ein Farmer, Sir,‘ er sagt,
‚seit vielen, vielen Jahren!‘
Die Perlentore schwangen auf ganz weit,
als Sankt Peters Glocke ertönt.
‚Willkommen, und komm herein,‘ sagt er,
‚Du hast schon die Hölle geschmeckt!‘

Ernie wurde Ende Oktober geboren, am Abend von Allerheiligen (Halloween). Sein Vater hatte zum Lebensunterhalt Kaninchen gefangen, und Ernies Mutter geheiratet, als sie schon über 30 war. Zu der Zeit war sie ‚in Diensten‘, angestellt als Köchin, und arbeitete in einem ‚großen Haus‘. In schneller Folge schenkte sie ihm sechs Kinder. Der Erstgeborene, Robert, fiel im ersten Weltkrieg. Dann kamen Samuel, William, Ernest und Mary, in der Reihenfolge. Traurigerweise starb eine weitere Tochter im Säuglingsalter, nachdem sie ein Halfpenny-Stück verschluckt hatte.

Ernests erste Kindheitserinnerung war eine schmerzliche — weil er sehr neugierig war, steckte er seinen Zeigefinger unachtsamerweise zwischen die Rollen der Mangel, während seine Mutter den Griff drehte und, obwohl er ihn schnell zurückzog, war der Finger nie mehr der gleiche — seitdem machte er einen gekrümmten, gequetschten Eindruck.

Ernie liebte die Schule überhaupt nicht, oder ‚Sche-uule‘, wie er es aussprach. Das lag möglicherweise an der Tatsache, daß sein Schulmeister Ernie nicht mochte, der ihm den Spitznamen ‚deutscher Spion‘ gegeben hatte; wohl eher wegen seines Akzentes als seiner Herkunft! Eines Freitagnachmittags spitzten sich die Dinge schließlich zu, und Ernie, ein großer Bursche für sein Alter, boxte den Schulmeister auf dessen Nasenspitze. Dann entschied er, daß er genug Unterricht gehabt hatte, und ging stattdessen auf die Hügel, um Schafe zu hüten.

Wieder und wieder hatte Ernie mir diese Story erzählt, während wir mit überkreuzten Beinen auf dem staubigen Boden der oberen Kornkammer saßen, und an nassen, stürmischen Nachmittagen alte Kornsäcke ausbesserten. Gelegentlich hielt er inne und steckte seinen ‚Kiebitzschwanz‘ zurück — ein paar lange Haare, die er extra gepflegt hatte, damit sie den unbehaarten Teil seines Schädels bedecken konnten. Danach grinste er immer koboldhaft und zeigte seine wenigen, tabakgelben Zähne, bevor er mit einem neuen Garn weitermachte, oder ein Lied sang. Sein Lieblingslied war: Ich werde eine Schäferin heiraten: ‚Oh, Ich würde keine Schäfer-Lady heiraten, viel zu viele Hunde. Da gibt's nur Tip und Tam und Toosie, Dick und Nan und Susie, sind das denn viele Hunde?'

Sadie, Ernies Frau, war die Tochter eines Farmers. Er machte ihr eine zeitlang den Hof — auf seinem Motorrad! In jenen Tagen trug sie schwarze Strümpfe, kurze Röcke und einen formlosen Hut. Eines Abends fragte er sie, ob sie sich nicht sein Frettchen ansehen wolle. Sie mochte ihn (das Frettchen), weshalb Ernie ihr einen Heiratsantrag machte. Sie lebten glücklich, obwohl sie kinderlos waren, doch, wie Ernie erklärte: ‚So haben wir nichts, was uns erfreut, aber auch nichts, was uns reut.' Sein größter Kummer war, daß er die Farm nicht gekauft hatte, und die nächste noch dazu! ‚Land war nach dem Krieg spottbillig,' pflegte er zu sagen.

Ernies Charakter war makellos. Jeden Abend zog er sein kragenloses, gestreiftes Arbeitshemd aus und stand mit herabhängenden Hosenträgern am Küchenspülstein. Dann schrubbte er sich überall mit Haushaltsseife. Obwohl er ein Pedant in Sachen Reinlichkeit war, kümmerte er sich nicht viel um sein Äußeres, außer an Sonntagen, wenn er sich herausputzte, um seinen Pflichten als Presbyter in der St. Marys-Kirche nachzugehen. Während der Woche lief er in allen möglichen Sachen herum. Wenn irgendwelche Vertreter auf der Farm erschienen, kam es oft vor, daß sie ihn nach seinem Arbeitgeber fragten. Dann sagte er oft ‚da drüben', wobei er mir einen Wink gab und mit seinen krummen Fingern in meine Richtung zeigte.

Zur Lammzeit schenkte er mir immer eine halbe Flasche Whisky — ‚für die schwachen Lämmer, wärm ihn in deinem Mund auf und spuck' ihn dann in ihren.' Das hab ich dann

Ernie und Sadie Crisp mit meinem Sohn, Geoff Jr.

versucht und versucht, bis schließlich nur noch wenig übrig war und ich mich etwas wunderlich, aber glücklich fühlte. Es war ein bitterlich kalter Tag, doch ich glühte innen und außen. Unglücklicherweise hatte ein Beamter des Arbeitsamtes diesen Augenblick gewählt, hier mit der Absicht zu erscheinen, mich zu fragen, ob ich mit meinem Los zufrieden sei. Unter diesen Umständen tat ich das einzig Richtige und schoß auf allen Vieren in das Labyrinth der Gänge, die die Farmgebäude verbanden. Der arme Mann glaubte, daß er ein junges, unschuldiges Mädchen erschreckt hatte, und trieb mich im Kuhstall in die Enge. Glücklicherweise fing ich schon wieder an, nüchtern zu werden und beantwortete seine Fragen zusammenhängend. Was er dachte, werde ich nie erfahren. Nachdem er gegangen war, nahm Ernie eine Geruchsprobe meines Atems und stand so lange über mir, bis ich ein viertel Pfund Pfefferminz verschlungen hatte — ‚für den Fall, daß Sadie etwas merkt'. Nicht nötig zu sagen, daß dies die erste und letzte Flasche Whisky war, die ich für das ‚Lammen' bekam.

Außer, daß er in der Kirche Presbyter war, schnitt Ernie das Gras des Friedhofes mit einer Sense und versorgte das Herbstfest mit seinen Erzeugnissen. Wenn diese Zeit herannahte, wurden wir sehr emsig, haben Kartoffeln und Rüben geschrubbt, doch was ich am meisten liebte, war, den Mais herzurichten. Ich habe Ernie beobachtet und gedacht: ‚So werde ich mich in späteren Jahren an Ernie erinnern' — In einer Ecke auf einem Ballen Bindegarn sitzend und mit knorrigen Händen hübsche Maisbündel zusammensteckend. Kräftige Finger fuhren durch jedes Bündel und streiften das Stroh von den Stengeln, banden das Bündel oben und unten zusammen, bevor sie diese mit einer rostigen Schafschere auf die richtige Länge stutzten.

Es war Ernie, der mir beibrachte, Schafe mit der Handschere zu scheren. Die ‚Draußen-Methode' nannte er es. Zuerst schnitt man die rechte Seite weg, anfangend am Nacken des Schafes, wobei man vorsichtig seine Ohren mit der anderen Hand aus dem Weg halten mußte. Nachdem man die Seite zur rechten geschoren hat, muß man über das Vlies steigen und gleichzeitig das oft protestierende Schaf auf sein Hinterteil hochziehen, bevor man mit der linken Seite fortfährt.

Ernie konnte mit beiden Händen scheren. Ich konnte es nur mit meiner rechten. Folglich sahen seine Schafe hinterher immer besser aus als meine. Nach einigen Jahren, obwohl ich im Vergleich zu ihm ein Waisenknabe war, fing ich an, mehr Schafe am Tag zu scheren als Ernie. Als er dies schließlich bemerkte, schmiß er seine Werkzeuge mit Getöse weg und murmelte: ‚Wenn der Schüler besser wird als sein Meister, dann ist es Zeit, aufzuhören.' Und er hörte auf. Also war ich von da an gezwungen, den Rest alleine zu scheren. Es muß da wohl eine moralische Verhaltenslehre für solche Dinge geben.

Während der meisten Winterabende konnte man uns dabei finden, Holzklötze für den Kamin zu sägen. Wir benutzten eine Kreuzsäge. Arglos fragte ich ihn, warum er keine Motorsäge benutze. Mit einem Lächeln erklärte er, daß man bei einer Kreuzsäge zum Preis für einen, zweimal gewärmt wird.

Eines Tages lud uns Ernies Schwester Mary zum Tee ein. Ein seltenes Fest für mich. Sie hatte einen neuen Teppich gekauft, und man hatte in ihrem Haus gerade eine Zentralheizung installiert. Obwohl das Wetter warm war, hatte man die Heizung voll aufgedreht und die Fenster weit geöffnet, um die Hitze hinauszulassen (oder die Kälte herein, wir

Schafe scheren.

konnten es nicht erkennen). Ernie vermutete, daß wir eingeladen wurden, damit sie angeben konnte.

Der Tisch war mit einer hübschen Klöppeldecke bedeckt und mit Leckereien überladen, denn Mary war, wie ihre Mutter, eine gute Köchin. Wir setzten uns, um zu essen. Plötzlich erschien eine große, fette Katze von irgendwoher, sprang an Ernies Rockschoß hoch und grub auch prompt ihre Krallen hinein. Nun, Ernie haßte Katzen, und seine Reaktion war heftig, gelinde gesagt. ‚Hau ab, du Biest!‘ schrie er und versuchte, die etwas verwunderte Katze auf den Boden zu schleudern. Alarmiert steckte sie ihre langen scharfen Krallen in die Klöppel-Tischdecke mit dem unheilvollen Resultat, daß beides, sie und das Tuch mit allem, was darauf war, in einem klebrigen, unsauberen, zerbrochenen Haufen auf dem neuen Teppich landete. Es dauerte eine lange, lange Zeit, bis wir wieder eingeladen wurden.

Einige Wochen später hatten Sadie und ich ein wenig Aufregung. Bekleidet mit unserem besten Sonntagsstaat fuhren wir nach London los, damit ich an dem BBC-Fernsehprogramm ‚Was bin ich?‘ teilnehmen konnte. (In jenen Tagen war es noch eine Seltenheit, Schäferin zu sein).

Eamonn Andrews leitete die Sendung, und Barbara Kelly, Lady Isobel Barnett, David Nixon und Marshall Pugh waren das Rategremium. Während der Probe verließ ich die Bühne zufälligerweise in der falschen Richtung und stieß mit dem nächsten Teilnehmer zusammen. ‚Bei der Sendung werden Sie das doch sicher nicht machen?‘ forschte der besorgte Produzent. ‚Oh, nein,‘ sagte ich. (Sie haben's erraten — ich tat es doch!)

Während ich auf meinen Auftritt wartete, saß mir ein Mann gegenüber, der mich unentwegt anstarrte. Weil ich dachte, daß wohlerzogene kleine Mädchen solchen Blicken ausweichen sollten, so tat ich es. Später fand ich heraus, daß er der Gastkünstler war. Sein Name war Harry H. Corbett, der durch ‚Steptoe + Son‘ berühmt wurde. Ich wünschte, ich hätte ‚Hallo‘ gesagt. Wie auch immer, als ich dann dran war, brachte ich es fertig, das Rategremium zu schlagen. David Nixon fragte, ob ich Marmeladen-Rollpudding herstelle? (Als typische Handbewegung hatte ich ein Wollevlies aufgerollt.) Am nächsten Tag, nach einem schnellen Besuch bei Madame Tussaud, fuhren wir nach Hause. Mein Diplom, daß bewies, daß ich das Rategremium besiegt hatte, war sicher im Koffer verstaut. Man muß nicht extra sagen, daß unser ‚Ausflug‘ Sadies Lieblingsthema für die nächsten zehn Jahre wurde.

Wir droschen gerade Korn, als Ernie in den Boden des Kornspeichers einbrach. Ich lief zu ihm hin und wollte meine Bürde die Treppe hochziehen, als ich überrascht entdeckte, daß ein langes, dünnes Bein, mit einem großen Nagelschuh am Ende, durch die Decke baumelte. Er hatte gerade einen großen Sack Gerste getragen, als es passierte, so daß es sicherlich sehr schmerzvoll gewesen sein mußte. Wir hoben ihn jedenfalls heraus, und abgesehen davon, daß er etwas seltsam ging, zeigte er keine Zeichen von Verletzung. Nach dem Abendbrot an jenem Abend, fragte ich ihn, ob es verletzt sei. Er antwortete: ‚Nein‘. Ich sagte dann in aller Einfalt: ‚Warum bist du dann so sonderbar gegangen?‘ Es entstand eine Pause, er war außer Fassung. Dann antwortete er: ‚Da sind fünf Pfund auf der Bank von England für jeden, der sich nur um seine eigenen Sachen kümmert …‘ (Fünf Pfund waren zu Ernies Zeiten viel Geld!)

Ich vermisse den alten Kameraden immer noch sehr.

Kapitel 6

Arbeit in Swindon

Meg, Jed und Trim

Ich traf Geoff Billingham bei einem Hütehunde-Trial, und ich muß ehrlicherweise zugeben, daß seine hübsche Hündin Meg mich zuerst fesselte, lange bevor ihr Herr meine Augen auf sich zog. Ich nehme an, man mußte die Sache mit Geoff und mir ‚Liebe auf den zweiten Blick' nennen, denn dies geschah einige Jahre, bevor wir heirateten. Geoff (oder GWB, wie er seine Zeichnungen signiert) kam 1973 ans Ziel seiner Jugendträume, als wir in das schottische Borderland zogen, in das ‚Sheepdog Country', mit unserem kleinen Sohn, Geoffrey William (‚Geoff Junior'), der damals noch ein Säugling war. Es war ein warmer, heller Oktobertag, als wir unsere Besitztümer und Tiere auf Cheviot-Erde ausluden und Swindon House unser Zuhause wurde.

Meg war eine leistungsfähige Hündin mit einer unverkennbaren Intelligenz in ihren leuchtenden Augen. Sie war von Bob Stuart gezüchtet — aus seiner Gay mit Tom Watsons Jeff als Vater. Sie war unglaublich klug und nur einem Herrn ergeben. Sie kam im Alter von fünf Monaten in die Hände meines Mannes und wuchs zu einer mittelgroßen Hündin

Oben: *Swindon im Winter. Geoff Jr. mit dem Pony Dinah, Laddie (links) und Garry.*
Unten: *Meg bei der Arbeit.*

heran, sehr hübsch gezeichnet, mit halbaufgerichteten Ohren und einem weichen, dichten, wasserfesten Fell. Während der ersten acht Monate ihres Lebens zeigte Meg überhaupt kein Interesse, an Schafen zu arbeiten, wofür sie ja gezüchtet wurde. Eines Abends, während sie draußen war, um sich etwas zu bewegen, entschied sie, daß die Zeit jetzt reif sei, und schlüpfte fort, um eine Herde Mutterschafe einzusammeln und sie ihrem Herrn vor die Füße zu treiben, als wenn sie dies bisher schon jeden Tag ihres Lebens getan hätte. Von dem Tage an, sah Meg in ihrer Karriere als Hütehund nie mehr zurück.

Es war wunderschön, ihr bei der Arbeit zuzusehen — sehr geschmeidig, mit einer ruhigen, gebieterischen Methode. Sie folgte ihren Schafen immer in der richtigen Geschwindigkeit und mit korrektem Abstand. Sie konnte sich den Schafen gut anpassen, ohne sie aufzuregen. Ihr „Outrun" war wohlüberlegt und vorsichtig, gleichmäßig zum Balancepunkt hereindrehend, so daß sie die Schafe erst prüfen konnte, um sie dann sanft aufzunehmen, oftmals ohne ein Kommando, nachdem sie von der Seite ihres Herrn losgerannt war, und mit ihren Schutzbefohlenen wieder zurückkehrte. Die widerspenstigsten Schafe beruhigten sich bei ihrer gelassenen Annäherung sehr schnell.

Meg zeichnete sich besonders am Pferch aus. Halsstarrigen Schafen blickte sie direkt in die Augen, dabei immer sanft, doch unnachgiebig schob sie sie, wenn nötig, zurück. Während ihrer sieben Trial-Jahre war sie bei zahlreichen Anlässen siegreich und gewann viele Plazierungen. Beim Chester International errang sie, nach einem eleganten, fließenden Lauf den fünften Platz in der Schäferklasse.

Nach ihrem Triallauf legte sie sich normalerweise ruhig in den Hintergrund. Gelegentlich jedoch wanderte sie zum Erfrischungsstand hinüber, in der Hoffnung, daß jemand ein Sandwich oder eine Korinthensemmel aus Versehen fallen ließ. Wir haben sie niemals angekettet, und das erste und einzige Mal, daß sie uns Grund zur Sorge gab, war beim Chester-International. Nach ihrem Lauf war sie vollkommen verschwunden. Wir suchten überall ohne Erfolg, bis wir sie tief schlafend entdeckten — unter unserem Auto! Da standen Hunderte von parkenden Wagen eng beisammen. Dieses Auto besaßen wir erst seit zwei Tagen. Meg hatte ihre erste Fahrt darin zum Chester-International gemacht!

Unglücklicherweise war Meg keine sehr fruchtbare Zuchthündin, hatte nur drei kleine Würfe in ihrem ganzen Leben. Es sei denn, sie hatte ihren „Zukünftigen" akzeptiert, sonst hätte sie ihn gejagt und grausam attackiert. Die wenigen Welpen, die Meg produzierte, obwohl intelligent und hübsch gezeichnet, erwiesen sich oft als scheu und übersensibel. Bett stammte aus Megs erstem Wurf. Sie war eine adrette, fast schwarze Hündin. Eine kraftvolle Trialhündin, die bei ihrem ersten National in der Shepherds-Klasse fünfte wurde. Sie wurde an den jüngeren Stan Harrison verkauft, doch sie starb jung an Krebs, nachdem sie von einem Bullen gestoßen wurde.

Weil wir zu der Zeit zu viele andere junge Hunde hatten, verkauften wir alle Welpen aus Megs zweitem Wurf. Aus ihrem dritten Wurf stammten Jed, Trim und Glen — ein ordentlicher, verläßlicher Arbeits- und Trialhund. Schon mit zehn Wochen zeigte Trim ein natürliches Arbeitsverhalten. Als Glen das Alter von sechs Monaten erreicht hatte, konnten wir alle Hütearbeiten mit ihm erledigen.

Jed war mein Welpe. Sie war extrem ängstlich und scheu und wäre bei der Geburt fast gestorben. Bei einer Rückfahrt vom Tierarzt entband ich sie auf dem Rücksitz des

Jed, GWB und Trim (Kelso Chronicle, Tweedale Press).

Wagens. Ich hatte Meg zum Tierarzt gebracht, weil wir wegen ihres fortgeschrittenen Alters Schwierigkeiten bei der Geburt erwarteten. Ich bearbeitete die winzige Jed fast eine Stunde lang, bevor ihr Atem regelmäßig wurde und sie bereit war, an ihrer ängstlichen und immer wachsamen Mutter auf dem Rücksitz zu saugen.

Zur Zeit der Entwöhnung folgte Jed mir in sicherem Abstand. In dem Augenblick aber, in dem ich meine Hand ausstreckte, um sie zu berühren, wich sie furchtsam zurück. Als sie drei Monate alt war, nahmen wir sie zu einer Herde von Swaledale-Mutterschafen mit. Ihr Besuch endete in absolutem Chaos, wobei die Schafe in alle Richtungen davonstürzten. Sie weigerte sich, weder zu GWB noch zu mir zurückzukommen, und obwohl wir viele Versuche unternahmen, sie zu fangen, erwies sich alles als fruchtlos. Schließlich war sie vollkommen außer Atem, und wir konnten jetzt ihre

Vater und Sohn mit Trim und Jed (Frank Moyes).

Mutter als Köder benutzen, um ihre Aufmerksamkeit zu erringen, so daß wir sie festhalten konnten.

Ein paar Monate vergingen, und Jed weigerte sich immer noch, sich führen zu lassen, so daß wir sie widerstrebend als Familienhund zu einem Freund in der Stadt abgaben. Nach einem Monat erhielten wir einen Anruf, wobei unser Freund uns mitteilte, daß sich seine Verhältnisse geändert hätten; er konnte einen Hund nicht länger behalten und fragte, ob wir Jed zurücknehmen würden. Wir fuhren los, um sie abzuholen, und waren freudig überrascht, als wir sahen, wie zugänglich sie geworden war, seitdem sie mit im Haus lebte. Wir waren mehr als glücklich, mit einem weniger gehemmten Collie, der auf dem Rücksitz unseres Wagens fest schlief, nach Hause zu fahren.

Mit der Zeit wurde Jed das Ebenbild ihrer Mutter, war nur etwas eigenwilliger. Aus Unwissenheit führten wir dies auf ihre Jugend und Unerfahrenheit zurück, aber sie änderte sich auch im Alter nicht.

In ihrem hohen Alter wurde Meg langsamer. Sie ging zwar immer noch zusammen mit den jüngeren Hunden und ihrem Herrn zu den Hügeln los, bemerkte dann aber bald, daß der Ausflug sie überforderte, und kehrte einsam zu mir nach Hause zurück. Unabhängig und heiter war sie in hohem Alter, doch ihr Tod kam plötzlich und unerwartet. An einem Wintermorgen fanden wir sie im Kuhstall, wo sie so friedlich lag, als würde sie schlafen.

Jed, der Sourhope Rüde.

Ihre Töchter Jed und Trim haben sich weiter bemüht, große Dinge zu tun. Sie wäre stolz auf sie gewesen, denn sie gewannen und plazierten sich bei den Trials überall im Land. Sie gewannen beim Scottish National die Brace-Klasse und repräsentierten Schottland dreimal beim International. Beim Bala-International 1980, wurden sie zweite, und 1981 wurden sie ,,Champion of Champions' beim Brace-Lauf der Royal Welsh Show.

Wie ihre Mutter Meg, waren beide Hündinnen nicht besonders zur Zucht geeignet. Die wenigen Welpen jedoch, die sie warfen, waren ordentliche Arbeits- und Trialhunde. Hemp und Ben, zwei kraftvolle Söhne von Jed, sammeln in Neuseeland große Herden, während eine Tochter von Trim — Whitelaw Ceilidh — im sonnigen Kalifornien arbeitet und spielt.

Garry betrat diese Welt an einem hellen Maimorgen in Sichtweite der nebelverhangenen Cheviot-Hills, zwei Wochen, nachdem seine Mutter Jed ihre schwierige Aufgabe beim Lammen auf den steilabschüssigen Weiden bei Swindon beendet hatte. Er war der Kleinste in einem Wurf von fünf Welpen. Sein Vater hieß auch Jed, örtlich bekannt als ,,Der Sourhope-Hund' (benannt nach der Farm auf der er lebte, nicht wegen seines Temperaments!). Sourhope Jed kommt jetzt in die Jahre, seine alten Beine werden langsamer, obwohl seine Erscheinung sich nicht verändert hat. Sein Fell glänzt, und seine Augen leuchten immer noch. Er ist ein kräftig gebauter, gleichmäßig gezeichneter, lockiger Hund mit einem weißen Kopf, dessen Kraft und ruhige Methode bei der Arbeit an Schafen GWB zum erstenmal beeindruckt hatten, als er ihm auf seinem Heimatboden an der steilen Ostseite des Whitelaw-Hill bei der Arbeit an Blackfaces zusah. Jeds Vater, der halbweißgesichtige Cap war in vergangen Jahren noch eindrucksvoller. Sein Stammbaum enthielt die Blutlinien von J.M. Wilsons berühmten Hügelhund der Kriegszeit — Cap, Kirks Nell und eine Menge von Bob Frasers kraftvollem ,,Mindrum'-Blut.

Garry wuchs sehr schnell zu einem mittelgroßen Hund heran, der ein luxuriöses, dickes Fell hatte, welches ihn während der kalten Wintermonate gut schützte. Er hatte einen hüb-

Oben: *Garry — ein wirklich altmodischer Hund.*

Links: *Jed's Wurf. (Von links nach rechts) Duke, Tweed, Ben, Garry und Lark.*

Unten: *Garry hatte eine große Ähnlichkeit mit Black Bob, dem Hundeheld meiner Kinderzeit.*

schen, gutgeformten, breiten Kopf mit gutem Stop. Im Profil ist sein Schädel bemerkenswert lang und oben sehr flach. Seine Fellzeichnung war makellos — schwarzweiß — mit einer breiten, weißen Blesse, die sich zwischen seinen Ohren durchzog, um mit der breiten, weißen Halskrause zusammenzufließen. Garrys anziehendstes Merkmal waren seine Augen. Groß, leuchtend und voller Ausdruck, hellorange-braun die Farbe, so glühten sie wie Zwillingsfeuer aus seinem ehrlichen Gesicht.

Schon früh zeigte Garry bemerkenswerte Qualitäten. Man konnte es an seiner Haltung sehen, an der Art, wie er den Kopf hielt, und an seiner ruhigen Lebenseinstellung, die er von seinem Vater und seiner Großmutter mütterlicherseits, von Meg, geerbt hatte. Im Gegensatz zu anderen jungen Hunden, die wir besaßen, hat er nie versucht, die Seiten zu wechseln, den Kurs zu kreuzen, wenn er zu seinen Schafen hinausgeschickt wurde. Er sammelte die Schafe aus jeder Entfernung und warf nie den Schwanz über den Rücken, wenn eine knappe Wende nötig wurde.

Ich finde, Garry ist ein höchst hingebungsvoller, intelligenter Arbeiter und Kamerad, nicht meinetwegen, sondern mir zum Trotz! Ich wählte ihn an dem Tage aus, an dem er geboren wurde, weil ich seine Zeichnung mochte, denn er erinnerte mich sehr an Black Bob, den Hundeheld meiner Kindheit. In dem Wurf waren vier hübsch gezeichnete Rüdenwelpen und eine Hündin, die viel Weißanteile hatte, weshalb wir sie ‚Lark' nannten. Während ich dies schreibe, lebt sie weiter oben im Tal, wo sie ihrem Herrn hilft, auf den öden, windgefegten Cheviots Schafe zu hüten.

Neben Lark und Garry stellten Ben, Duke und Tweed (GWBs Welpe) den Rest des Wurfes dar. Duke ist ein Trial-Hund unten in Yorkshire. Traurigerweise hat Bens neuer Besitzer ihn einschläfern lassen, nachdem ein gebrochenes Bein nicht heilen wollte, und Tweed starb an Leptospirose der Nieren, als er zwei Jahre alt war.

Als Garry ein junger Welpe war, machte er nur selten mit, wenn seine Schwester und Brüder herumtollten. Er zog es vor, nur zu sitzen und hoheitsvoll zu betrachten, was um ihn vorging. Er war ein wirklich altmodisches Hundemodell und für sein zartes Alter schon außerordentlich zuverlässig; er weigerte sich, irgend jemandem außer mir zu folgen, und dies tat er so nah, daß er sich dauernd unter meinen Füßen befand. Als er heranwuchs und selbstbewußter wurde, vergrößerte sich die Entfernung zwischen uns allmählich. Wenn es passierte, daß er zu weit zurückblieb, blieb er einfach sitzen und wartete, bis ich kam und ihn aufhob. Gelegentlich blickte er mit einem gleichgültigen Blick über seine Schulter zurück.

Die meisten Welpenfamilien sind ungestüm und kommen regelmäßig in Schwierigkeiten. Mit diesen Welpen hatte es etwas Besonderes auf sich, sie kamen scheinbar schon vernünftig und wißbegierig auf die Welt, mehr als ältere Hunde, und sie machten alles gemeinsam. Als sie zehn Wochen alt waren, nahm ich sie zu einer kleinen, ruhigen Schafherde mit, die in dem ‚Schul-Feld', wie wir es nannten, standen. (Genannt nach der winzigen Schule in der Nähe, wo vor Jahren die Kinder des Tales ihre Schulbildung empfangen hatten.) In dem Moment, als die Welpen Schafe sahen, gingen ihre Köpfe und Schwänze herunter! Sie zitterten vor Erwartung und dann fingen sie an zu treiben — alle in einer Linie, wie Soldaten bei der Parade. Die Ansicht dieser winzigen, flauschigen Kreaturen, voll auf eine Herde von ausgewachsenen Mutterschafen konzentriert, bezauberte mich total. Nach einigen Minuten rief ich sie widerstrebend zu mir zurück, weil ich um ihre Sicherheit fürchtete, und wir fuhren nach Haus zum Abendessen.

Den ersten Fingerzeig, daß Garry eine überdurchschnittliche Intelligenz besaß, bekam ich eines Morgens, als ich seine Zwingertür öffnete und er, während ich die Hühner fütterte, leise fortschlich. Über seine Abwesenheit war ich nicht sonderlich besorgt, und machte mich auf den Weg über die Felder und den Quellbach, wo meine alte Stute Flicka im Stall stand. Als ich dort ankam, war ich angenehm überrascht, Garry dort auf dem Anhänger sitzen zu sehen, wie er geduldig auf mich wartete. Am vorhergehenden Morgen hatte ich ihn auf den Anhänger gehoben, damit er nicht in Gefahr kam. Garry war damals fünf Monate alt, und daß er ahnte, ich würde am nächsten Tag das gleiche tun, denke ich, war keine geringe Heldentat. Es zeigte Intelligenz und den Willen, zu gefallen.

Weil wir knapp an Zwingern waren, und weil er nie etwas vom Küchentisch stahl oder im Haus sein Bein hob, durfte Garry schließlich in der Küche leben. Während des Mittagessens passierte es einmal, als ich gerade meine Gabel an den Mund führte, daß ich ein sanftes Ziehen an meinem Ärmel fühlte. Ich fuhr mit dem Essen fort, und der Ruck, der dann folgte, war so kräftig, daß mir das Essen von der Gabel fiel und prompt von dem Kleinen verschlungen wurde. Seine Augen waren fast so groß wie sein Bauch. Seit dem Tage, immer wenn Garry sich bemerkbar machen will oder sich vernachlässigt fühlt, zieht er unterschiedlich stark an meinem Ärmel, bis ich mich erkundige, was er von mir will, ein Charakterzug, den er auch an einige seiner Nachkommen vererbt hat.

Glücklicherweise hat Garry die Entschlossenheit seiner Eltern geerbt, doch gelegentlich, wenn die Schafe wild sind, kann er sich so begeistern, daß er sie in zu große Geschwindigkeit bringt. Wenn er nah bei der Hand arbeitet, genügt ein barsches Flüstern, um ihn zu verlangsamen. Wenn er in der Ferne seine Schafe zu sehr in Gang bringt, brauche ich nur seinen Namen mürrisch zu rufen. Ich finde es selbst nicht so passend, besonders bei einem Trial, und würde das Pfeifen weitaus vorziehen, wenn es nur wirken würde!

Ich fühle ein sanftes Ziehen an meinem Ärmel.

Wenn ich Garry ein Kommando gebe, das er als falsch betrachtet, zögert er, so daß ich Bescheid weiß und meinen Fehler nicht wiederhole. Draußen auf den Hügeln ist er imstande, mit wenig oder auch ganz ohne Kommandos zu arbeiten, obwohl ich denke, daß es eine Weile dauert, Garrys Initiative wieder zu fördern, wenn er den Sommer über in Trials konkurriert hat. Wenn man einen Hund auf einem kleinen Trials-Kurs laufen läßt, besonders wenn die Schafe wild sind, bringt das eine Menge von Flankieren und Überkommandieren mit sich. In Garrys Fall kommt es mir so vor, als würde man einer Großmutter beibringen wollen, Eier auszusaugen! Man spürt immer die Befreiung, wenn man dann nach Hause und auf die Hügel kommt, nachdem man einen Hund auf solchem Kurs hat laufen lassen.

Auf rauhem Gelände ist Garry offensichtlich in seinem Element, wenn er so viel freien Raum zur Verfügung hat. Ein großartiges Gefühl von Frieden überkommt mich, wenn ich beobachte, wie er die Schafe sammelt, treibt und quertreibt, bis jeder zersprengte Teil der Herde versammelt und ruhig zu meinen Füßen gebracht wurde. Jedoch habe ich herausgefunden, daß zuviel Hügelarbeit einen Hund dahin bringt, bei einem Trial schon kurz vor der korrekten ‚Aufnahme'-Position zu stoppen, denn ein intelligenter Hund, der mit eigener Initiative auf dem Hügel sammelt, wird seine erste Gruppe Schafe, auf die er stößt, zur Hügelmitte quer hereintreiben, bevor er weiter hinaufläuft und den Rest der Herde holt. Wenn er einen Hügel sammelt, weiß ich, daß Garry sich viel auf seinen Geruchssinn verläßt, weil er immer an der richtigen Stelle aufzutauchen scheint, auch wenn die Schafe durch dichtes Farnkraut oder hinter einer Hügelkuppe verborgen sind.

Im Alter von acht Monaten bereits hat er mir die Schafe ‚zugebombt', nachdem er sie aus jeder beliebigen Entfernung gesammelt hatte. Er hatte ein außergewöhnliches Sehvermögen und konnte Schafe entdecken, lange bevor ich sie sah. Weil er schon außergewöhnlich reif, oder ‚altmodisch', für sein junges Alter war, entschloß ich mich, mit seinem Training früher als üblich zu beginnen.

Ich hatte nie Schwierigkeiten, ihn von den Schafen abrufen zu können, wenn es nötig war, und automatisch stoppte er total, wenn ich pfiff. Draußen im Feld war sein ‚Qutrun' manchmal etwas knapp, nah bei der Hand schwenkte er jedoch schön heraus. Er zog es vor, nah an den Schafen zu arbeiten, und konnte dies auch, ohne sie aufzuregen. Wenn die Dinge mal nicht nach Plan abliefen, konnte er sich immer gut beherrschen und reagierte sehr sensibel, bis sich alles wieder beruhigt hatte.

Ihn beim ‚Outrun' weiter hinauszuschicken, erwies sich als relativ einfache Aufgabe. Es war lediglich nötig, ihn zu stoppen und seine Richtung einmal zu korrigieren, und schon war die Sache gelernt. Der nächste Schritt war, ihm die Bedeutung des Kommandos ‚langsam' beizubringen und bei der Arbeit am Pferch und beim Abtrennen ‚auf den Füßen' zu bleiben. Indem er regelmäßig an schnellen, wilden Cheviot-Jährlingen auf den steilen Hügelseiten bei Swindon arbeiten mußte, lernte er, den Schafen mehr Raum zu geben und freier zu flankieren. Weil Garry etwas zur ‚Starräugigkeit' neigte, war es manchmal etwas schwierig, ihn schnell genug heranzurufen, wenn dies beim ‚Shed' notwendig war. Nachdem ich lange darüber nachgedacht hatte (ich bin ein langsamer Denker!), versuchte ich einen ‚schnellen' Flankierungspfiff — zu meiner Erleichterung funktionierte es, und er wurde ein nützlicher ‚Abtrenner', obwohl man ihn manchmal auffordern mußte, sich zu beeilen!

In den ersten Tagen seines Trainings entwickelte er die ärgerliche Angewohnheit, bei seinem Outrun zu stoppen, bevor er die ‚12-Uhr-Position' direkt hinter seinen Schafen erreichte. Ich glaube, daß ich diese Gewohnheit verschuldet hatte, weil ich ihn auf den Hügeln zu oft gebrauchte und er im späten Winter große Entfernungen wegen zu weniger Schafe laufen mußte. Es gab nicht so viele Schafe zu der Zeit auf dem Hügel, weil die Mutterschafe hochtragend waren und sich die meisten Jährlinge mit in dieser Herde befanden, wodurch das Sammeln verstreuter Schafe nicht möglich war.

Ich glaube jedoch, der Hauptgrund, warum Garry zu früh stoppte, war entweder wegen zu viel ‚Auge', oder weil er fürchtete, die Handvoll Jährlinge, die er zurückbringen sollte, würden mit großer Geschwindigkeit in meine Richtung durchgehen wollen, bevor er richtig hinter sie gelangen konnte. Deshalb stoppte er so, daß er sich in einer Position befand, von der aus er dies verhindern konnte. Weil ich ihn nicht verwirren oder kränken wollte, verbrachte ich den Rest des Winters und das frühe Frühjahr damit, ihm kurze Sammlungen zu geben, wobei ich ihn auf die 12-Uhr-Position pfiff und den Schafen dadurch erlaubt wurde, zur entgegengesetzten Seite durchzugehen, bevor ich ihn herumschickte, um sie aus der Ecke zu holen.

Ich hoffte, daß diese Übungen ihn vom zu knappen Stoppen kurieren würden, aber sie taten es nicht. Nach vielen Monaten war ich schließlich etwas verbittert, und ich nahm ihn zum Sammeln mit zu einer steilen Hügelseite hinaus, auf der ich einige Schafe in Position gebracht hatte, und ich wußte, daß er hier zu früh stoppen würde. Als es passierte, brüllte ich: ‚Was zum ... machst du da?' und war verblüfft, als er sich erhob und zur 12-Uhr-Position lief. Seit dem Tage hat er nie mehr ohne ersichtlichen Grund zu früh gestoppt. Wenn ich ihn gescholten hätte, als der Fehler zum ersten Mal in Erscheinung trat, hätte ihn das verwirrt, weil er den Grund für die Schelte nicht verstanden hätte. Ich erkenne jetzt, daß Vorbeugen besser ist als Heilen (und schneller); deshalb erlaube ich nicht, daß sich schwere Fehler in jungen Hunden entwickeln.

Vorwitzige, ‚schwere' Schafe zu überzeugen, daß sie besser in den Pferch gehen sollten, war für Garry nie ein Problem. Die wilden, flüchtigen Schafe regten ihn am meisten auf. Er übernahm und tat einfach so, als sei ich garnicht anwesend — scheuchte sie, bis ihnen die Puste ausging. Noch einer meiner Fehler, weil ich meine ‚Hausaufgaben' nicht ordentlich gemacht hatte. Ich hoffe, daß ich demnächst weiser bin, was die nächste Generation von ‚Garrys' betrifft.

Seine Fähigkeit, Schafe ‚in Linie' zu bringen war überdurchschnittlich, und obwohl dies ein großer Vorteil beim Treiben der Schafe ist, bringt es doch bei wilden Schafen am Pferch Probleme, ebenso, wenn man versucht, die Schafe zu beruhigen, weil man eines abtrennen will. Als Garry etwa acht Monate alt war, im Januar, schlüpfte er unbemerkt leise fort auf den steilen Whitelaw, nahm eine große Herde Cheviotmutterschafe und Jährlinge mit auf die Reise. Die Schafe hatten im Schutz einer tiefen Höhle oben auf der Spitze gelegen, fast zwei Meilen von zu Hause entfernt. Garry nahm sie auf und brachte sie pfeilgerade nach Hause, alles ganz selbständig. (Weil der Boden mit einer dünnen Schneedecke überzogen war, konnte ich die Spuren hinterher ganz deutlich sehen). Wenn er sich

Oben: *Garry (links) mit Sohn Laddie.* **Unten:** *Garry und Laddie (links).*

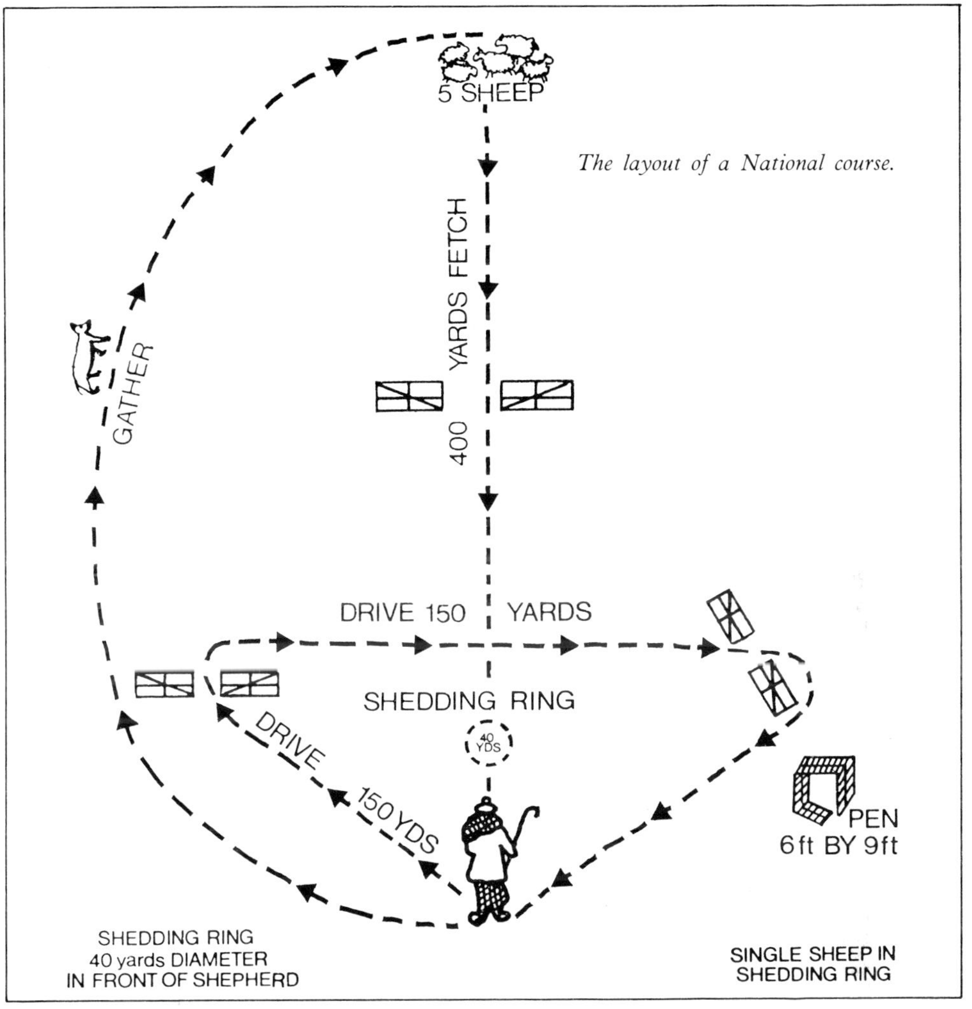

The layout of a National course.

erstmal am richtigen Balancepunkt befand, waren nur wenige oder gar keine Kommandos nötig, bis man die Schafe in eine andere Richtung wenden wollte. Robin Armstrong, der Besitzer von ‚Sourhope Jed', erzählte mir, daß Garrys Großvater väterlicherseits, Cap, Schafe in Linie bringen konnte, indem er sich nur leicht zur Seite neigte und dabei eine Pfote hob!

Als ich anfing, Garry zu trainieren, bereitete ich mich gedanklich immer vor, damit meine Methoden vernünftig waren, und wenn möglich, versuchte ich mich immer in seine Lage zu versetzen und die Dinge mit seinen Augen zu sehen. Mir war bewußt, daß sein Training auf diese Weise länger dauern würde, doch ich hoffte, daß das Endresultat eher ein natürlicher Hund sein würde als ein mechanischer. Vorher hatte ich beim Training anderer Hunde nie wirklich nachgedacht und deshalb neigte ich dazu, eher die Hunde für die Fehler zu tadeln, als mich selbst.

Bei den ersten Trials, bei denen ich Garry gemeldet hatte, fühlte ich mich schuldig, als ich ihn über den ganzen Platz flankierte, nur zu dem einzigen Zweck, ein paar Schafe durch ein Gatter zu treiben, wo sich weder Zaun noch Mauer an den Seiten befanden (besonders als er schon gut tauglich war, Schafe aufzunehmen und zu mir zu bringen). Ich fühlte, daß es ihn völlig verwirrte, wenn ich ihn während des ‚Fetchs', des Holens, aufforderte, zu flankieren. Wenn die Schafe am Pfosten aufgenommen werden konnten, entstand das Problem nicht, doch unglücklicherweise bleiben nur sehr wenige Schafe dort stehen, wo man sie vor ein paar Minuten hingestellt hatte.

Traurigerweise wurde die Fähigkeit, ‚in Linie zu treiben' schnell aus unseren Border Collies herausgezüchtet, nur um den Drang des Menschen zu befriedigen, sie besser flankieren lassen zu können und sie besser beherrschen zu können, um Hütehundtrials zu gewinnen. Mit der Zeit, als Garry älter wurde und regelmäßig an wilden Cheviot-Jährlingen arbeitete, erlaubte ihm die Arbeit, nur zweckgebunden zu flankieren, und ich bemerkte seine Abneigung, zu flankieren, wenn man ihm den ‚Fetch' überließ. Seine natürliche Neigung wurde so auf richtige Weise geformt, ohne ihn zu verwirren. Ich finde, wenn ich vernünftig mit ihm umgehe, dann zahlt er mir das tausendfach zurück. Wenn ich junge Hunde trainiere, ist Garry unentbehrlich. Sobald er sieht, daß alles unter Kontrolle ist, zieht er sich in den Schatten der Wallmauern zurück, wo er zufrieden mit einem Gesichtsausdruck liegt, den man nur mit ‚halb selbstgefällig, halb amüsiert' beschreiben kann. Wenn ich in seine Richtung blicke, legt er seine Ohren zurück und schlägt seinen Schwanz einmal auf den Boden, während seine Augen vor Erwartung glühen. Wenn es Zeit ist, aufzubrechen, steht er langsam auf, gähnt gelangweilt und streckt sich ausgiebig. (Er liebt es, sich gründlich auszustrecken.) Manchmal spricht er mit mir, indem er kleine grunzende Geräusche macht, die ich so interpretiere, als wolle er mir zu verstehen geben, daß er keine besonders hohe Meinung von mir als Trainer hat, und daß er den Job ohne mich viel besser tun könnte!

Seine ersten Trials waren für ihn schreckliche Erfahrungen, bedingt durch seine extreme Sensibilität. Leute, Autos, Bäume, Gebäude, sogar die Schatten beeinflußten seine Vorstellung und veranlaßten ihn oft, Dinge zu tun, die ihm sonst gar nicht ähnlich sahen. Er fürchtete sich vor den Männern, die die Schafe an der Spitze des Feldes herausließen, so sehr, daß er mit seiner Schafgruppe, ohne anzuhalten oder langsamer zu werden, losstürmte, bis er durch die Fetch-Gatter hindurch war und meinen Gesichtsausdruck erkennen konnte! Zum Ende seiner ersten Saison hatte er sich so an alles gewöhnt, daß es ihm inzwischen kolossal Spaß machte. Heute ist er bereits am Pfosten und sieht nach seinen Schafen, während ich noch darüber nachdenke!

Im August 1978 in Earlston konkurrierten wir in unserem allerersten Scottish-National-Sheepdog-Trial, als Garry zwei Jahre und drei Monate alt war. Außer einigen langen Outruns außerhalb von zu Hause gab ich ihm kein besonderes Training. Meine größte Hoffnung an jenem Tage war, daß wir schwere Schafe bekommen würden (und noch schwereren Regen, um die Zuschauer fernzuhalten, die unseren Versuch beobachten wollten, falls er nicht gelang!)

Wir standen für Samstag auf der Liste. Donnerstag und Freitag zogen mit Wind und Sonne herauf, und die Schafe waren leicht. In der Nacht von Freitag auf Samstag konnte

Garry mit dem Coquet Shield.

ich keine Sekunde schlafen, sorgte und hoffte auf einen Wetterwechsel. Ich stand früh in der Dämmerung auf und ließ Garry noch vor dem Frühstück eine große Sammlung auf dem Hügel machen. Und als wir in Earlston ankamen, siehe da, war mein Gebet erhört worden. Wir fanden schwere, gut behandelte Schafe vor (von Tom Liddle, einem Border Collie-Freund, gehütet), und auch den hochgeschätzten Regen, nicht zu stark, doch genug, um den Enthusiasmus der Zuschauer zu dämpfen!

Meine Knie schlotterten wie Zwillingsquallen als ich auf meinen Lauf wartete. Garry verschaffte sich in aller Ruhe einen Überblick, rollte sich zu meinen Füßen zusammen und fiel in tiefen Schlaf, laut schnarchend. Aber wir mußten es auch noch mit der Musik aufnehmen. Der Regen goß in Strömen. Unsicher fragte ich den Kursdirektor Willie Hislop, ob es schon zu spät sei, noch die Meinung zu ändern. (Es war!) Er begleitete mich freundlich zum Pfosten, wo er mich prompt verließ. Wir waren jetzt ganz allein.

Mit ruhigen Augen blickte Garry mich an. Ich fragte ihn: ‚Kannst du Schafe sehen?‘ Die leichte Vorwärtsbewegung seiner Ohren sagte mir, was ich wissen wollte. Mit einem ruhigen, langsamen Pfiff ließ ich ihn zur rechten Seite loslaufen. Er drehte zunächst sehr

Auf dem Whitelaw. Laddie (links) und Garry.

gut heraus, doch sobald er die Männer am anderen Ende sah, kam er zu flach herein, um zwischen die Männer und die Schafe zu gelangen. Die Schafe starteten erschrocken und stürzten nach links los. Ich erkannte zu spät, daß ich Garry auf seinem Outrun hätte etwas kürzer halten sollen.

Der ‚Lift' war, gelinde gesagt, mißglückt, die aufgeschreckten Schafe rannten um ihr Leben. Garry brachte es gerade noch fertig, sie in Linie zu bringen, um das Fetch-Gatter zu treffen. Dann konnte er sie auf dem Kurs halten, bis sie meine Füße erreichten. Nun machte ich einen weiteren Fehler. Ich hätte ihnen erlauben sollen, leicht zu meiner rechten Seite abzudriften, damit ich sie dann in Ruhe um mich herum hätte wenden können. Aus Unwissenheit wendete ich sie zu scharf, gab dem armen Garry einen durchdringenden Stop-Pfiff. Die alarmierten Schafe schossen aus der Linie und flüchteten zurück. Nach einem annehmbaren Forttreiben, brachte er sie durch die Gatter, dirigierte sie in eine knappe Wende zum Quertreiben. Aus meiner Sicht war das Quertreiben der schönste Teil seines Laufes. Er klemmte sich an die schwierigere Seite der Schafe, Kopf runter, Kommandos brauchte er keine, bis er das letzte Gatter erreichte, wo die Schafe einen Moment innehielten, um diese zu inspizieren, bevor sie hindurchgingen. Sie wendeten knapp und wurden in gerader Linie in den ‚Shedding-Ring' gebracht.

Es vergingen ein paar Minuten, bevor eine Lücke entstand, die Garry die Chance gab, hineinzustoßen und die zwei Schafe, die keine roten Halsbänder trugen, abzutrennen, um sie von den anderen wegzutreiben. Dies zustandegebracht, sandte ich ihn herum, um die anderen wieder aufzunehmen, und ich ging zum Pferch vor, ließ ihn mit der Aufgabe zurück, die beiden Gruppen wieder zusammenzutreiben. Das Gatter schwang auf, und ich stand ein gutes Stück zurück, das Ende des Seiles haltend, während Garry die Schafe zum Eingang des Pferches brachte. Das Glück war uns hold, und alle, bis auf das letzte, marschierten ruhig hinein. Dieses eine Schaf nahm Anlauf, um hinter den Pferch zu gelangen, doch Garry reagierte schnell und wendete es herum zu den anderen. Erleichtert schloß ich das Gatter. (Beim Shed hatte das gleiche blöde Schaf innegehalten und gefällig über seine Schulter geblickt. Die Chance durfte nicht verpaßt werden. Garry schoß hinein und drückte es rückwärts. Es wendete, und zu meiner großen Erleichterung konnte er es leicht ‚tragen'.)

Die Richter, Alan Gordon und Dave McTeir, riefen: ‚That'll do'. Die Zuschauer klatschten und johlten, ich fühlte mich verlegen, glücklich und stolz auf Garry, alles zur gleichen Zeit. Unser erster Lauf bei einem National-Trial war vorbei. Wir verließen das Feld mit einer Punktzahl von 182 1/2. (Wir haben nie herausgefunden, wer den halben Punkt abgezogen hatte!)

Drei Wochen später holte Garry zwei erste Preise an einem Wochenende bei Chatton Sandyfords, einem Trial, welches auf einem Heidefeld stattfand, wo dauernd brausende Winde direkt von der Nordsee her wehten, und bei Holystone, wo er eine der schönsten Trophäen des Trialgeschehens, das Coquet-Shield, bekam, das wir ein Jahr lang behalten durften. Dieses geschwungene Schild, auf dem ein Border Collie abgebildet ist, ist in Silber gearbeitet und auf Eiche montiert, datiert nahezu 60 Jahre zurück. Auf kleineren Schildern rund um das Mittelfeld sind die Namen der Gewinner eingraviert. Viele von ihnen sind wohlbekannte Hundeführer der Vergangenheit von beiden Seiten der Grenze.

Diese beiden Trials wurden am Pferch gewonnen. Garrys Taktik am Pferch hatte sich zweimal ausgezahlt. Es hatte zahllose Fälle vorher und seitdem gegeben, bei denen sie es nicht tat! Bei leichteren Schafen konnte sein ‚Geh-rüber-Befehl' verschiedene Resultate hervorbringen. (Man sagt, daß das Geheimnis von dauerndem Erfolg darin liegt, Schafe ‚lesen' zu können. Traurigerweise habe ich diese Fähigkeit nicht. Soweit es mich betrifft, so scheinen mir die Trial-Schafe so unberechenbar zu sein wie das Wetter, und doppelt so windig!)

Im September 1981 fuhren wir zu dem berühmten Drei-Tage-Ereignis von Longshaw, das den Ruf hat, eines der ältesten Sheepdog-Trials im Lande zu sein. Der erste Wettstreit wurde 1898 ausgetragen, an einem Tag mit heulendem Sturm und wolkenbruchartigem Regen. Heute ist dieses dramatisch — felsenübersäte Gebiet, mit seiner schroffen, rauhen Schönheit vom National Trust für künftige Generationen geschützt. Die Donnerstag- und Freitagtrials sind die Qualifizierungsausscheidungen für den aufregenden, verdoppelten Outrun-Test, der am Samstag stattfindet. Es finden außerdem Wettkämpfe der lokalen Klasse für Neulinge und Brace-Läufe (mit zwei Hunden gleichzeitig) statt. Das Glück war mit uns und GWB, der Jed und Trim in der Brace-Klasse startete, wurde dritter. Garry, der am Freitag die höchste Punktzahl errang, erhielt den Lonsdale-Cup und die Startberechtigung für die Samstagveranstaltung, wo er dann die Chance hatte, den wertvollen Silber-Teekessel zu gewinnen.

Die Schafe — white-faced Woodlands und Kreuzugen — hätten am Samstag nicht besser sein können. Garry führte das Feld an, bis die drei letzten Wettkampfteilnehmer ihn mit brillianten Vorstellungen verdrängten. Harold Loates mit seiner treuen Jill bekamen verdientermaßen den ersten Preis, Clarence Story mit seinem Siege produzierenden Blade, war zweiter und Norman Darrel mit Pat waren knappe Dritte. Longshaw lebt in meiner Erinnerung als das Ascot der Trial-Runde, doch besonders erinnere ich mich an die herzliche Aufnahme dort und die Freundlichkeit der Leute.

Auf dem Whitelaw

Garry rannte los zur weiten Südseite des steilen Whitelaws, schreckte eine Schar Rebhühner auf, die zwischen den welkenden Farnkrautwedeln Schutz gesucht hatten, bis er hinter den süßduftenden Tannen in der Ferne nur noch als kleiner Fleck zu erkennen war. Ich blieb bewegungslos und still stehen, schaute nach der ersten Bewegung der Schafe aus, wodurch ich erkennen würde, daß er sein Ziel erreicht hatte. Innerhalb weniger Minuten begann der erste ‚Schnitt‘ nach innen zu wandern. Garry folgte in sensiblem Abstand, bis sie eine geeignete Stelle erreichten, von wo aus er wieder über die Kuppe des Hügels zurücklaufen konnte, um die Bummelanten zu sammeln. Als dies erledigt war, wurden sie sanft, aber entschlossen hügelabwärts gebracht und mit der ersten Gruppe vereinigt. Die Fähigkeit dieses lockigen Vitalitätsbündels, die Augen lodernd vor Ungeduld, erfüllt mich immer mit einem Gefühl der Demut.

Er besitzt eine undefinierbare Ausstrahlung und einen natürlichen ‚Bogen‘, um weit verstreute Herden ohne Hilfe zusammenzutreiben. Er holt sie, wenn möglich in gleichmäßigem Trott, oft durch dichtes Farnkraut und über sumpfige Torfmoore. In solchen Fällen helfe ich ihm mit dirigierenden Pfiffen, in die Richtung der vielen gewundenen Schafpfade zu gelangen, die durch zahllose Generationen in die Erde getrampelt wurden, wenn die Schafe abends zu den höheren Aussichtspunkten und während des Tages wieder zu den süßeren, tieferen Weiden wanderten.

Garry läuft wieder im Bogen links heraus los, reagiert bereitwillig auf meine langen, langsamen Pfeifkommandos, deren Bedeutung er kennt. Der kühle Süd-Ost-Wind trägt meine Pfiffe rasch in seine Richtung und läßt mich einen Moment lang erschaudern. Innerhalb kurzer Zeit waren die drei ‚Schnitte‘ zusammengetrieben, und die Schafe sprangen im Galopp den steilen Abhang hinunter in meine Richtung. Als sie näherkamen, verlangsamte sich ihre Geschwindigkeit, bis sie im Schritt gingen und Garry sich zurückfallen ließ. Ich konnte fast sehen, was er dachte: ‚Ist alles so, wie es sein sollte? Habe ich ein Schaf übersehen? Warum sagt sie nichts?‘ Ich versicherte ihm, er sei ein ‚Guter Junge!‘, und forderte ihn auf, vorwärts zu gehen. Freudig tat er mir den Gefallen, bis seine Schützlinge vor meinen, inzwischen erfrorenen, Füßen standen.

Nach einer schnellen Überprüfung, um zu sehen, ob alles in Ordnung ist, wendeten wir wieder gegen den grimmigen Wind und trieben die große Herde von Südland-Cheviots zur Niederung hinunter, wo wir sie im Schutze einer Steinmauer zurückließen, und sie bis zum Abend in Ruhe grasen konnten, wenn die Hügelspitzen sie wieder wie gigantische Magnete in die Sicherheit ihrer felsenübersäten, von Sternen beleuchteten Höhen zurückwinken würden.

Kapitel 7

Die Entwicklungsgeschichte des Border Collies

Es ist gesagt worden, daß der Wolf, der wilde Hund und der Fuchs von einem gemeinsamen Vorfahren abstammen — einer schakalartigen Kreatur. Nach ihrer Domestizierung wurden aus wilden Hunden Jagdhunde und Hütehunde. Höchstwahrscheinlich gab es ursprünglich drei verschiedene, getrennte Typen — jene, die mit ihren Nasen am Boden jagten (welche mutmaßlich in Gebieten mit dichtem Unterwuchs herausgezüchtet wurden), jene, die das Wild fanden, indem sie den Kopf im offenen Gelände hochhielten, und ‚last but not least', jene, die das Vogelwild und Vieh laufenderweise umrundeten. Mit der

Zeit, als es nötig wurde, zwischen Jagen und Hüten zu unterscheiden, selektierten die Menschen ihre Jagd- und Hütehunde wegen einiger vorteilhafter Charakterzüge, die sie im Vergleich zu anderen vortrefflicher werden ließen. Schließlich jagten die Menschen dann mit Netzen. Diese wurden entweder aufgestellt, um das Wildbret hineinzutreiben, oder sie wurden über den Boden geschleppt, damit Vögel und andere Kleintiere darunter gefangen wurden. Höchstwahrscheinlich wurde durch diese Jagdmethode der edle Pointer ins Leben gerufen. Die Jäger konnten nicht anders, als den Hund zu bewundern, der eine natürliche Veranlagung besaß, bewegungslos im richtigen Abstand zu verharren, wenn er Wind von wilden Tieren bekam. Dies versetzte die Menschen, welche Schleppnetze benutzten, in die Lage, die exakte Position ihrer Beute zu ermitteln.

Die ersten Pointer, die in Großbritannien auftauchten, kamen aus Frankreich und Spanien. Der Vorteil beim Einsatz eines spanischen Hundes war, daß er lange Zeiten arbeiten konnte, ohne durstig zu werden. Sein einziger Nachteil war, daß er wegen seines Gewichtes und seiner Größe nicht soviel Geschwindigkeit und Ausdauer besaß, wie es zum Jagen benötigt wurde, weshalb man Foxhound- und Greyhoundblut einkreuzte. Sobald diese Kreuzungen zustande gebracht waren, züchtete man die unerwünschten Züge wieder heraus. Die einzigartigen Charakterzüge des Pointers wurden beibehalten und darauf aufgebaut.

Der Border Collie wurde aus dem wilden, hütenden Hundetyp entwickelt. Als die Menschen das Vieh zähmten und Wölfe die sumpfigen Ebenen durchstreiften, war ein großer, wilder Hund erforderlich, der die Räuber in Schach halten konnte. Der wilde Hund war schon lange gezähmt, und wenn man ihn mit dem Wolf kreuzte (diesem besonderen Tier, welches darin erfahren war, seine Beute zu umkreisen) würde er sicherlich den idealen Hund für diese Zwecke hervorbringen. Die Zuständigkeit des wilden Hundes für das Treiben der Beute mußte mit hoher Intelligenz und Hingabe ausgestattet sein, um ihn in die Lage zu versetzen, das Wild in Bewegung, und zwar in der richtigen Richtung, oft über schwieriges Gelände, zu halten.

Wenn man die Methode betrachtet, können die Border Collies in zwei Gruppen eingeteilt werden — den Linienhund oder Treiber- und Flankierhund. Mutmaßlich war der ‚Linien'-Hund schon vor seiner Domestizierung für das Treiben des Wildes in die wartenden Fänge des flankierenden Hundes zuständig, welcher schon vorausgelaufen war, um so unauffällig wie möglich zu warten.

Jene Hunde, die das eigentliche Töten ausführten, waren nicht notwendigerweise die Klügsten oder Mutigsten der Meute. Wenn ein Border Collie an den Schafen zerrt, geschieht dies normalerweise nur, weil er sich vor ihnen fürchtet. Collies mit Mut gehen auf die Schafe zu und setzen sie in Bewegung, ohne auch nur ihre Schnauzen zu öffnen. Es kommt manchmal vor, daß ein Schaf den Hund attackiert. In solchem Fall kann man dem Hund dies nachsehen, wenn er sich nur verteidigt, indem er das Schaf kneift. Ich habe gutartige Collies gesehen, die bloß ihre Zähne als Warnung zusammengeklickt haben. Ein wahrer Hund sollte als ‚weichschnauzig' bezeichnet werden können.

In der Wildnis sind hellfarbige Augen bei den Tieren, die in schattigen Waldgebieten leben, vorherrschend. Tiere, die sich mit dunkleren Augen entwickelt haben, kommen besser im hellen Sonnenlicht des offenen Landes zurecht. Ursprünglich entwickelten sich

Glen und Laddie zeigen typische Pointer- und Setter-Charakteristica.

Ein vielseitiger Collie arbeitet an allem, was sich bewegt.

die Körperzeichnungen zur Tarnung, damit der Hund fähig war, mit seiner Umgebung zu verschmelzen. Später führten die Vorlieben der Menschen für eine bestimmte Farbe dazu, daß mehr Tiere von gleicher Fellzeichnung gezüchtet wurden.

Die weiße Schwanzspitze der Collies, ein Erbe des wilden Hundes, ist als ein dominantes Charakteristikum zurückgeblieben, wodurch, wie ich glaube, diese Rasse zu einer der ältesten existierenden überhaupt gezählt werden kann. Die Schwanzspitze ist bezeichnend dafür, daß sie, wie beim Fuchs, Rotwild und Kaninchen, die bei Gefahr schnell flüchten und verschwinden, dem Rest des Rudels ein Warnungszeichen sein kann und für die Jungen einen begehrten Wegweiser zur Flucht darstellt.

Wir haben höchst ingezüchtete Collies besessen, welche, abgesehen von ihrer schwarzweißen Färbung, dem Fuchs in Aussehen und Manieren ähnelten. Ein roter oder schokoladenfarbiger Hund dieses Typs wird oft bezeichnet als ‚geradeso aussehend wie ein Fuchs', wenn er über eine entfernte Hügelseite läuft.

Ich glaube, daß die Methode des heutigen Border Collies, mit ‚Auge' und Stil zu arbeiten, von seinen zu Sportzwecken gezüchteten Vorfahren, namentlich den Settern, Spaniels und Pointern, ererbt ist. ‚Auge' und Stil gehören immer zusammen, wenn sie im heutigen

Ein wahrer Pointer. Blackfield Glen, im Besitz von Mrs. Badenach Nicolson, ist Sieger bei vier offenen Pirschveranstaltungen und beim Pointer- und Setter-Championship.

Collie vorhanden sind. Es ist jedoch gelegentlich möglich, einen ‚Klasse'-oder Qualitätshund zu züchten, der relativ frei ist von ‚Auge'.

Vor Jahrhunderten kam in kleinen Dörfern das Inzüchten verschiedener Hundetypen in großem Maße vor, wodurch sich die dominanten Gene sehr schnell multipliziert haben.

Man stelle sich den Ausdruck von Unglauben und Verwunderung auf den Gesichtern der Leute vor, die als erste einen hochqualifizierten Hund sehen durften, der seinen Pflichten des Schafe-, Rinder- und Hühnerhütens und gelegentlich auch — innerhalb einer Ansiedlung — des Kinderhütens nachging!

Doch nun möchte ich die Jagdahnen des Border Collies im einzelnen beschreiben.

Der Setter

In Großbritannien wurde die Geschichte der Vorstehhunde zuerst von Dr. John Caius in seinem Buch ‚Englische Dogges of 1576' aufgezeichnet: ‚Diese (Setter) achten sorgfältig auf ihre Herren und passen sich den Winken, Bewegungen und Gesten an, weil es ihn erfreuen soll, wenn sie etwas anzeigen und hervorbringen, entweder, indem sie vorwärtsgehen, durch ein Zeichen der rechten Hand rückwärts gehen, oder sich nach links wenden. (Wenn wir von Vögeln reden, dann meine ich Rebhühner und Wachteln.) Wenn er seine Vögel gefunden hat, bleibt er unbeweglich still stehen und wird nicht weitergehen, und mit versteckt beobachtendem Auge legt er sich bäuchlings auf den Boden, dann kriecht er wie ein Wurm vorwärts. Wenn er nahe an den Platz gelangt, an dem sich die Vögel befinden, bleibt er ganz liegen und macht ein Zeichen mit seiner Pfote, das verrät: ‚Der Vogel verharrt dort auf seinem Platz', wodurch man annimmt, daß diese Hundeart

Index (Anzeiger) oder Setter (Setzer) genannt wird, was in der Tat ein höchst passender Name für seine Qualitäten ist, mit dem man einverstanden sein kann. Während der Hund den Platz im Auge behält, öffnet der Vogelfänger schnell sein Netz und breitet es aus, mit der Absicht, sie zu überwältigen. Wenn dies getan ist, erhebt sich der Hund nach und nach durch die gewohnten Winke oder Zeichen seines Herrn und zieht sich näher an die Vögel heran, die durch seine Gegenwart sich selbst in die Falle begeben und in dem bereitgestellten Netz gefangen sind.'

In früheren Zeiten wurden die Spaniels und die Setter oft als ein und dieselbe Rasse betrachtet und waren unter dem Namen ‚Sitters' zusammengefaßt. Ein Gemälde von Albrecht Dürer, der 1528 starb, stellt einen Setter dar. Er war ein kleiner Hund, hübscher in der Erscheinung als sein heutiger Nachkomme. Abgesehen davon, war der Hauptunterschied der, wenn der ‚Olde Englishe' vor dem Wild stand, tat er dies in einem mehr betonten ‚Ducken', und beugte das Kniegelenk seines erhobenen Vorderbeines übertriebener durch.

Vor hundert Jahren versagten viele Setter, was die Feldarbeit betrifft, das Ziel zu erreichen. Einige in der Tat, genau wie einige Border Collies heutzutage, erwiesen sich als überhaupt nicht aufnahmefähig, und andere neigten dazu, Amok zu laufen! Wie auch immer, als ein treuer Gefährte des Menschen ist ein echter Setter unvergleichlich und auch angenehm in der Erscheinung. Er hat klassische Linien, ein glänzendes, wogendes Fell und eine seidige Befederung an Beinen und Schwanz.

Der Spaniel

Nochmal müssen wir von Dr. John Caius aus Cambridge sprechen, der auch als erster die ‚Spaniells' in seinem Buch Englische Dogge beschrieben hat. In dem Kapitel über solche Hunde, die zur Vogeljagd benutzt wurden, sagt er: ‚Es gibt außerdem in heutiger Zeit eine neue Hundeart unter uns, die man aus Frankreich mitbrachte, und die überall mit weißen und schwarzen Flecken besprenkelt ist, dessen gemischte Farben auch zu Blue-Merle tendieren … die gewöhnlichen Leute benennen sie mit einem allgemeinen Wort, nämlich: ‚Spaniells', als ob diese Hundeart ursprünglich und zuerst aus Spanien gekommen sei.'

Lange vor Caius' Zeit, wurde in den alten Gesetzen des Landes, die im 10. Jahrhundert kodifiziert wurden, auf den Spaniel von Wales Bezug genommen. Er wurde als aktiv und höchst intelligent beschrieben. Verschiedene Lexika sagen uns, daß das französische Wort epagneul von espagnol stammt, was ‚Spanisch' oder ‚aus Spanien' bedeutet, aber es gibt keine wirkliche Sicherheit, daß die echten Spaniels aus jenem Land kommen.

Manche denken, daß epagneul von dem französischen Verb espanir abgeleitet ist, was bedeutet: auf dem Boden zu kriechen oder sich flach hinzulegen. Das Wort ‚Spaniel' könnte auch eine Verfremdung des lateinischen ‚Explanere' sein, was bedeutet, sich flach auszubreiten, und es ist interessant, festzustellen, daß das alte italienische Verb ‚Spaniare' bedeutet, aus einer Falle oder einem Netz herauszukommen.

Im England des 16. Jahrhunderts existierte ein halb-lockiger Wasserspaniel, der einer Kreuzung zwischen einem Springer-Spaniel und einem irischen Wasserspaniel ähnelte. Dieser Hund hatte eine liebenswerte Fähigkeit — wenn sein Herr irgendwie in Schlamm oder Wasser in Schwierigkeiten kam, eilte er ihm zu Hilfe, indem er sich bemühte, ihm durch Ziehen am Ärmel zu helfen. Einige meiner eigenen Collies zeigen einen ähnlichen Charakterzug, denn wenn ich in einer Schneewehe steckenbleibe, kommen die Hunde so nahe an meine Seite, bis sie meine Hand auf ihrem Rücken fühlen und dann bewegen sie sich gleichmäßig über den Schnee vorwärts und ziehen mich heraus.

Vom Wasserspaniel sagte man, er sei eigensinnig, was aber durch schnelles Begriffsvermögen und große Zuverlässigkeit mehr als ausgeglichen wurde. In den Tagen der Falkenjagd benutzte man einen hochbeinigen Springerspaniel-Typ auf den Mooren im rauhen Heidekraut. Für die Arbeit im dichten Unterholz wurde ein kurzbeiniger, kriechender Spaniel vorgezogen, und durch diesen Umstand kam der Cocker ins Dasein — ein freundlicher, geschäftiger, schlammliebender Charakter, der die Nase am Boden hält, ideal, um Wild aufzuscheuchen.

Einige Leute ziehen die Arbeitsweise des Cocker Spaniels der organisierten Methode von guten Pointern und Settern vor. Sie sind von ihrem Job so sehr in Anspruch genommen, daß sie gegen alles andere blind werden, und dies kann manchmal sehr lästig sein. Jedoch, kann keiner mit nur einem Funken Humor umhin, durch solch ein Tier, welches gelegentlich extrem laut sein kann und ein echter Charakter ist, amüsiert und erheitert zu sein.

Die Spaniels waren ursprünglich in springende und kriechende Linien geteilt, von denen die heutigen Springer Spaniels und die körperlich längeren Setter abstammen. Der 4. Herzog von Gordon züchtete die ersten Gordon Setter im frühen 19. Jahrhundert. (Diese stammten aus der Hündin Maddie eines örtlichen Schäfers, einem großartigen Jagdpointer und einem Setter-Rüden.) Weil es oft einen oder auch mehrere rote oder tief orangene Welpen in den besten Würfen gibt, ist es sehr wahrscheinlich, daß irgendwo entweder ‚Old English' oder irisches Blut in den Linien existiert.

Gordon Setter sind imstande, ohne Wasser länger zu reisen als die meisten anderen Setterarten und tendieren dazu, in ihrer Haltung ‚am Punkt' eine größere Verschiedenartigkeit zu zeigen. Ihr Schwanz kann entweder kürzer als beim English Setter sein, oder sehr lang mit einem Wirbel am Ende, der in Aktion schlecht getragen wird.

Es ist wahrscheinlich, daß viele unserer heutigen schwarzbraunen Border Collies Gordon-Blut führen.

Der Jagdhund macht beides, Wild aufspüren und apportieren, wobei er es vorsichtig in der Schnauze trägt, während der Hütehund nützlich ist, weil er über weite unzugängliche Gebiete geschickt werden kann, um das Vieh zurückzubringen. Der Jagdhund macht vollen Gebrauch von seiner Nase, um das Wild aufzuspüren, der Hütehund benutzt seine, um Schafe, die vor der heißen Sonne oder den lästigen Fliegen Schutz gesucht haben im dichten Farnkraut zu lokalisieren oder während des Winters Schafe zu finden, die in tiefen Schneewehen begraben sind.

Wenn draußen auf dem Hügel ein Collie zufälligerweise seinen Herrn (oder Herrin!) aus dem Auge verliert, wird er entweder seinen Kopf heben oder senken, sich unmittelbar auf seine Nase verlassend, um ihn zu finden.

Mit Vergnügen habe ich meine eigenen Hunde oft dabei beobachtet, wie sie im Zick-Zack-Kurs über die steile Hügelseite liefen, leidenschaftlich nach meiner Fährte suchend, wobei sie gelegentlich stoppten, um sich flüchtig umzublicken, und vollen Gebrauch von ihrem bemerkenswerten Sehvermögen machten.

Über die Jahrhunderte haben die Menschen die Entwicklung der verschiedenen Rassen durch Inzuchten und Kreuzungszuchten kontrolliert, damit sie seinen Anforderungen entsprachen. Auf diese Weise ist das Blut von Hunden, die sowohl zum Jagen als auch zum Aufzeigen von Wild gebraucht werden sollten, mit dem von Greyhounds, Hütehunden, Settern und Spaniels vermischt worden. Es wäre ja alles gut, wenn die Natur des Menschen so beschaffen wäre, daß er sich mit einem ‚nützlichen' Tier zufrieden geben könnte, doch weil die Menschen einen ‚Konkurrenz-Geist' besitzen, verlangen sie nach dem ‚Super-Hund' und züchten allen Ernstes nach solchen Attributen wie ‚übertriebenem Stil', ‚Geschwindigkeit' und ‚Schönheit', wobei das letztere praktisch den Niedergang des Pointers bewirkt hat, und **für den Border Collie besteht diese Gefahr ebenfalls!** Das Blut von English Foxhounds wurde anfänglich eingeführt, um dem Pointer mehr Ausdauer zu geben. Als man dies in späterer Zeit wiederholte, tat man es ausschließlich, um ihn für den viktorianischen Ausstellungsring zu verbesern!

Dr. Caius bemerkte: ‚Wir Engländer sind unglaublich habgierig, wie Vielfraße nach Neuigkeiten glotzend; habsüchtige Kormorane auf der Jagd nach seltenen, ungewöhnlichen, fremdartigen Dingen, die nur schwer zu bekommen sind.' Nach einem berühmten viktorianischen Schriftsteller wurde der ‚Hasenfuß' des Pointers verdammt, und der Geburtsstern des ‚Hasengehirns' ging auf.

Es gibt offenkundige Beweise, daß, um den Pointer zu seinem früheren Ruhm zurückzuführen, einige Züchter mehr Greyhoundblut in die Rasse einführten bis die einzig zuverlässige Charaktereigenschaft zum Vorschein kam, die des schwarzen oder sable-farbigen Pointers, eines Hundes, bei dem die Show-Leute wegen seiner Farbe und seines Typs finster die Stirn runzelten. In jenen Tagen wurden minderwertige Arbeitshunde unerbittlich ausgemerzt, so daß in den besten Black-Pointer-Zwingern nur mit solchen Hunden gezüchtet wurde, die die nötigen Attribute aufwiesen, bis schließlich diese Hunde ihre nächsten Rivalen bei weitem überstrahlten.

Der schwarze Pointer

Als ich in einem Buchantiquariat in Berwick stöberte, fand ich ein 50 Jahre altes Buch über Jagdhunde und ihr Training, geschrieben von Atwood Clark. Hier hatte ich meine erste Bekanntschaft mit dem Schwarzen Pointer. Das Buch enthielt eine wahre Darstellung eines solchen Hundes, der in die Hände des Autoren-Vaters im letzten Teil der 1870er kam.

Es war beabsichtigt, den einfarbigen Hund zur Zucht zu nutzen, und um den Autor zu zitieren: ‚Dieser Hund war der Perfektion so nahe, daß unter allen Leuten, die ihn arbeiten sahen, keiner zu finden war, der irgendeinen Fehler in seinem Verhalten finden konnte, obwohl viel weniger Zeit als gewöhnlich für Hunde dieser Rasse für sein Training aufgebracht wurde.‘

‚Bis zum letzten Tag seines Lebens konnte jeder Jäger, vor dem er umherstreifte, ob allein oder zusammen mit einem anderen Hund, aus der Nähe die vollendete, fehlerlose Arbeit dieses einzigartigen Künstlers und Meisters seines Handwerks sehen.‘

‚Wenn seine Lebensgeschichte nun lückenlos niedergeschrieben würde, dann würden viele Vorfälle darin ohne Zweifel unter der Überschrift: ‚Zu schön, um wahr zu sein‘ klassifiziert werden. Einige wenige von uns, die wir diesen sablefarbigen Pointer gekannt haben, sind noch am Leben und können seine einzigartige und hochentwickelte, feine Intelligenz bezeugen.‘

Diese glühende Beschreibung muß wenigstens auch auf einen Border Collie zutreffen, den jeder von uns schon mal in seinem Leben gesehen hat. Meine Wißbegierde wurde geweckt, und ich machte mich auf die Suche nach dem schwarzen Pointer, um folgendes herauszufinden:

Eine Linie von schnellen, stilvollen Pointern, einige davon schwarz, existierten schon im Jahre 1644, und obwohl schwarze Pointer immer noch in Europa gesehen werden, glaubt man, daß sie in Großbritannien ausgestorben sind. Der zweite Herzog von Kingston besaß einen hochangesehenen Zwinger von rein schwarzen Pointern. Jeder Hund wurde für immense Summen verkauft. (Der erste Herzog hatte einige rötlichbraun-weiße Pointer importiert; die Farben des königlich französischen Zwingers im Jahre 1725.)

Am Anfang des 19. Jahrhunderts begründete Mr. W.R. Pape, ein bekannter Waffenschmied aus Newcastle-upon Tyne eine vorzügliche Zucht ganz schwarzer Pointer mit einer Hündin aus Admiral Mitfords berühmter Northumberland-Rasse. Pape paarte seine Hündin mit einem schwarzen Rüden, den er aus Spanien importiert hatte, einem kraftvollen Hund, dem klügsten, den er je besaß. Später verschaffte Pape sich eine Linie schwarzer Pointer von einem Mr. Usher, die zwischen ihren Vorderbeinen etwas Weiß hatten, und es gibt keinen Zweifel, daß Pape Greyhoundblut benutzte, um seine Hunde zu veredeln. Im letzten Teil des Jahrhunderts erlangte eine ‚veredelte Zucht‘ von schwarzen Pointern, von Mrs. Pape erworben und in ‚Arkwright Pointers‘ umbenannt, in den Händen von William Arkwright, einem allgemein bekannten Hundezüchter und Richter, Popularität.

Haltung und Benehmen eines Hundes verrät viel von seiner Methode.

In der Mitte des 19. Jahrhunderts besaß Lord Home zwei getrennte Stämme von schwarzen Pointern — einen auf Douglas Castle, Lanark, den anderen bei Hirsel, Coldstream, in den Scottish Borders. 1842 waren die Pointer von Douglas Castle nicht vollständig schwarz, doch am Ende wurden sie es. Der spätere Direktor auf Douglas Castle, Mr. Amos, schrieb von ‚Sweep', einem erstklassigen Hund, den Lord Home 1895 an William Arkwright verlieh, daß er (Sweep) aus einer der eigenen Hündinnen stammte, deren Vorfahren ‚sogar ganz schwarz' waren, sehr stattlich und gut.

Mr. W. Mc Call von Ferniehurst, Jedburgh, Direktor von Lord Lothian, schrieb (im Januar 1902), daß er seine bemerkenswerte Linie von schwarzen Pointern zuerst von einem Verwalter des Nachbargutes von Hartrigg 1864 bekam und er diese Zucht 36 Jahre lang besaß. W. McCalls Sohn, William, Verwalter auf Glen of Rothes, war auch von ihnen besessen, und zu verschiedenen Zeiten benutzte er schwarze Hunde von Lord Home von Hirsel, von Sir William Elliots von Stobbs Castle, Hawick, von Lord John Scotts aus Spottis Wood, Lauder, und von Sheriff Rutherfords aus Edgerston, Jedburgh: McCall Junior sagte, daß er seit vielen Jahren seine Hunde mit denen von Douglas-Castle-Hunden züchtete und daß er 1852 zum ersten Mal schwarze Pointer sah, als er als Assistenzverwalter nach Drumlanrig Castle ging, welches dem Herzog von Buccleugh gehört.

Die schwarzen Pointer neigten dazu, kleiner von Statur zu sein, als die English Pointers. Sie hatten einen deutlichen ‚Stop', wo die Nase aus dem Gesicht hervorspringt, Hasenfüße (die bei einem Hund nötig sind, der schnelle Wenden und plötzliche Stops machen muß!) und einen schwarzen Rachen und Lefzen — hochgeschätzte Merkmale bei den heutigen Border Collies.

Die Viktorianer waren für ihr Experimentieren und Interesse an der Veredelung des Erscheinungsbildes der Rassen berüchtigt, ausschließlich für Showzwecke, und so, sehr zum Schaden des scheckigen English Pointers, geschah nachteiliges Kreuzungszüchten, wobei Spürhundeblut der Rasse zugeführt wurde.

1906, nach neun Jahren Forschung, veröffentlichte William Arkwright die zweite Auflage seines unvergänglichen Klassikers ‚The Pointer and His Predecessors' (Der Pointer und seine Ahnen) und bewies zweifelsfrei, daß er ein Züchter war, dessen Interesse an Arbeitshunden eine Herzensangelegenheit war. Es war dieser unverfälschte Glaube, der schließlich zu seinem Rücktritt aus dem Kennel Club führte. Ich fand einen Abschnitt in The Pointer and His Predecessors über den Pointer, der gleichermaßen für den Border Collie in heutiger Zeit angewendet werden kann: ‚Es ist gerade diese Perfektion, die ich nun beschreiben und betrachten möchte — eine Perfektion die hundert Jahre praktischer Arbeit, Aufmerksamkeit und die Geduld, alle Kombinationen ausreifen zu lassen, erfordert. Obschon der ‚Anzeigende' Hund die Küsten Englands erstmals am Anfang des achtzehnten Jahrhunderts berührte, erreichte der Pointer seinen Zenit viel später. Dieser Typ ist unglücklicherweise jetzt selten weil feine alte Tierrassen, anders als alte Weine und Möbel, nicht friedlich auf das Neuerwachen von gutem Geschmack warten, sondern während Perioden der Geringschätzung dazu neigen, zu verschwinden und auszusterben. Glücklicherweise jedoch ist der wahre Pointer noch nicht ganz ausgestorben, obwohl er heutzutage eher an den Land- und Nebenstraßen gefunden wird, als mit Nummer und Pedigree, die an seinen Namen geheftet sind.

Die schwarzen Arkwright Pointer gediehen und nahmen an Popularität zu — sie waren ausgezeichnete Arbeiter im Feld und für ihren außergewöhnlichen Stil und ihre Ausdauer geachtet. Ihre vortreffliche Intelligenz sorgte dafür, daß sie nur sehr wenig Training benötigten. Kurz gesagt, sie waren ‚natürliche' Hunde mit einer überdurchschnittlichen Fähigkeit, Wild zu wittern.

Im 19. Jahrhundert war der schnelle, stilvolle Pointer viel höher angesehen als heutzutage, wo seine glühendsten Verehrer wohlhabende Grundbesitzer sind. Wenn es ums Jagen, Finden und Aufzeigen von Wild ging, war der schwarze Pointer unvergleichlich, besonders wenn er auf den nördlichen Hügeln und in rauher Heide arbeitete. In jenen Tagen repräsentierte er das allerbeste der Rasse mit Blutlinien, die ein streng gehütetes Geheimnis waren. Nur die attraktivsten, intelligentesten und stilvollsten Tiere wurden benutzt, sehr zum Neid von Freunden und Nachbarn. (Ein Mann wurde nach den Hunden, die er besaß, beurteilt.)

* * *

Eins der schönsten Bücher, das ich je las ist: Their Points, Whims, Instincts, and Peculiarities (Ihre Zwecke, Launen, Instinkte, und Eigentümlichkeiten), herausgegeben von Henry Webb und veröffentlicht von Dean & Son in den 1870ern. Das Folgende ist eine genaue Wiedergabe von Mr. W. Whites ausgezeichnetem Beitrag über den ‚Scotch Colley'.

Fly, eine Enkelin von meiner Holly und GWBs Cap, lernt in Deutschland bei G. Piepenbrock ihr ‚Handwerk', Züchter: George Davidson, Roslin.

Der Scotch Colley

von Mr. W. White, von den North Farm Kennels, Bleasby, Southwell, Notts.

Der schottische Collie, denke ich, wenn er gut gezüchtet, hübsch proportioniert und angenehm gezeichnet ist, ist vielleicht einer der stattlichsten aller unserer britischen Hunde. Mit Schönheit verbindet er Güte, d.h. Arbeitsfähigkeit, und besitzt gewöhnlich eine fast eiserne Natur, die sich nicht um die Sommersonne oder den Schnee im Winter zu kümmern scheint. Mit unermüdlicher Energie sieht man ihn Tag für Tag sich hinter seinen Schützlingen her abplacken, denn er stammt von sehr bemerkenswerten Hunden ab; dieser Grundzug in ihnen ist umso erstaunlicher, wenn wir sie, wie so oft, von grausamen Herren in einem Stadium des Halbverhungertseins gehalten sehen, schlecht gefüttert und kaum umsorgt, während der Nacht außerhalb der Kottentür des Schäfers gehalten, in schneidendem Wind und Schnee des tiefen Winters. Hier hat die Natur, wie bei all ihrer freigebigen, wunderbaren Arbeit, den Collie mit einem Fell geschützt, das durch und durch antirheumatisch wirkt und für Hagel und Regen vollkommen undurchlässig ist, so daß man ihn auf dem Boden herumliegen sehen kann, während er seine Herde im unfreundlichsten Wetter hütet, mit, wie es fast scheinen mag, einem guten Maß eigener Freude.

Ein weiterer großartiger Zug seines Charakters ist die große Liebe, die er zu seinem Herrn hat und die feste Treue, die er zu ihm entwickelt. Die Summe seines Glücks ist, in der Gegenwart seines Herrn zu sein.

Cockie, der Scotch Colley.

„Ob strohgedeckter Kotten oder Einödenluft,
Er fühlt sich im Palast, wenn sein Herr ihn ruft"

Ich habe keine Kenntnis von irgendeiner Hundesorte, die die rauhe Behandlung ihrer Herren so schnell vergibt und vergißt, wie Collies es tun; und es ist vielleicht ein Segen, daß sie es tun, denn ich fürchte, daß viele Schäfer ihre Hunde manchmal in unbarmherziger Weise behandeln, und das für gar keine oder geringe Fehler seitens ihres scharfsinnigen Hundes, sondern wegen ihrer eigenen Untauglichkeit, dem Hund durch Wort oder Zeichen mitzuteilen, was von ihm verlangt wird. Man erwartet nicht, daß Hunde gelehrt werden können, auch nur die Hälfte von Walkers Dictionary zu verstehen, weshalb es eine Torheit ist, viele Worte zu benutzen — je weniger und ausdrucksvoller, desto besser — immer soll man die gleichen Worte für die gleichen Anforderungen nehmen. Bei Collies, genau wie bei Jagdhunden, kann man vorteilhaft Zeichen benutzen. Der gutgezüchtete schottische Collie unterscheidet sich von unserem English-Sheep-Dog in einigen Punkten: Er ist weniger groß; die Ohren sind kleiner; Augen ziemlich klein, eifrig, mit einem gewissen Maß von Feuer; die Schnauze feiner, Schädel schmaler und fuchsähnlicher; angenehme Maske, mit einem Fell von wolligem Haar, das am Körper kürzer ist, und mehr absteht als bei dem englischen Hund; der Hals ist mit Haar gut bekleidet, viel länger als sein Körperfell, und wird gewöhnlich von Bewunderern des Collies mit Mähne bezeichnet; welche, wenn er diese etwas im Überfluß hat, dem Hund eine sehr noble und anziehende Erscheinung verleiht; die Hinterbeine stehen gerader als beim Pointer oder Setter, und gehen von der Hacke elegant abwärts; die Füße sollten rund und fest sein; die Lenden kräftig, die hinteren Rippen tief, Schwanz buschig und ziemlich symmetrisch getragen, die Spitze hochstehend und (für Schauzwecke) über dem eigenen Rücken getragen; er ist völlig frei von jeglichem Anflug von Korkenzieherlocken. Ein typisches, gutes Beispiel von allen, die man z. Zt. sehen kann (in allen Punkten) ist vielleicht der bekannte Scotch-Colley-Champion-Rüde Cockie, dessen Portrait, ein sehr ähnliches, beigefügt ist. In dieser Meinung stimmen mir die meisten unserer hervorragendsten Richter zu. Cockie hat sich bei den meisten unserer größten und besten Hundeschauen beworben und ist der Gewinner zahlreicher Preisgelder und zweier Silberpokale. Nebenbei einige seiner größten Erfolge zu betrachten, wird sich dem Leser als nicht uninteressant erweisen. Er konkurrierte in Carlisle bei der Border Counties Show um den Champion-Colley-Cup (in der offenen Klasse), der von J. Wright, Esq., für den besten Collie aller Klassen gestiftet wurde; welchen er gewann. Er gewann bei dem Anlaß auch den ersten Preis für langhaarige Collies, wobei er eine große Anzahl anderer besiegte. Hinterher hörte ich, daß viele dieser Hunde aus den Hochlanden kamen. Ich darf sagen, daß ich ein großes Verlangen hatte, Hunde aus Schottland zu sehen, und mit ihnen zu konkurrieren; obwohl dies keine sehr angenehme Aufgabe war, wegen der Entfernung zu meinem Wohnort, und weil es Ende Januar 1870, stattfand; und ich erinnere mich noch gut daran, daß das Wetter nicht schwül war, sondern wie Paddy sagen würde: ‚Genau das Gegenteil.‘ Nil sine labore. Ganz zufrieden steckte ich Cockie in seinen Packkorb und startete am späten Samstagabend nach Hause, wo ich, nachdem ich die ganze Nacht durchgefahren war, am Sonntagmorgen um 10.30 Uhr ankam. Unerschrocken startete ich am folgenden Montag mit Cockie zur Maidstone-Schau (in Kent), wo ich mit seinem Gewinn des ‚Mayor of Maidstone‘s Cup‘ belohnt wurde. Er konkurrierte ebenso in Darlington, in Durham, einem großen Hütehunde-Distrikt, wo er den ersten Platz in einer Klasse von vierunddreißig Teilnehmern gewann; hier war ich erfreut zu sehen, daß man eine Art Plattform aufgestellt hatte, auf denen die Hunde stehen konnten, wodurch jegliche Mißbildungen leicht erkennbar wurden. Cockie war bei der Birmingham Show 1870 Zweitplazierter; Zweiter in Birmingham 1871; und 1872 in Birmingham, deren letzter Schau, Erster; er war außerdem Sieger in Birkenhead, Hauley, Middleton, Newark, Islington, Wellington, Boston, Gainsborough, Nottingham und bei anderen Schauen; er hat, während ich dies schreibe, jeden Hund, gegen den er angetreten ist, besiegt. Die Farbe seines Körperfelles ist einer Robbenhaut ähnlich, außen schwärzlich, und wenn der Wind die Haare teilt, wird darunter eine prächtige Rehfarbe sichtbar; für das Körperfell ziehe ich diese Farbe vor, weil man sie nur bei Hunden dieser Klasse findet. Schwarzbraun ist ebenfalls eine beliebte Farbe, doch so sehr ich sie beim English Terrier und Setter bewundere, so mag ich sie beim Collie nicht; manche mögen eine weiße Linie, die im Zentrum des Gesichtes herabläuft; ich nicht; ich ziehe eine weiße Halskrause, Brust und Vorderbeine vor, mit einem Zipfel am Schwanz, was dem Hund mehr Colliecharakter gibt und mehr Anlaß bietet für ein Bild, das einem Landseer oder Ansdell würdig ist. Dieser Hund ist sehr liebevoll und hängt sehr an seinem Herrn. Mein Zwingerjunge, Charlie, sagte eines Tages: ‚Wahrhaftig Sir, wenn Cockie nur das erste Wort herausbekommen könnte, ich bin sicher, dann würde er zu Ihnen reden.‘

Wenn ich ihn nachts als Begleiter benutze, dann ist er einer der besten. Sollte die Straße etwas einsam sein, dann geht er hinter mir; wenn irgendeine Person sich nähert (lange bevor ich sie hören kann) gibt er ein tiefes Knurren von sich, welches, wenn sie näher kommt, lauter und lauter wird; wenn er sie als verdächtigen Charakter betrachtet, würde er sie stoppen, wenn ich nicht dabei wäre, um seinen Ärger in Schach zu halten: Nachts ist er sehr wachsam gegen Gefahren, je schwärzer die Nacht, desto wachsamer und entschlossener scheint er mich zu beschützen, und zwar so sehr, daß ich ihm gewöhnlich, wenn die Finsternis hereinbricht, ein Halsband und eine Leine anlege; während des Tages hat er für die meisten, denen er begegnet, ein Schwanzwedeln übrig. Er ist vernarrt in Jagdflinten und ist ein ausgezeichneter Wasserhund bei jedem Wetter. Ich würde den Colley nach folgendem Punktesystem beurteilen:

Kopf, Ohren und Augen	25
Farbe und Fell	25
Brust	15
Beine, Füße und Schultern	15
Rücken und Lenden	10
Schwanz	5
Größe	5

Wie Sie sehen, weiche ich von den Punktezahlen für die Hütehunde des National Dog Clubs ab, indem ich für Fell und Farbe 25 Punkte einsetze; denn ohne die korrekte Beschaffenheit des Felles erachte ich ihn für fast wertlos, dem Wetter standzuhalten. Für diese Brust gebe ich 15, weil Geschwindigkeit sehr wünschenswert ist, um andere zu übertreffen, egal in welcher Beziehung. Wolfskrallen habe ich nicht erwähnt, weil ich nicht glaube, daß sie ein Hinweis auf gutes oder schlechtes Züchten sind, in jedem Wurf gibt es Beispiele mit und ohne.

Ich habe dies alles geschrieben, weil ich mich stark dazu gedrängt fühlte, und es ist meine eigene Meinung bezüglich des schottischen Collies, aber ich würde nicht sagen, daß ich es unbedingt richtig sehe.

Der Herausgeber des Baffshire Journal gibt uns folgende Anekdote, die Wahrheit, wie er bezeugen kann: Mr. Shaw, Achgourish, Kincardine, Abernethy mit seinem berühmten Hund Chance, machte sich von zu Hause zu den Hügeln auf, zu dem Zwecke, den man ‚Schafe sammeln' nennt — das heißt, sie zu einem geeigneten Platz herunterzubringen, damit sie geschoren und gewaschen werden können. Sie waren noch nicht weit gekommen, als Mr. Shaw wegen einer Unpäßlichkeit oder aus anderem Grunde, sich nicht geneigt fühlte, die Schlucht hinaufzusteigen, und er sagte seinem Hund, er solle losrennen und alle Schafe herunterbringen, er wolle auf seine Rückkehr warten. Chance gehorchte sofort dem Befehl seines Herrn, lief die Schlucht hinauf, sammelte alle Schafe und kam wieder exakt in Richtung seines Herrn zurück. Wir mögen bedenken, daß Chances Bewegungen von der Spitze des Craigourie von einem Hügelwanderer beobachtet wurden. Mr. Shaw, der geduldig auf die Rückkehr seines treuen Dieners wartete, sah jetzt, wie die Schafe sich der Westseite des Craigourie näherten, und in dem Moment bemerkte er, wie zwischen ihnen ein Hase hochsprang, der sehr verwirrt aussah. Chance, der diese Gelegenheit nutzte, verließ seine Schützlinge für ein Weilchen, und ging auf die Jagd. Nach einem harten Stück Arbeit gelang es ihm, den Hasen zu fangen. Mr. Shaw rief dem Hügelwanderer zu, hinzugehen und dem Hund den Hasen abzunehmen. Chance, der vorhersah, was folgen sollte, prüfte mit Argwohn den Hügelwanderer, der schnell näher kam. Doch weil er sich auf keinen Kampf mit jemandem einlassen wollte, der ihm bekannt war, warf er den Hasen sofort auf seinen Rücken, als sei das die einfachste Methode, ihn zu tragen, brachte ihn schnell zusammen mit den Schafen herunter und legte ihn zu den Füßen seines Herrn. Kürzlich wurde der gleiche Hund von Mr. Shaw beauftragt, hinzugehen, um die Krähen aus dem Kartoffelfeld herauszuhalten. Dies tat er, und in etwa einer halben Stunde kam er mit einer lebenden Krähe zum Haus zurück. Man nimmt an, daß er sich zwischen dem Kartoffelkraut versteckt hielt, und als ein Schwarm sich niederließ, machte er einen Sprung darauf zu, um auf diese Weise eine zu fangen.

* * *

Die erste Hundeschau, die auch den Arbeitscollie einschloß, wurde 1860 in Newcastle-upon-Tyne veranstaltet, wobei fünf Collies ihre Rasse repräsentierten. Schon 1885 konkurrierten über einhundert Show-Collies in verschiedenen Klassen im Crystal-Palace-Royal-

Laddie nimmt sein tägliches Tauchbad.

Aquarium miteinander. Der Collie war immer ein Liebling von Queen Victoria, die viele Jahre solche hielt, und einmal hatte sie auch einen seltenen weißen Collie in ihrem Besitz.

1876 wurde ein Hütehunde-Trial organisiert und bei Byrness in Northumberland, einen Steinwurf von der schottischen Grenze entfernt, abgehalten. Das Trial, eines der ersten in dem Gebiet, wurde von Walter Telfer gewonnen. Fünf Jahre später war Adam Telfer an der Reihe, um die Ehre zu empfangen und den heißbegehrten ersten Platz zu belegen. Es ist vielleicht eine kurze Betrachtung wert, daß dies die Männer waren, die für einen Großteil des Grundstammes verantwortlich sind, aus dem der heutige Show-Collie entwickelt wurde. Mit großer Wahrscheinlichkeit bestand dieses Grundmaterial, obwohl gut gezüchtet, aus ‚Weißen' und Nicht-Arbeitern verschiedener Färbung.

Dann plötzlich, zum Ende des 19. Jahrhunderts, wie ein Pfeil aus dem Nichts, erschien ein Hund von großer Klasse, Charakter und Genie auf der Hütehund-Szene, von der Art, wie man nie zuvor einen gesehen hatte, und es war auch nicht wahrscheinlich, einen solchen nochmal zu sehen. Er machte solch einen Eindruck, daß man sagte, daß jene, die sich glücklich schätzen konnten, Zeuge seiner Arbeit zu sein, nie seinen Stil und seine unheimliche Fähigkeit vergessen konnten, und daß seine pure Vorzüglichkeit ihrem Gedächtnis für immer eingeprägt war. Denn dieser Hund war Old Hemp, Urvater unserer heutigen Border Collies. Sein Herr war Adam Telfer Jr., der von ihm sagte: ‚Hemp blitzte wie ein Meteor über den Hütehunde-Horizont, es gab noch nie zuvor eine solch außergewöhnliche Persönlichkeit.'

Hemps Beschreibung ist wie folgt: ‚Er war ein kraftvoll aussehender Hund, unnachgiebig, aus einer engverwandtschaftlichen Paarung, und er hatte ein sanft gebogenes Rückgrat. Sein Kopf war maskulin und kräftig, mit einem dominanten Ausdruck und sehr betontem ‚Stop'. Seine Schnauze war kräftig und die Ohren weit gesetzt, tief gekippt. Sein Fell war rabenschwarz, und es war nur sehr wenig Weiß an ihm zu sehen.'

Hemps Vater war der leichtführige und zugängliche Roy. Ein ehrlicher Arbeiter, schwarz-weiß-braun in der Farbe, während Meg, Hemps Mutter, vollkommen anders war. Auf der einen Seite stammte sie von den Old Rookin Whites ab, die bei Rochester, nahe der schottischen Grenze, lebten. Sie war von sehr hoher Klasse — extrem stilvoll, mit viel ‚Auge', und für ihre Intelligenz und große Sensibilität bekannt. Außerdem war Meg einfarbig — so schwarz wie der Nachthimmel.

Es geschah um diese Zeit, daß im durchschnittlichen Arbeitscollie eine große Verbesserung wahrnehmbar wurde. Das Bellen und Beißen, das bei einem rauhen Hütehund nötig ist, fing an zu verschwinden, und der Schwanz, der in Zeiten davor oft entweder einem Korkenzieher oder einem Flaggenmasten glich, falls man alten Stichen und Gemälden Glauben schenken darf, war besser angesetzt und tiefer getragen.

Die International Sheep Dog Society wurde gegründet, als schottische und englische Schäfersleute sich 1906 in Haddington East, in der Nähe von Edinburgh, trafen. Es geschah jedoch nicht vor 1955, daß der damalige Sekretär, Mr. T. H. Halsall, unvollständige Sätze von Registrationsformularen ansammelte und eine Kartenkartei von mehr als 14.000 Eintragungen aufbaute, um einem Zuchtbuch Gestalt zu geben, wobei Telfers Old Hemp auf Nummer neun von jedermann als der lebenswichtige Zahn am Rad angesehen wurde.

Die Absicht der Gründungsmitglieder der ISDS war, am Schäfer und seinem Beruf Interesse zu erregen, und eine bessere Verwaltung des Viehs durch Veredelung des Schäferhundes sicherzustellen. Ohne Zweifel ist das Interesse des Schäfers über alle Erwartungen stimuliert worden, jedoch, ob der Hund des Schäfers fortfährt, sich zu verbessern, oder nicht (entsprechend einiger Herdenmeister), ist ein strittiger Punkt. In vergangener Zeit haben unsere Vorfahren lange Strecken zurückgelegt, um Qualität in ihre Jagd-Sporthunde zu züchten. Heutzutage ist ein Collie mit wahrer Qualität selten anzutreffen. Qualität ging durch Inzucht verloren und weil man mit minderwertigen Tieren gezüchtet hat. Es wird nur selten von Hundezüchtern bedacht, daß, indem man die guten Gene multipliziert, man das gleichermaßen mit den schlechten macht, was ‚Rückkoppelungen' zum wilden Hund, dem Wolf und dem Fuchs unterstützt.

Zu viel Collie-Inzucht läßt die Ähnlichkeit zu frühen Vorfahren zunehmen, obwohl nicht unbedingt alle ‚Rückkopplungen' schlecht sein müssen. Zum Beispiel bedeuten spitze Ohren oft ein verbessertes Hören und können deshalb als gute Rückkopplung betrachtet werden. Andererseits können der Killer-Instinkt, der den Hund immer veranlaßt, seine Zähne bei der leichtesten Provokation zu benutzen, und der Ungehorsam, bei dem man einem Hund nicht vertrauen kann, wenn er sich außerhalb der Sicht befindet, Beispiele von schlechten Rückkopplungen sein.

Enge Inzucht mit fehlerhaften Blutlinien kann auch erbliche Defekte wie Blindheit, Taubheit, Hüftgelenksdisplasie (HD), Mangel an Ausdauer und zahllose andere Deformationen hervorbringen, außerdem ein reizbares, nervöses Temperament.

Abgesehen davon hat enge Inzucht zwischen Border Collies aber auch schon einige interessante Resultate hervorgebracht. Farbe und Erscheinung können enorm variieren — neben dem normalen sauber gezeichneten schwarzweißen Hund (der von den meisten bevorzugt wird) gibt es schokoladenfarbige, gelbe, weiße und gefleckte Spielarten. Es gibt kurze Hunde und Hunde mit langem Rücken, die aussehen, als besäßen sie eine zusätzliche Rippe. Da sind langbeinige Typen, kurzbeinige, Hunde mit runden kräftigen Füßen und solche mit engen Hasenfüßen, Hunde mit gespitzten Ohren, weit auseinandergesetzten Ohren, langen spanielartigen Ohren und kurzen Ohren. Einige Hunde haben kräftige, tiefe Schnauzen oder enge Schnepfenschnauzen, halbweiße Gesichter oder ganz weiße Köpfe, die oft den charakteristischen ‚Spaniel-Fleck' zwischen den Ohren aufweisen.

Die Gewohnheiten und Fähigkeiten der Hunde sind verschieden. Einige Hunde haben eine Arbeitsmethode, bei der sie wie ein Spaniel, der Wild aufstöbert, geistlos hin und her weben. Man findet Hunde vor, die Schafe in Linie bringen können, und solche, die es nicht können, Hunde, die bei der Arbeit den Kopf hoch halten und solche mit den Nasen am Boden, Hunde mit einer natürlichen Distanz bei der Arbeit an Schafen, und Hunde, die nicht genügend Abstand halten. Einige Collies fühlen sich wie im Himmel, wenn sie sich in dem nächsten Schlammloch wälzen können, während andere peinlich sauber sind und lieber sterben würden, als dreckig auszusehen. Sie bestehen auf ihrem täglichen Bad im nahen Quellbach, schwimmen im Kreis herum, und spielen wie Otter, sehr zu meinem Vergnügen. Es überrascht nicht, daß der Hund, der auf sein Äußeres achtet, dazu tendiert, auch im Zwinger sauber zu sein, anders als sein schlammwälzender Bruder, der keine Bedenken hat, seinen Zwinger zu beschmutzen, um sich dann hineinzusetzen! Gelegentlich sieht man einen fuchsartigen Hund mit spitzen Ohren, leichtem Gebäude, der ein sehr hübscher Arbeiter ist, der zuerst das Auge gefangennimmt, aber es nicht lange fesselt.

In den vergangenen Jahren gab es viele Linien des arbeitenden Hütehundes, die in Typ und Fähigkeit ähnlich waren. Verursacht durch die Qualität und den Stil der Collies aus den ‚Scottish Borders' (die von den vielen kompetenten Border-Hundeführern des späten 19. und frühen 20. Jahrhunderts geschickt gehandhabt wurden) existieren viele dieser Linien heute nicht mehr.

In jenen Tagen war der Hügelschäfer sein eigener Herr, und bis zu einem gewissen Grad erfreut er sich dieses Privilegs auch heute noch. Schafe, die dazu bestimmt waren, verkauft zu werden, wurden auf dem Hügel abgetrennt und vom Schäfer mit seinen Hunden zum Markt getrieben. (Einige der alten Treibestraßen kann man heute immer noch sehen.)

Der Hundeführer aus den Borders wird bei den Hütehundetrials immer noch wegen seiner Fähigkeiten bei den Sheepdog-Trials und seines Geschicks als Schäfer verehrt, sowohl auf den Hügeln als auch zu Hause. Die Border-Sheepdog-Trials erreichten in der Vergangenheit einen sehr hohen Standard. Traurigerweise ist das heute nicht immer so. Das Verhalten der Schafe hat sich verschlechtert, besonders weil vom Durchschnittsschäfer heute verlangt wird, daß er sich um zwei Hügel kümmert oder, falls die Herde am Haus ist, um doppelt so viele Schafe. Das hat zur Folge, daß die Schafe weniger bewegt werden und deshalb weniger zugänglich sind.

Mit dieser Verschlechterung im Benehmen der Schafe geht eine Verschlechterung der Hunde einher, die erforderlich sind, sie zu hüten. Es ist nahezu unmöglich, bei einem Sheepdog-Trial mit einem kraftvollen Hund einen guten Lauf zu zeigen, wenn die Schafe wild und undirigierbar sind. Vielleicht ist dies der Grund, warum unser durchschnittlicher, heutiger Collie dazu neigt, geschmeidig zu sein und sich leicht führen zu lassen und es ihm an Initiative und Entschlossenheit mangelt.

Landauf und landab wird eine große Anzahl Hunde solchen Kalibers zur Zucht benutzt, einzig zu dem Zweck, potentielle Trial-Sieger zu züchten. Wenn der Name eines bestimmten Hundes ein Halbdutzendmal in einem Pedigree erscheint, dann ist das mehr als genug. ‚In und Inzucht', wie man sagt, führt unweigerlich zu ‚außerordentlicher TORHEIT'. Ohne jeden Zweifel, war der Hütehund vergangener Jahre sicherlich intelligenter, entschlossener und tauglicher. Er mußte fähig sein, das zu tun, was von ihm verlangt wurde.

Ich fürchte, je größer die Popularität des Triallings wird, desto mehr gute Eigenschaften wird der Border Collie verlieren. Die Anforderungen eines Hügelmannes an seinen Hund, namentlich Kraft und praktische Fähigkeiten, werden immer die gleichen bleiben, und deshalb hängt es davon ab, daß Sheepdog-Trial-Enthusiasten auf diese Männer und ihre Hunde schauen, um den Border Collie wieder auf die festen Füße vergangener Zeiten zu stellen. Um ihn dort zu halten, ist es notwendig, mehr Hügeltrials mit langen Sammlungsstrecken und mehr Trials mit doppeltem ‚Outrun' zu organisieren. Ein Verzicht auf die ‚Fetch-Gates' (die Einhol-Gatter) bei den Trials, so daß die Aufgabe, Schafe zu holen, dem Hund allein überlassen werden kann, plus Punkteverlust für Überkommandieren, würde der Rasse von großem Nutzen sein.

Kapitel 8

Die Merkmale eines guten Border Collies

Der Schwanz

Ich bevorzuge einen feinfühligen Hund, weil ich finde, daß dieser Typ viel aufnahmefähiger ist, als seine dickfelligeren Brüder. Ein Rüde darf gegenüber Fremden, solange er planmäßig arbeitet, nicht dreist werden und sich vor Schafen nicht fürchten. Wenn ein erwachsener Hund arbeitet, sollte er seinen Schwanz enganliegend tragen, was dann so aussieht, als sei er an seine Hacken angeleimt. Es liegt ein großer Teil Wahrheit in dem alten Sprichwort: ‚Wenn des Hundes Schwanz richtig ist, dann ist es auch sein Kopf!', und es ist möglich, einen Collie zu züchten, der seinen Schwanz auch bei einer knappen Wende nicht herumwirft, obwohl sie anerkanntermaßen selten sind.

Einige junge Hunde, wenn sie zum erstenmal Schafe sehen, heben ihren Schwanz ganz leicht, eher wie der Pointer und Setter. Diese Neigung ist oft ein Zeichen von Intelligenz, und der Hund tut dies, wenn er die Situation abwägt und den nächsten Schritt überlegt.

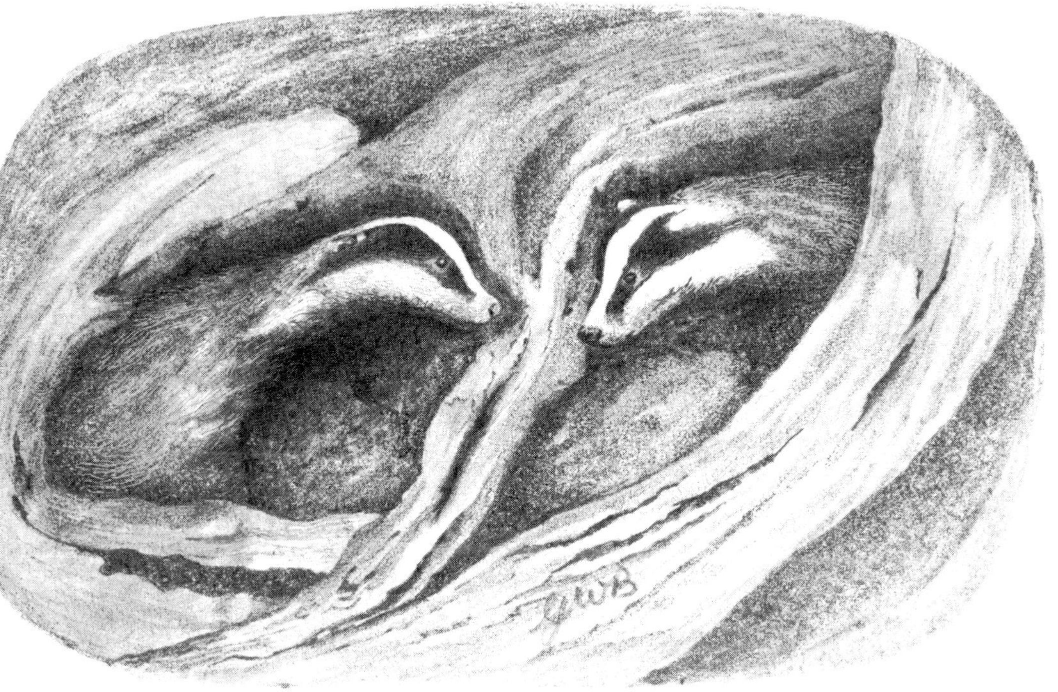

Wenn er dann seinen zweiten Geburtstag erreicht und anfängt, sich auszukennen, wird sein Schwanz zur Ruhe gekommen sein.

Je peinlicher ein Züchter deutliche Fehler ausmerzt, desto besser werden seine Würfe schließlich sein. Anstatt nur einen annehmbaren Welpen im Wurf zu haben, wird es möglich sein, am Ende ganze Würfe guter Welpen zu züchten. Linienzucht lohnt sich, wenn da kraftvolle, gesunde Hügelarbeiter einige Generationen zurück im Pedigree vorkommen. Auf diese Art haben wir bessere Würfe gezogen als durch enge Inzucht oder durch Auskreuzung mit vollkommen anderem Blut.

Ein ruhiger, intelligenter Hund trägt einen lockeren, tiefen Schwanz, der enger angelegt wird und in eine klassische Spazierstockform gedreht ist, wenn er an Schafen ‚aufwärmt'. Dieser Schwanztyp ist eine Kombination von Schönheit und Perfektion. Der Schwanz, der zwischen den Beinen des Hundes und manchmal bis unter den Bauch gezogen getragen wird, kann eine ängstliche Natur anzeigen. Diesem Hundetyp nützt dauernde Beruhigung, womit man sein Ego ankurbeln kann. Regelmäßige Arbeit zwischen anderen Schäfern und deren Hunden hilft ihm, Selbstvertrauen zu gewinnen. Einen solchen Hund an einer Kette zu halten, schadet ihm eher, als daß es ihm nützt, weil er sich gefangen fühlt und deshalb entmutigt ist.

Junge, ungestüme Hunde werfen ihren Schwanz oft über den Rücken, wenn sie aufgefordert werden, eine knappe Wende bei den Schafen zu machen. Bei ruhigem und sorgfältigem Handling lassen die meisten Hunde diese entsetzliche Angewohnheit bald hinter sich, obwohl andere dies nicht tun, weil sie schlecht gezogen sind. Ungeduldige nervöse Hundeführer sind bei einem erwachsenen Hund oft selbst der Grund für das Schwanzwerfen. Es ist ein sicheres Zeichen dafür, daß der Hund verwirrt ist, entweder durch seinen Führer oder die Situation, mit der er es gerade zu tun hat. Alten Hunden, denen es an Geschwindigkeit mangelt, können kurze Wenden vergeben werden, wenn sie dabei ihre Schwänze als Bremsen benutzen!

Es ist natürlich klar, daß ein glücklicher Hund bei jeder passenden Gelegenheit mit dem Schwanze wedelt. Man ist ja immer erfreut, wenn man auf diese Weise begrüßt wird, jedoch nimmt ein überfreundlicher Hund das Leben oder die Arbeit oft nicht so ernst, wie er es sollte. Einige Hunde nehmen ihr Leben extrem ernst. Ihr Mangel an offensichtlicher Leichtfertigkeit ist, denke ich, ein gutes Zeichen und kann einen zu einer ernsteren Geistesverfassung besänftigen. Dieser Hund ist mehr introvertiert und wagt sich selten dahin, wo ‚die Engel ihren Schutz verweigern!', oder er macht sich selbst zum Ärgernis. Die einzige Gelegenheit, ihn rasend vor Entzücken zu erblicken, ist, wenn er dich oder die Schafe ein paar Tage lang nicht gesehen hat!

Nach dem Kopf ist der Schwanz des Hundes lebenswichtigste Ausstattung. Er sagt uns damit nicht nur, wie er sich fühlt, sondern zeigt uns auch seine Reaktion zu praktisch allen Ereignissen, denen er begegnet, an. Beobachte den Schwanz deines Hundes und du wirst ihn gut kennenlernen.

Einige Hunde, oftmals die ingezüchteten, kauen ihre Schwänze, was ihnen einen zerfetzten Eindruck verleiht. Sie tun dies entweder, weil sie volle Analdrüsen haben, oder einfach nur aus Langeweile. Gelegentlich dreht ein Hund seinen Schwanz nach rechts oder links, was ihm eine unausgewogene Erscheinung gibt. Dieser Fehler kann leicht korrigiert

Jan zeigt bei der Arbeit an Schafen das ‚Auge' eines guten Hundes.

werden, am besten, wenn der Hund noch jung ist. Während der Welpe sein Futter frißt, muß man seinen Schwanz sanft manipulieren, indem man Daumen und Zeigefinger jeder Hand nimmt, bis er gerade ist. Man wird wahrscheinlich öfter als nur einmal den Schwanz korrigieren müssen. Es ist eine Arbeit, die die Mühe lohnt, denn nichts sieht schlimmer aus als ein Schwanz, der nicht gerade getragen wird, und nichts sieht besser aus, als einer, der es wird!

Das Auge

Es liegt eine Menge Wahrheit in dem alten Sprichwort, daß die Augen die Fenster der Seele sind. Ich ziehe es vor, Hunde mit schwarzen Augen, die unergründlichen Seen ähneln, zu meiden, weil es unmöglich ist, irgendeinen Ausdruck zu sehen oder zu erkennen, was sie gerade denken. In den meisten Fällen habe ich gefunden, daß sie eine geringere Intelligenz haben. Von Blaß-äugigen Hunden nimmt man an, sie seien feige. Ich habe viele mutige blaß-äugige Hunde kennengelernt, aber sie tendierten danach, listig zu sein und gelegentlich auch faul. Meine Lieblingsfarbe bei den Augen ist ein reiches Rotbraun, gefolgt von einem Nußbraun. Große Augen voller Ausdruck sollte man den schmalen ‚Schweine'-Augen, die den Hunden ein gemeines Aussehen geben, vorziehen.

Wenn jemand vom ‚Auge' eines Border Collies spricht, dann meint er das hypnotische Starren, mit dem ein Hund die Schafe fixiert. Ich habe einen entschlossen ‚starkäugigen' gesehen, der bei dem Versuch, langsame, schwere Schafe um den Trialkurs zu schieben, zu einem vollständigen Halt kam. Der Hund gelangt zum Balance-Punkt und hält die

Auch hier zeigt Jan ‚Auge'.

Laddie hat meine Lieblings-Farbkombination.

Schafe mit seinem ‚Auge'. Der Hund weigert sich, sich zu bewegen, genau wie die Schafe, und das Resultat ist ein Patt, Stillstand! Der spätere Mr. C. J. Cornish gibt die folgende Erklärung von dem Merkmal des ‚Zeigens' bei Jagdhunden. Sie könnte gut auf das verweisen, was die Hütehundeführer ‚Auge' nennen: ‚Die Neigung zum Anzeigen ist eine künstliche Verlängerung des instinktiven Haltmachens eines Hundetieres im ersten Augenblick des Wahrnehmens von Beute in der Nähe — eine Pause zum Zwecke des Ersinnens einer Kriegsstrategie. Es ist in der Tat eine Qualität, die durch Selektion so vollständig intensiviert wurde, daß in spezialisierten Hunderassen eine ständige Gefahr von Überbetonung besteht, was sich durch falsches Anzeigen und die Abneigung, Wild aufzubringen, beweist. Beides wird zu den Todsünden eines Jagdhundes gezählt.' So ist auch ‚Auge' in einem Border Collie wichtig, weil es ihn bei der Kontrolle der Schafe unterstützt.

Fell und Farbe

Hügelschäfer zeigen oftmals eine Vorliebe für den kurzhaarigen Hund. Der offensichtliche Vorteil ist, daß diese Fellart nicht verfilzt, oder durch Eis und Schnee zu schwer wird. Von Nachteil ist, daß während anhaltend hartem Wetter die Hunde die Kälte spüren!

Ein gut gebauter, kräftiger, kurzhaariger Hund ist attraktiver als ein Whippet-Typ von armseliger Gestalt.

In alten Tagen wurden die Viehtreiber oft von einem schnellen, jagenden Hund begleitet, der auch dafür sorgte, daß bei Einbruch der Nacht der Kochtopf nicht leer blieb. Unser heutiger kurzhaariger Collie hat mehr als nur einen Spritzer Greyhound-Blut in seinen Adern und ist sehr gut imstande, einen Hasen zu hetzen und zu fangen. Er ist offensichtlich flinker auf den Füßen und kann die scharfen Wenden besser bewerkstelligen, als sein langhaariger Bruder dies allgemein kann, und ist oftmals mit größerer Ausdauer begabt, was von geringerer Inzucht herrührt. (Ich muß gestehen, daß ich eine Vorliebe für den langhaarigen Hund habe, einfach wegen seiner Erscheinung, und ich bin auch bereit, ihn in der Küche aufzutauen, falls es nötig werden sollte.)

Ich war sehr neugierig zu erfahren, wie es einem langhaarigen Hund in einem heißen Land geht, und mir wurde von einem regelmäßigen Besucher aus Übersee versichert, daß das auf und ab wehende Fell eines langhaarigen Hundes beim Rennen genügend Zugluft durchläßt, um ihn abzukühlen. Der gleiche Mann trägt, um seine Meinung zu beweisen, bei 30 Grad Celsius lange Hosen und ein Jacket, während er sagt: ‚Was die Hitze innen hält, hält auch die Hitze draußen!'

Ein sehr schwarzer Hund kann die Schafe erschrecken, während ein weißer Hund den entgegengesetzten Effekt haben kann, ob er nun zu schwach ist oder unerschütterlich vorwärtsgeht. Allgemein kann man sagen, je heller ein Hund ist, desto weicher scheint er zu sein. Ein weißer Hund, der sich vor Schafen fürchtet, bringt keinen praktischen Nutzen und kann am Ende sogar von dem Vieh, das er bewegen soll, aus dem Feld gejagt werden. Ein leidlich kraftvoller Hund mit schwarzem Körper und einem hübschen Stück Weiß am Kopf, scheint einen beruhigenden Effekt auf die Schafe auszuüben. Deshalb ist meine Lieblingskombination ein dunkler, kraftvoller Hund mit einer vollen weißen Blesse.

Die Größe

Es ist wert, sich in Erinnerung zu halten, daß kleine und mittelgroße Hunde oftmals härter sind und sich länger auf den Hügeln halten als große Hunde. Sie sind auch flinker auf den Füßen und behender, eine knappe Wende zu nehmen, besonders beim Einpferchen widerspenstiger Schafe. Ein großer Hund, wenn er altert, wird oft schwerfällig und langsam und wird eher an Überanstrengung leiden als sein leichter gebauter Bruder.

Kapitel 9

Das Paarungsspiel

‚Arbeitende Hunde sind von allen gezähmten Tieren die interessantesten zum Züchten, weil nur sie, zusätzlich zu den physischen auch geistige Fähigkeiten besitzen, um die man sich sorgen muß'
William Arkwright, 1906.

Bezüglich ihres Sexualtriebs und ihrer Tapferkeit variieren Rüden enorm. Einige Rüden erschöpfen sich in geistiger Beziehung, heulen die ganze Nacht hindurch, und sobald man ihre Zwingertür öffnet, verduften sie, falls auch nur der Verdacht eines Hauches einer ‚heißen Hündin' in der Luft liegt. Zur Desinfektionszeit, wenn man den Hügel einsammeln muß, ist dieser Typ so gut wie nutzlos. Viele gute Hunde sind von ihren Besitzern ruiniert worden, indem sie ihnen zu viele Hündinnen gestatteten.

Paarungen im Überfluß sind sehr schwächend und können einen Rüden endgültig ‚abkühlen', was eine glänzende Vorstellung auf dem Trialsfeld angeht, besonders, wenn es sich um einen weniger entschlossenen, leichtführigen Hund handelt. Seltener geschieht es, daß man einen Rüden trifft, der genau das Gegenteil ist und der ‚es tun oder lassen kann' wenn es um Sex geht. Mein Rüde Garry gehört zu dieser Kategorie. Wenn er zwischen Paarung und Arbeit wählen kann, wird er jedesmal die Arbeit wählen und ist

bekannt geworden, weil er den ganzen Tag neben einer ‚heißen Hündin' arbeiten kann, ihre Annäherungen ignorierend, einfach weil er nicht in der Laune ist.

In seiner Jugend erwies sich dieses Benehmen als erschwerend, und für die Hündinnen, die man ihm brachte, war es frustrierend. Nachdem er es einmal in unserem schmutzigen, gekalkten Kuhstall vorzog, ein Spinnengewebe zu betrachten, anstatt das zu erledigen, was eigentlich ganz natürlich kommen sollte, kamen wir schließlich zu dem Schluß, daß der Ruf unseres Garry als Zuchtrüde total verblaßt war! Zögernd entschieden wir uns, ihm keine weiteren Hündinnen mehr zukommen zu lassen, es sei denn, daß wir selber an einem Welpen interessiert wären.

Glücklicherweise gibt es zu jeder Regel eine Ausnahme. In Garrys Fall kam diese Ausnahme in Form einer süßen, hübschen, kleinen, dreifarbigen Hündin namens Nell (genauer gesagt: Leadburn Nell!) Garrys Protest gegen die kräftezehrenden Unbilden des Paarens kamen zu einem plötzlichen, jähen Ende, soweit es Leadburn Nell betrifft. Er war wirklich und wahrhaftig hingerissen! Lag es an ihrem Zwingernamen? fragten wir uns. War Garry ein Snob? Leadburn Nell gehörte William Black aus Bowsden, und ich zähle William und seine Mutter, zusammen mit Sarah Morrison aus Cleugh Brae, zu den besten Welpen-Züchtern im Border-Land!

Nach angemessenen Perioden des Werbens und weitschweifigem Vorspiel hat Leadburn Nell trotz eines schrecklichen Unfalls, bei dem sie von einem Kleinlastwagen umgemäht wurde und innerlich neu zusammengeflickt werden mußte, erfolgreich gezüchtet und fünf hübsch gezeichnete Würfe intelligenter Welpen von Garry aufgezogen. Aus jedem Wurf haben wir einen Welpen als Decktaxe erhalten und wurden für Garrys Anstrengungen gut belohnt.

Garry, gewöhnlich ein Einzelgänger, erfährt immer eine vollständige Verwandlung seines Charakters, wenn ein kleiner Ableger auf der Szene erscheint. Es ist, als ob ein schlummernder Beschützerinstinkt an die Oberfläche kommt und ihn vollkommen in Besitz nimmt. Normalerweise geht er einfach weiter, so, als hätte er mit dem ungestümen Ohrenzupfen und Schwanzziehen seiner älteren Söhne nichts zu tun, doch jetzt bleibt er in der Nähe, um ein wachsames und beschützendes Auge auf den Welpen zu werfen, der seine Anstrengungen gewöhnlich überhaupt nicht zu würdigen weiß. Wenn Garry der Meinung ist, daß der Welpe von den größeren Hunden in irgendeiner Weise bedroht sein könnte, mischt er sich ein, indem er mit einem grimmigen, durchdringenden Blick den Missetäter anstarrt, wobei er ein leises Knurren hören läßt, was gewöhnlich genügt, um den Übeltäter auf den Weg zu schicken.

* * *

Da die meisten Hündinnen Mütter werden, neigen sie dazu, geistig früher reif zu sein als ein Rüde. Sie sind schneller bereit, mit der Arbeit zu beginnen, und sind ihren Besitzern mehr ergeben, dennoch sind einige Rüden genauso extrem treu.

Wenn eine junge Hündin ihr Futter frißt, neigt sie oft eher als ein Rüde dazu, ihre eigenen Herren oder dessen Kinder, falls sich diese nähern, zu beißen, und müssen deshalb zur Futterzeit mit Respekt behandelt werden.

Wenn man bereits eine nützliche, gutgezogene Hündin besitzt, hat man eine gute Gelegenheit, mit seiner eigenen ‚Linie' zu beginnen. Wenn man Mitglied der International Sheep Dog Society ist, könnte man dem Namen ihrer Nachkommen einen Zwingernamen hinzufügen. Dieser kann selbst gewählt werden (vorausgesetzt, er ist noch nicht von jemand anderem belegt worden). Wenn man einen ‚möglichen' Partner für seine Hündin sucht, dann ist es ratsam, nach einem Ausschau zu halten, der die Eigenschaften besitzt, die ihr fehlen.

Im Durchschnitt kommt eine Hündin zweimal im Jahr in Hitze. Es gibt einige, die nur einmal heiß werden, und andere (glücklicherweise seltener) haben es alle vier Monate. Einige scheinen nie heiß zu werden, oder es äußert sich so schwach, daß es unbemerkt vorbeigeht. Manchmal genügt nur ein Umgebungswechsel, um eine Hündin zu veranlassen, ‚voll' zu kommen.

Am Anfang der Hitze wird die Hündin sehr freundlich. Ihre Vulva vergrößert sich und scheidet Blut aus. Einige Hündinnen lassen sich während der ganzen Hitzeperiode mit Rüden ein und produzieren Welpen. Gewöhnlich ist die Fruchtbarkeit der Hündin zum Ende der Hitze am größten, wenn die Blutung braunlich und wässerig geworden ist. Sie sollte mehr als einmal gedeckt werden, um sicherzustellen, daß sie trächtig wird.

Es gibt keine festgesetzte Zeitspanne für die Dauer der Hitze, die meisten Hündinnen sind verschieden. Auch das Alter muß berücksichtigt werden. Gewöhnlich ist die Hündin, wenn sie steht, bereit, sich decken zu lassen. Oftmals verläßt die Hitze die Hündin, nachdem sie erfolgreich gedeckt wurde.

Eine Paarung ist nicht immer so einfach wie es scheinen mag. Manchmal ist es vorteilhaft, die Vulva der Hündin mit Vaseline einzufetten. Eine aufgeregte oder nervöse Hün-

Garry richtet ein wachsames Auge auf Glen.

Der väterliche Garry.

din, die dazu neigt, ihren Auserwählten zu attackieren oder zu ärgern, sollte festgehalten werden, sonst läuft der Rüde Gefahr, daß sein Ohr abgebissen wird! Eine freundliche Hündin darf eine Weile freilaufen, doch sobald der Rüde sie besteigt, muß sie gehalten werden, und sein Hinterbein muß vorsichtig über ihren Rücken gehoben werden, so daß Rüde und Hündin in entgegengesetzte Richtungen sehen. (Es hat Rüden gegeben, die sich selbst verletzt haben, wenn man nicht genügend vorsichtig war.) Wenn sich eine langhaarige Hündin als zu schwierig erweist, gedeckt zu werden, kann man helfen, indem man einiges von den langen Haaren an ihrer Vulva entfernt. Eine kleine Schere kann dazu benutzt werden.

Eine Hündin trägt ihre Welpen annähernd neun Wochen, evtl. einen Tag länger oder kürzer. Während ihrer Trächtigkeit ist es wichtig, daß sie eine ausgewogene Kost erhält, welche nach Möglichkeit Fleisch, Fisch, Milch und Eier enthält. Zur Halbzeit ihrer Trächtigkeit muß die Hündin entwurmt werden. Dies ist sehr wichtig, um sicherzustellen, daß beide, sie und ihre Welpen, wenn sie geboren sind, so wurmfrei wie möglich die Szene betreten. Wenn die Hündin nicht entwurmt wurde, werden die Welpen mit Würmern geboren und leiden deshalb. Besonders unmittelbar nach einer Mahlzeit kann man sie dann jämmerlich wimmern hören. Nicht alle Welpen scheiden mit ihrem Kot Würmer aus; einige wohl, und wenn sie schwer befallen sind, werden sie sie auch erbrechen.

Der Frühling ist aus einleuchtenden Gründen die beste Zeit, daß Welpen geboren werden. Wenn das Wetter nicht gut ist, sollte eine Infrarotlampe über der Wurfkiste installiert werden, in der richtigen Höhe, damit sie keine Gefahr oder Unbehaglichkeit für die junge Mutter und ihren Nachwuchs bringt.

Welpen können auf einem sauberen Holzfußboden gefahrlos geboren werden. Wenn man Stroh als Unterlage benutzt, können sie sich darin verfangen. Sägespäne zu nehmen, ist nicht ratsam, weil sie in ihre Nasen und Schnäuzchen gelangen kann.

Gelegentlich wird eine sehr junge oder eine alte Hündin Schwierigkeiten haben, einen großen Welpen zu entbinden. Die meisten Schäfer sind erfahrene Geburtshelfer, doch wenn irgendwelche Zweifel bestehen, sollte man einen Tierarzt konsultieren, um das Risiko zu verringern.

Das ‚Nest' muß geräumig genug sein, damit sich die Hündin darin herumdrehen, aber nicht so groß, daß ein Welpe aus dem wärmenden Bereich seiner Mutter fortkrabbeln und vor Kälte umkommen kann. Wenn zufällig ein Unfall geschieht und ein Welpe kalt wird, ist es das Beste, ihn in Alufolie zu wickeln und langsam aufzutauen.

Nachdem eine Hündin ihre Welpen zur Welt gebracht hat, sollte man ihr eine Portion angewärmte Milch geben. (Bis zum folgenden Tag sollte sie kein festes Futter bekommen, damit ihr Bauch sich nach der Umwälzung, die die Geburt mit sich brachte, wieder beruhigen und festigen kann.) Milch ist für die Hündin sehr gut, weil sie dadurch mit Kalzium versorgt wird. Eine Hündin, die nicht genügend Kalzium erhält, kann Milchfieber bekommen. Die Symptome sind Krämpfe, die, falls sie nicht behandelt werden, zum Tode führen. Kalziummangel tritt bei jungen Hündinnen häufiger auf, die es möglicherweise schwieriger aufnehmen können.

Sauberes Wasser, in einer flachen Schüssel, muß immer an einem sicheren Platz, wo die Welpen nicht hineinfallen und ertrinken können, zur Verfügung stehen. Wenn die neugeborenen Welpen hungrig aussehen und dauernd wimmern, hat die Hündin höchstwahrscheinlich zu wenig Milch. Man kann Welpen ganz leicht mit einer Marken-Ersatzmilch zufüttern, die speziell für sie hergestellt ist, indem man eine Spritze oder eine Welpenflasche benutzt. Man muß aufpassen, daß man sie nicht in ‚zuviel Liebe ertränkt'. Um gleichzeitig ihre Welpen zu ernähren und nicht selbst vom Fleisch zu fallen, benötigt eine säugende Hündin so viel Futter, wie sie fressen will. ‚Wenig und öfter' ist die Regel.

Es ist ratsam, kleine Kinder von der neuen Mutter fernzuhalten, es sei denn, sie sind ihr bekannt, und sie hat eine besonders sanfte Natur. Ich habe Hündinnen gesehen, die aus ihrem Zwinger springen, um ein Kind anzugreifen, weil sie glaubten, daß ihren Nachkommen Schaden zugefügt werden könnte. Die Welpen einer sehr jungen Hündin sollte man einige Tage nach der Geburt nicht in die Hand nehmen, denn es gibt welche, die ihren Nachwuchs auffressen, wenn er nach Menschenhänden riecht.

Kapitel 10

Welpen

Drei Tage alte Welpen sollten an der Innenseite ihrer Hinterbeine nach Wolfsklauen untersucht werden. Diese kann man mit Unterstützung eines Helfers und einer kleinen Schere leicht entfernen. Die kleine Wunde sollte mit einem Desinfektionsmittel betupft werden. Wenn die Welpen aktiver werden, können sie etwas Stroh als Unterlage bekommen, die man regelmäßig auswechselt, damit sie nicht zu schmutzig wird, sonst hätte das Ungeziefer gute Bedingungen, um sich zu vermehren. Die meisten Welpen öffnen ihre Augen etwa am 12. Tag. Wenn irgendein Welpe klebrige Augen hat, sollte man sie vorsichtig mit warmem Tee auswaschen. (Fragt mich nicht, warum, doch kalter oder warmer Tee ist ein gutes altes Hausmittel, um Augen zu baden!)

Mit drei Wochen hat der Welpe das richtige Alter, um entwurmt zu werden, gefolgt von einer weiteren Dosierung zehn Tage später. Alle Welpen, die älter als drei Monate sind,

benötigen eine Wiederholungs-Wurmkur, ihrem größeren Körpergewicht entsprechend eine größere Menge. Wenn man zufällig einen Welpen in diesem Alter kauft und entdeckt, daß er von Würmern befallen ist, muß man ihn stufenweise davon befreien. Anfangs sollte man ihm nur die halbe Dosierung des Wurmmittels geben, sonst könnte eine Masse verwickelter Würmer (die eine große Ähnlichkeit mit Bambussprößlingen haben) eine innere Blockade verursachen. Ein Welpe mit diesem Problem sieht sehr elend aus. Wenn er zu fressen versucht, was zweifelhaft ist, wird er wahrscheinlich erbrechen. Bei einem schlimmen Fall ist gewöhnlich eine Operation nötig, vorausgesetzt, der Wurmbefall hat noch nicht zu lange gedauert, dann wird der Welpe sich schnell vollständig erholen. Manchmal benötigen Welpen auch eine Wurmkur gegen Bandwürmer. Sie erkennnt man an den flachen, creme-farbigen Segmenten, die entweder an den Haaren unter dem Schwanz haften oder mit den Exkrementen ausgeschieden werden. Während der Fahrt zu einem Hütehund-Trial brachte es eine unserer Hündinnen fertig — sehr zu unserer Überraschung, Großmutters Entsetzen und Juniors Neugierde — einen riesigen Bandwurm zu erbrechen!

Mit ungefähr drei Wochen kann man anfangen, die Welpen mit etwas warmer Milch bekanntzumachen, indem man ihre Nasen und Vorderpfoten vorsichtig hineintaucht. Von der Milch werden sie schon bald zu drei Welpenfuttermahlzeiten täglich vorrücken — Milch, kleingehacktes Fleisch und Bratensoße — und werden nach und nach von der Hündin entwöhnt, bis sie im Alter von ungefähr sieben Wochen zu ihrem neuen Zuhause gehen dürfen.

Man sollte dem neuen Besitzer immer genau sagen, womit der Welpe gefüttert wurde, daß er entwurmt wurde, aber eine Wiederholungswurmkur im Alter von drei Monaten benötigt, und daß dann auch einige Schutzimpfungen nötig sind. Versuche sicherzustellen, daß der kleine Kerl in ein freundliches Haus kommt, wo er gut gefüttert, gut untergebracht und ordentlich behandelt wird; es ist das wenigste, was man für ihn tun kann, wenn man bedenkt, daß man für seine Geburt verantwortlich ist.

Jeder Welpe im Wurf, der nicht kommt, wenn er gerufen wird, oder wach wird, wenn man in die Hände klatscht, ist möglicherweise taub, ein Leiden, für das es keine Heilung gibt. Es ist ein genetisches Problem, das bei weißen oder fast weißen Welpen auftreten kann. Kürzlich habe ich von einer tauben Colliehündin gelesen, der man beigebracht hatte, nach Handsignalen zu arbeiten. Ich bewundere ihren Besitzer für seine große Geduld und seine augenfällige Freundlichkeit.

Wenn es aus irgendeinem Grund nötig sein sollte, einen Hund zu töten, ist es menschlicher, dies einen Tierarzt machen zu lassen. Es gibt immer noch einige wenige Schäfer, die ihre Welpen erhängen oder ertränken, vielleicht weil ihre Väter und deren Väter ihre Welpen auf diese Weise töteten.

Falls mehr als ein Rüde im gleichen Zwinger gehalten werden, ist es nötig, diese zur Fütterungszeit zu überwachen, andernfalls wird man am Ende eine Situation haben, wo der ‚Gewinner alles bekommt'. Ich habe von Hundehändlern grausame Geschichten über Kämpfe gehört, die entstanden, wenn eine Anzahl junger Rüden zusammen untergebracht und gefüttert wurden, unbeaufsichtigt, wobei das Endresultat war, daß der schwächste Hund in Stücke gerissen und vom Rest des Rudels gefressen wurde. Ein Hund, der seinen

Mit Geduld und Freundlichkeit behandelt, wird ein Welpe zu einem vertrauensvollen Erwachsenen heranwachsen.

eigenen Zwinger hat, hat genügend Zeit zum Nachdenken, und kann einen frischen Appetit für das Lernen und die Arbeit entwickeln. Ein Hund, der von einem anderen eingeschüchtert wurde, wird weder zu Hause noch auf dem Trialsfeld sein volles Potential zeigen.

Oft wird von den nicht so guten Hundeführern gesagt, daß die guten ihre Hunde ‚gemacht' haben. Es ist wahr — gute Hundeführer sind besser im Überdecken von Fehlern, doch wieviele Hunde gibt es wohl, die fehlerlos sind? Ich glaube, daß der Hund umso besser wird, je mehr Zeit man mit ihm verbringt. Zusätzliche sechs Monate oder ein Jahr geduldigen Trainings kann den Unterschied zwischen einem mittelmäßigen Arbeits- und Trialhund und einem großartigen ausmachen. Auf lange Sicht wird es der unverfälschte, intelligente Hund sein, der seinem Herrn einen Namen macht, und nicht andersherum.

Während des Spiels kultivieren die Welpen viele ihrer abgewogenen Bewegungen, die sie benötigen, um Schafe wirkungsvoll zu arbeiten, wenn sie erwachsen sind. Sie ziehen auch großen Nutzen daraus, vom frühen Alter an auf rauhem Hügelgelände bewegt zu werden, damit sie sicheren Fußes laufen können.

Vor einigen Jahren erwarben wir einen vier Monate alten Welpen, der nie zu einem Spaziergang herausgekommen war und seine meiste Zeit in einem kleinen Schuppen zugebracht hatte. Man konnte den deutlichen Unterschied zwischen ihm und unseren selbstgezogenen sechs Wochen alten Welpen sehen, wenn sie alle zusammen draußen waren. Der Neuling mußte über Grasbüschel und große Steine gehoben werden, und ich

GWB Jr. und Freunde. Partner durch Dick und Dünn.

rettete ihn aus dem Quellbach, in den er bei seinem allerersten Ausgang fliegend hineingesprungen war. Damals fand ich den Vorfall amüsant, im nachhinein finde ich es eher traurig. Wenn den Welpen vom frühen Alter an Freiheit gewährt wird, spart man in späterer Zeit eine Menge Arbeit. Jedoch ist es wert, sich daran zu erinnern, daß ein großer Welpe nicht ganz so schneidig auf seinen Füßen ist wie sein kleinerer Zeitgenosse und mehr Zeit braucht, um ‚seine Knochen zusammenzusammeln', wie wir sagen.

Die menschliche Stimme spielt in den ersten Wochen eines Welpenlebens eine wichtige Rolle, und man sollte immer, wenn dies möglich ist, zu ihm reden. Der Tonfall der Stimme wird schnell mit entweder Lob oder Tadel in Verbindung gebracht. Das Letztere sollte niemals über ein sanftes Schütteln oder ernsthaftes Schimpfen hinausgehen, was für Fälle extremer Unartigkeit reserviert ist (z.B. Hühner ärgern, an Haushaltssachen kauen oder daran pinkeln!).

Welpen, die mit Geduld und Freundlichkeit behandelt werden, wachsen mit eingebautem Vertrauen heran, wohingegen jene, mit denen man nur selten redet, sich beschäftigt oder spazierengeht, oft nur widerwillig die Seite ihres Herrn verlassen, wenn das Training beginnt, weil es ihnen an Vertrauen fehlt. Rüdenwelpen entwickeln sich manchmal langsamer, als Hündinnen, jedoch sind sie als Erwachsene zuverlässiger, weil sie weniger temperamentvoll sind. Hauptsächlich wegen ihres Temperaments haben nur sehr wenige Hündinnen ein International-Trial gewonnen.

Einen Welpen auswählen und aufziehen

Zwei Welpen großzuziehen ist nicht schwerer als nur einen! Für einen Welpen ist es unnatürlich, alleine aufzuwachsen; ein Einzelkind findet in der Schule Gesellschaft und genauso wie Kinder müssen Welpen spielen, zanken und allgemein Dampf ablassen, um zu ausgeglichenen Erwachsenen heranzuwachsen.

Wenn man Welpen erwirbt, ist es ratsam, einen Rüden und eine Hündin aus verschiedenen Würfen zu wählen, vorzugsweise mit dem gleichen kraftvollen ‚Hügelblut' und wenn möglich, mit wenigstens drei oder vier Generationen davon weiter zurück in ihren Stammbäumen. Wähle Welpen von ‚Hügel-Eltern', (vorzugsweise von solchen Hunden, die arbeiten können, ohne dauernd gesagt zu bekommen, was sie tun sollen) als Grundmaterial zur Zucht.

Kaufe deine Welpen von einem Schäfer oder Farmer, der in seiner Zucht schon einige Jahre eine bestimmte Blutlinie verfolgt, denn er hat offensichtlich festgestellt, daß diese gesund und fähig ist. Entschlossenheit und Sensibilität sind nützliche Attribute bei einem Hund. Hunde dieses Kalibers sind gewöhnlich kraftvoll, intelligent und ziemlich leicht zu führen.

Man sollte sich versichern, daß die Welpen bei der International Sheep Dog Society registriert werden und ihre Eltern frei von PRA sind.

Man sollte immer nur Welpen aus hübsch gezeichneten, gut genährten Würfen wählen. Ich persönlich würde keinen sehr vorwitzigen, zu freundlichen Welpen wählen. Wenn man in der Wildnis lebt, würde er einen Einbrecher willkommen heißen und wahrscheinlich nicht lange überleben! Ich bevorzuge einen Welpen, der ruhig aber vorsichtig ist. Die Hinterbeine der Welpen sollten immer nach Wolfsklauen untersucht worden sein, weil solche, die sie besitzen oder besessen haben, dazu neigen, kuhhackig zu werden. Untersuche die Schnauze, um festzustellen, ob der Welpe einen Unterbiß hat; die Zähne sollten sich im Idealfalle treffen, aber viele sind teilweise kurz — wenn es nur ein Stückchen ist, würde ich mir keine großen Sorgen machen.

Schwarze Lefzen und Nasen sehen besser aus als rosafarbene, und man sagt, sie seien ein Zeichen für gute Zucht und Härte, wie auch eine schwarze Rachenhöhle. Ich hatte bisher aber noch nicht die Gelegenheit, diese letztere Aussage zu bestätigen. Die Schädeldecke sollte lang und im Profil flach sein. Ein großer Höcker voller Wissen am hinteren Schädel (in einem kleinen Welpen noch nicht zu bemerken) wird bei einem gescheiten Hund oftmals gefunden. Hunde, die einen ausgeprägten Stop besitzen, wo die Schnauze aus dem Gesicht vorspringt, sind oft zugänglicher als Hunde mit einem dachsartigen Kopf und wenig oder keinem Stop. Ein kurzer Schwanz ist vorzuziehen, weil mit einem übertrieben langen zu viel falsch laufen kann. Ich mache mir nichts aus einem Welpen mit einem Wall-Eye (blauen Auge) weil ich fest davon überzeugt bin, daß seine Sicht bei hellem Sonnenschein beeinträchtigt ist. Oft schließen solche das blaue Auge an einem hellen, sonnigen Tag.

Wenn möglich, sollte man Welpen im Frühling oder frühen Sommer kaufen, damit sie etwas Sonnenschein auf den Rücken bekommen können und sie vor Winteranfang schon größer sind.

Wenn man einen Welpen holt, fühlt dieser sich in einer dunklen, mit Stroh gepolsterten, gut durchlüfteten Kiste sicherer, als wenn er auf dem Rücksitz des Autos hin und her rüttelt. Man erkundige sich wegen der Futterzusammenstellung, denn der Bauch eines Wel-

Oben: *Tweed, der Bruder von Garry.* **Unten:** *Jan (die ‚Biontic Bitch') und GWB arbeiten zusammen.*

Jan hatte Ähnlichkeit mit einem Greyhound!

pen gerät leicht durcheinander. Sicherlich werden sie viel besser reisen, wenn der Magen leer ist, und wenn man dann zu Hause ankommt, sollte man bis zum folgenden Tag nichts füttern als nur ein paar Tropfen warme Milch. Jedes Futter, das sich von dem gewohnten unterscheidet, sollte nur allmählich dazugegeben werden.

Das Lager der Welpen sollte warm sein, trocken und ohne Zugluft, mit viel Licht, und es sollten keine Spalten oder Risse in der Zwingertür sein. (Man kann es glauben oder lassen, ich habe Welpen gesehen, die schielten, nachdem sie endlose Stunden durch eine Öffnung in ihrer Zwingertür geguckt hatten.) Wenn man Welpen drei ausgewogene Mahlzeiten pro Tag gibt, sauberes Wasser, viel Milch, soviel Eier, wie man erübrigen kann, regelmäßigen Auslauf, Fahrten im Auto, Spiel und Spaß mit Kindern — dann wird man den Nutzen später ernten.

Sobald Welpen das Dreimonats-Alter erreichen, benötigen sie ihre Parvovirose Impfung, gefolgt zwei Wochen später von der Dreifachimpfung (gegen Staupe, Leptospirose und Hepatitis). Ich persönlich lasse die Dreifachimpfung bis zu einem späteren Datum, weil ich Hunde gesehen habe, die sehr wetterfühlig wurden, nachdem sie alle Impfungen auf einmal bekommen hatten.

Nach den jährlichen Wiederholungsimpfungen kann ein erwachsener Hund sich lethargisch zeigen und für einen oder zwei Tage wetterfühlig sein. Man darf nicht meinen, er

‚Zum Treiben angesetzt'. Laddie mit zehn Wochen.

würde sich drücken, denn er ist bloß vorübergehend ‚außer Gefecht gesetzt'! Das gleiche gilt, wenn er sein Fell wechselt. Gewöhnlich wird es nicht richtig eingeschätzt, wie viel diese natürlichen Ereignisse einen Hund beeinflussen, sowohl geistig wie körperlich.

Nichts kommt dem Kummer gleich, einen Hund zu verlieren, mit dem man eine wunderbare Partnerschaft aufgebaut hatte. Das Andenken mag verblassen, aber man wird nie ganz vergessen. Es gibt zu viele Erinnerungen. Während der letzten vier Jahre haben wir zwei unserer Hunde unter traurigen Umständen verloren. Ich werde es kurz beschreiben, damit dadurch vielleicht andere Todesfälle verhütet werden können.

Tweed war ein schwarzweißer langhaariger Bruder von Garry. Als Trialhund war er außerordentlich vielversprechend. Er war während seiner ersten Saison bei elf Veranstaltungen achtmal plaziert. Nachdem er viele Tage lang in schweren Schneestürmen gearbeitet hatte, wurde Tweed träge und lustlos, so daß wir ihn in eine warme Decke hüllten und zum nächsten Tierarzt fuhren, eine ausgedehnte und gefährliche Fahrt, die wegen der tiefen Schneeverwehungen viele Stunden dauerte.

Die Diagnose war Leptospirose der Nieren, die er sich wahrscheinlich durch Kontakt mit dem Urin der vielen kranken und sterbenden Füchse, die das Land durchstreiften und die Farmgebäude nach Futter durchstöberten (verursacht durch den extrem harten Winter), zugezogen hatte. Tweeds jährliche Wiederholungsimpfung gegen diese Krankheit war wegen des Wetters bereits einen Monat überfällig. Trotz aller Anstrengungen, ihn zu retten, starb Tweed des Abends in den Armen seines Herrn. Es war zwei Tage, bevor der Sturm nachließ, doch trotz der arktischen Bedingungen beerdigten wir ihn in der gefrorenen Erde, eingewickelt in ‚seine' blaue Decke (in Schottland wurden die Menschen früher nicht in Särgen, sondern in blauen Wolldecken begraben), in der Nähe einer schützenden Steinmauer, wo im Frühling hoffentlich Krokusse und Narzissen blühen würden. Als ich in die Wärme der Küche zurückging, fragte ich mich, warum gerade immer die besten zuerst sterben müssen. Ich denke an Tweed, der im Schatten liegt, an seine seelendurchdringenden Augen, die wie Bernsteinseen leuchten, wie er die Schafe auf dem Hügel beobachtet, jeden ihrer Schritte voraussehend.

Jan war eine der kompetentesten Trialhündinnen, die GWB jemals besaß. Ihr Züchter war Les Morrison aus Cleugh Brae, nahe Otterburn. Ihre Mutter war seine kurzhaarige Jean, und ihr Vater war Spot, ein kraftvoller, langhaariger Enkel von Gilchrists Spot, dem schottischen Champion. Sie kam ins Beaumont Valley als sie drei Monate alt war, und mit ihrem glatten Kopf und den großen Augen hatte sie viel Ähnlichkeit mit einem jungen Fischotter, den ich als Kind von einem belaubten Versteck aus an den Ufern eines langsam fließenden Flusses beobachtet hatte.

Wegen ihrer ungeheuren Geschwindigkeit und großen Geschicklichkeit, ‚auf einem Pfennigstück' zu wenden, gab ich ihr den Kosenamen ‚Biontic Bitch' — ein Name, den sie zweifellos verdiente! Wenn sie bei einem Trial lief, war es so schön anzusehen, daß es einem den Atem nahm, wenn sie mühelos über das smaragdgrüne Parkland glitt und alle Arten von Schafen mit ruhiger Genauigkeit trieb. Man mußte es gesehen haben, um es glauben zu können. Man hörte die Zuschauer oft sagen, daß sie eine große Ähnlichkeit mit einem Greyhound habe! Es war aber nicht nur ein Genuß, ihr zuzusehen, sondern nach Meinung ihres Herrn war es ebenso eine Freude, sie zu führen. In ihrem ganzen Leben stellte sie nie ein Kommando in Frage, auch wenn es berechtigt gewesen wäre. Jan gewann und wurde im ganzen Lande plaziert; sie gewann drei Trials in Folge an einem einzigen ruhmreichen Wettkampfwochenende in den Borders.

Im Spätsommer 1980 fing Jan an, Fleisch zu verlieren und ihr Unterleib war wie aufgeblasen. Ihr sonst so seidiges Fell verlor seinen Glanz. Nach ein paar Tagen schien sie wieder normal zu werden, und wir führten ihre Symptome auf eine Scheinträchtigkeit zurück. Zu Weihnachten kamen ihre Beschwerden wieder, und wir brachten sie sofort zum Tierarzt, der eine Spritze in ihren Unterleib einführte. Es waren schlechte Neuigkeiten — ihr Unterleib war voller Blut, infolge einer inneren Blutung.

Innerhalb einer Stunde lag unsere schöne Jan tot da. Sie starb wegen einer schweren Leberblutung während einer Operation, die ihr Leben eigentlich retten sollte. Der Grund dieser Blutung bleibt für immer unbekannt, obwohl wir uns fragen, ob ihre Schnelligkeit und ihre schnellen Wenden ein Grund waren, oder sie hatte vielleicht von einer Kuh auf dem Hügel einen Stoß bekommen, den wir nicht bemerkt hatten. Sie liegt nun gegenüber des Weges von Tweed im Schatten der Bergesche. Ein moosbedeckter Findling markiert den Flecken, auf dem ganz einfach nur ‚Jan' eingeschrieben steht.

Es ist wichtig, daß man Welpen regelmäßig untersucht, um zu sehen, ob sie frei von Flöhen, Läusen, Milben und Zecken sind, welche alle ein Grund sein können, dem Welpen Unbehagen zu verschaffen und ihn am Gedeihen hindern. Beides, die Zwinger und die Welpen sollten regelmäßig mit Lauspulver eingestaubt werden (mit sorgfältiger Aufmerksamkeit für den Ohransatz). Milben suchen in den Ohren der Hunde Zuflucht und sind bekannt dafür, Ansteckungen zu verursachen.

Vorsichtiges Kratzen der Ohren oder Schütteln des Kopfes rechtfertigt immer eine Untersuchung, besonders wenn der Hund Räude hat. In den frühen Stadien ist oftmals nichts zu sehen, und es ist nötig, am folgenden Tag nochmal nachzusehen. Manchmal sind es nur Ohrenschmerzen. Wenn das Ohr Ausfluß hat oder gerötet ist, wird der Tierarzt es reinigen und die entsprechende Behandlung verschreiben.

Welpen können bei Bauchschmerzen flach auf dem Bauch liegen, außerdem können Durchfallattacken durch Würmer, Darmkatarrh, Futterwechsel oder eine Autoreise verursacht sein. Man soll nie zögern, den Rat des Tierarztes zu suchen. Verzögerungen lassen den Welpen austrocknen, was zum Tod führen kann.

Parvovirose ist ein weiterer Grund für Durchfall, hin und wieder begleitet von Fiebrigkeit und hoher Temperatur. Bei einigen jungen Welpen ist diese Krankheit fatal, wenn sie nicht im frühen Stadium erkannt und die richtige Menge an Flüssigkeit und Antibiotika verabreicht wird. Die Symptome sind ein sehr schwacher Ausfluß und eine rosige Färbung im Weiß des Auges, gefolgt von Erbrechen und schwerem, faul riechendem Durchfall.

Man muß unbedingt den Tierarzt anrufen, wenn man nur den leichtesten Verdacht von Parvo hat. Es kann Hunde allen Alters befallen, obwohl einige keine Symptome zeigen. Andere können sich innerhalb weniger Stunden oder Tage erholen. Die sehr jungen und die sehr alten, sollten sie diese furchtbare Krankheit entwickeln, sind oft die am schlimmsten befallenen. Parvo ist extrem bösartig und breitet sich mit den Füßen, der Kleidung und Autoreifen aus. Trächtige Hündinnen geben diese Krankheit an ihre ungeborenen Welpen weiter, von denen einige durch Herzattacken im Alter von 11 Monaten sterben können. Gründliche Reinigung und ein Übergießen mit einem starken Haushaltsbleichmittel ist eine der wirksamsten Vorsorgemaßnahmen.

Die ersten Tage

Also ... jetzt hat man seine Welpen: Man hat ihnen Namen gegeben, und sie sind gesund, gut genährt, warm untergebracht, sauber und hoffentlich erpicht darauf, etwas zu unternehmen! Sie benötigen mindestens zweimal täglich Auslauf. Ideal ist es, sie als Begleitung, zusammen mit einem älteren Hund, auf den Hügel zu nehmen, wo sie alle Facetten des Lebens kennenlernen können. Falls ein Welpe bei kaltem Wetter unvermeidlich durchnäßt wird, sollte man ihn mit einem alten Handtuch oder einem Sacklappen abtrocknen. Bei stürmischem Wetter ist es aber auch genauso wichtig, darauf zu achten, daß ein älterer Hund abgerieben wird, bevor man ihn mit etwas trockenem Stroh in seinen Zwinger bringt. (Man stelle sich vor, wir würden im Winter mit nassen Kleidern ins Bett geschickt!)

Wenn man einen Spaziergang macht, ist es vorteilhaft, die Welpen hin und wieder zu sich zu rufen, wobei man ihre Namen benutzt. Man muß sie ermuntern, schnell zu kommen, und dann freigebig mit Lob sein, wenn sie sich fügen. Mache sie mit dem ‚Komm her'-Pfiff, mit verschiedenen kurzen Tönen, bekannt, um sie ‚bei Fuß' heranzuholen. Wenn man die Welpen in ihre Zwinger zurückbringt, sage ihnen zu ‚stehen' wobei man den Stop-Pfiff gibt, einen kurzen Pfeifton, bevor man die Tür schließt, so daß, wenn die Zeit kommt, um die Schafe auf regulärer Basis zu besuchen, sie schon eine grobe Vorstellung davon haben werden, was das Stop-Kommando bedeutet.

Ungefähr im Alter von drei Monaten sollte man sie mit einer kleinen, artigen Herde Schafe, an einer passenden, gut eingezäunten Stelle bekannt machen, wo die nun folgenden Reaktionen vollkommen normal und akzeptabel sind — sie spalten die Herde auf und jagen die Schafe, greifen sie, laufen vor ihnen weg, bellen und laufen wieder weg, oder sie beginnen zu treiben, zeigen Auge und Stil oder sammeln die Schafe und bringen sie zu dir (eher eine Rarität).

Es ist dringend notwendig, daß den Welpen erlaubt wird, ‚ihre eigene Sache' zu machen, denn eine Einmischung in diesem Stadium kann ihren Stil verkrampfen, besonders wenn ein Welpe eine übersensible Natur hat. Große Vorsicht ist geboten, um sicherzustellen, daß sie nicht verletzt oder verängstigt werden, wenn sie zum erstenmal Schafe sehen, sonst kann es sein, daß sie nie wieder in die Nähe eines Schafes gehen. Nach dem

Söhne von Garry werden mit Schafen vertraut gemacht.

Hund und Lamm — eine Studie in Harmonie.

zweiten oder dritten Besuch, wenn die allererste Aufregung verflogen ist, wird man anfangen, etwas von ihrem wahren Charakter hervortreten zu sehen.

Welpen sind natürlicherweise oft abgeneigt, die Schafe zu verlassen, wenn es Zeit ist zu gehen. Deshalb ist es ratsam, nach dem ersten Besuch immer nur einen Welpen mitzunehmen, weil man mit nur einem viel leichter fertig wird als mit zweien (genau wie bei Kindern!). Wenn sie sich weigern, die Schafe zu verlassen, versuche, die Schafe in eine Ecke zu bugsieren, um dann fortzugehen. Gib den ‚Komm her'-Pfiff und rufe ihre Namen, dann verlasse das Feld und bleib außerhalb der Sicht stehen. Innerhalb weniger Minuten werden die meisten Welpen angejagt kommen, die Zungen heraus, mit leuchtenden Augen und wedelndem Schwanz. Lobe sie überschwenglich und sage ihnen: ‚That'll do' (‚Ist genug', das in Großbritannien gebräuchliche Kommando, wenn die Arbeit beendet ist und der Hund herkommen soll).

Welpen, die sich auf dem Boden liegend weigern mitzukommen und jene, die zum Hügel oder in das nächste Feld ausbrechen, müssen eingefangen werden und entweder getragen oder an einem Band mitgenommen werden. Man darf sie erst wieder freilassen, wenn man ein gutes Stück von den Schafen entfernt ist. Ich persönlich bewundere den Welpen, der dauernd zu den Schafen ausbricht, aber, ich lasse es ihn nie wissen!

Die Mehrzahl der Youngster macht die ärgerliche Phase durch, nicht in ihre Zwinger zurück zu wollen. Genau wie Menschenkinder denken sie, daß es schrecklich langweilig ist, ins Bett zu gehen. Wenn man selbst mit hinter die Zwingertür geht und freundlich

Hunde und Welpen können gar nicht genug Zeit in deiner Gesellschaft verbringen. GWB und seine Hunde.

mit ihnen redet, werden die meisten Welpen zu einem kommen. Wenn sie diesen Kniff kennen, kann man sie in die Küche locken oder ihnen einen Bindfaden überstreifen, bevor man nach Hause kommt, jedesmal an einer anderen Stelle. Man soll niemals versuchen, einen Welpen zu jagen, um ihn fangen zu können, denn man wird ihn nur ängstigen, und außerdem ist er auch schneller als man selbst. Wenn solche Ungezogenheit wiederkehrt, wenn der Welpe älter ist, lege ihn an eine Kette und bestehe darauf, daß er mehrere Male mit dir in den Zwinger hinein und wieder herausgeht, wobei jedesmal das entsprechende Kommando gegeben wird. Die gleiche Lektion wird angewendet, wenn er sich weigert, in den Wagen zu gehen. Jedesmal muß man ihn viel loben, wenn er das Geforderte getan hat.

Niemals und unter keinen Umständen darf man Welpen oder irgendeinen Hund aus dem Grund an einem Zaun angebunden zurücklassen. Es dauert nicht lange, bis sich ein Tier stranguliert hat. Hunde können sich sehr leicht ineinander oder um einen Baum oder Pfosten verwickeln. Sie können außerdem über eine Mauer oder einen Zaun springen und auf der anderen Seite hängen bleiben. Ich spreche aus Erfahrung. Als ich mit der Schäferei anfing, besaß ich einen jungen Hund namens Fleet. Er war ein hübscher, schwarzweißer, kurzhaariger Sohn des ungestümen Shep (des Hundes, der Ernie Crisp auf dessen eigener Türschwelle biß!)

Wenn er nicht gerade arbeitete, lag Fleet an einer langen Kette innerhalb eines großen Gebäudes. Hinter ihm, oben in der Mauer, befand sich ein kleines Fenster mit einer schmalen Brüstung. Das Fenster war seit einigen Jahren fest mit Brettern vernagelt, um Zugluft zu vermeiden. Deshalb war es ganz in Vergessenheit geraten. Der junge Fleet war ein intelligenter, unternehmungslustiger Hund, den ich inbrünstig umsorgte. Eines Tages, als ich mit Shep, seinem Vater, losgezogen war, um einige Schafe zu sammeln, brachte Fleet, der enttäuscht zu Hause bleiben mußte, es irgendwie fertig, auf die Brüstung zu springen, wo er dann eins der Bretter entfernte, und bei dem Versuch, zur anderen Seite herunterzuspringen, erhängte er sich selbst. Der arme Fleet starb nicht wegen mangelnder Fürsorge, sondern wegen meiner Gedankenlosigkeit. Seit diesem furchtbaren Tage habe ich nie wieder einen Hund angekettet, und werde es auch nicht mehr tun.

Anfangstraining für Welpen

Ernsthaftes Training sollte man noch nicht im zu frühen Alter versuchen. Wenn der Welpe zwischen acht und zwölf Monaten alt ist, ist es für das Trainieren früh genug, und das abschließende Aufpolieren kann mit ca. zweieinhalb Jahren hinzugefügt werden. Allgemein gilt: Je älter der Hund, desto geübter wird er bei den Schafen sein.

Das Basistraining in den ersten Monaten eines Welpenlebens wird sich später bezahlt machen. Wenn man draußen mit den Welpen spazierengeht, die vorauslaufen, wird man bemerken, daß oft, wenn man stehenbleibt, sie auch anhalten, um zu sehen, was man als nächstes tun wird. Sie sind natürlicherweise neugierig, weshalb man eine wunderbare Gelegenheit hat, ihnen beizubringen was ‚Steh' bedeutet. Schnell, bevor sie die Chance haben, weiterzulaufen, sagen wir ihnen ‚Steh', und danach geben wir den ‚Komm her'-Pfiff. Ermutige sie, schnell zu kommen, und lobe sie, wenn sie bei dir ankommen. Wiederhole die Lektion in regelmäßigen Abständen.

Welpen tendieren dazu, sehr schnell zu lernen, und sind allgemein intelligenter, als wir vermuten. Wenn sie begriffen haben, daß sie in einiger Entfernung von dir ‚stehen' bleiben sollen, ist es relativ leicht, sie auch auf dem Weg zu dir vollkommen anzuhalten. Wenn sie nicht reagieren, gehe ihnen mit erhobener Hand entgegen, und wiederhole das Kommando. Den Welpen zu ermutigen, schnell zu dir zu kommen, wird nützlich sein, wenn er älter ist und du möchtest, daß er ganz eilig ein galloppierendes Schaf beim Shedding (Abtrennen) stoppen soll.

Der ‚Komm her'- Pfiff hat viele Anwendungsmöglichkeiten; zum Beispiel kann er beim Quertreiben benutzt werden, damit der junge Hund ermutigt wird, schnell in deine Richtung zu kommen, wenn er seine Flankierungspfiffe noch nicht sicher unterscheidet. Man kann auch einen Hund, der beim Treiben zum zu knappen Flankieren neigt, von seinen Schafen wegziehen. Beim ‚Fetch', dem Heranholen, wenn die Schafe ungestüm ankommen, kann man ihn benutzen, um einen weit flankierenden Hund zu ermutigen, näher an die Seiten der Schafe heranzugehen, oder sie von vorne zu bremsen, falls dies die einzige Möglichkeit sein sollte, ihre schnelle Fahrt zu unterbrechen.

Solange ein junger Hund auf Befehl anhält, werde ich nie darauf bestehen, daß er sich hinlegt; ich ziehe es vielmehr vor, wenn er auf den Füßen stehenbleibt. Es wird irgendwann wegen des Verhaltens der Schafe nötig sein, daß man von ihm verlangen muß, sich hinzulegen, um sie zu beruhigen, doch in solchen Situationen wird das ‚Auge' meistens auf natürliche Weise dafür sorgen, daß er sich legt. Ein Hund, der bei der Arbeit auf dem

Trialsfeld auf seinen Füßen bleibt, sieht eleganter aus und hält seine Schafe ruhiger und ausgeglichener als der Hund, der dauernd anhält und wieder startet, sich dabei auf und ab bewegt wie ein geisteskranker Frosch. Ich sehe keinen Grund, der es rechtfertigen könnte, einem jungen Hund in den frühen Trainingsstadien beizubringen, sich hinzulegen, um sich dann später der ermüdenden Aufgabe zuzuwenden, ihn wieder auf die Füße zu bringen.

Es wäre töricht, zu erwarten, daß jeder junge Hund sich alle Zeit gleichmäßig benimmt, denn auch wir haben alle unsere ‚schlechten' Tage, und Hunde sind da keine Ausnahme. Die ‚schlechten' Tage eines Hundes verbringt dieser am besten in der Einsamkeit seines Zwingers. Nach einem oder zwei Tagen Ruhe wird man freudig überrascht sein, wie erfrischt er sein wird, wenn man ihn mit zu den Schafen nimmt.

Einmal pro Woche, eher noch seltener, reicht für einen sensiblen drei bis sechs Monate alten Welpen vollständig, um die Schafe zu besuchen. Ein pflichtvergessener ‚Greifer'

Zwischen Meister (oder Meisterin!) und Hund muß eine Beziehung hergestellt werden.

muß von ihnen ferngehalten werden, bis er alt genug ist, um eine Rüge zu ertragen. Ein durchschnittlich gut entwickelter Welpe wird, wenn man ihm die Gelegenheit dazu gibt, über die Fehler hinauswachsen oder wird es sich schließlich von dem Trainer, dem er vertraut und den er respektiert, gefallen lassen, diese zu korrigieren.

Wenn der Hund das Trainingsalter erreicht, gewöhnlich vom achten Monat an aufwärts, ist es wichtig, daß er seine Lektionen gern hat. Man sollte sie nicht bis zum Äußersten ausdehnen, bis er müde und es ihm lästig wird. Wenn man ihn jedesmal auf einem anderen Feld trainiert, wird das sein Interesse stimulieren, oder noch besser ist es, ein paar Schafe mit auf einen Spaziergang zu nehmen, wobei man wenig oder gar nichts zu dem Hund sagt, wodurch er ermutigt wird, Initiative und Vertrauen in seine eigenen Fähigkeiten zu entwickeln. Wenn ein junger Hund vollständig das Interesse an Schafen verliert, ist es ratsam, ihn für einige Tage vollkommen von den Schafen fernzuhalten. Wenn man ihn wieder mit in die Gesellschaft eines trainierten Hundes nimmt, wird dadurch oftmals sein Eifer zurückkehren.

Man muß auf die Jugend und Unerfahrenheit des Hundes Rücksicht nehmen. Rom wurde auch nicht an einem Tage erbaut! Alle ernsthaften Fehler, die aufkommen, müssen nach und nach korrigiert werden, ohne daß der Hund dessen gewahr wird, was du tust, für den Fall daß du ihn verwirrst. Man sollte während einer Trainingsperiode immer daran denken, besonders wenn nichts nach Plan geht, daß das, was leicht erreicht wird, oft wenig Wert hat.

Wenn du mit deinem Hund zufällig ein Mißverständnis hast, welches dazu führt, daß er nach Hause gebracht und in den Zwinger gesperrt werden muß, dann denke daran, daß du vor dem Abend wieder Frieden mit ihm schließt. Einer langen, einsamen Nacht gegenüberzustehen, muß für einen in Ungnade gefallenen jungen Hund eine entmutigende Aussicht sein. Wenn du freundlich, aber bei allen Gelegenheiten fest bleibst, dann wird zwischen euch ein Vertrauensband entwickelt, welches nur gebrochen werden kann, wenn du bei den Trainingsstunden dauernd unglaubwürdig bist. Ein Welpe kann nicht zuviel Zeit in deiner Gesellschaft oder der deiner Familie zubringen. Ausflüge zu einer artigen Herde, Essenszeiten in der Küche, Autofahrten — alles das hilft, eine gute Beziehung zu festigen.

Wenn sie Rinder sehen, werden Welpen oft hinter ihnen herjagen und sich die Kehle aus dem Halse bellen. Man muß wachsam bleiben, denn ein Glied kann leicht gebrochen werden oder ein Auge durch den Stoß einer zornigen säugenden Kuh verloren gehen. Manchmal ist der Kontakt mit Kühen und Kälbern nicht zu vermeiden. Wenn es geschieht, versuche leise, und freundlich mit diesen Biestern zu sprechen. Schreien würde den Hund nur überzeugen, daß man ihn ermuntern will, sie zu attackieren.

Es ist der Gipfel der Torheit, einen Border Collie zur Arbeit an säugenden Kühen einzusetzen. Ich habe gute Hunde gekannt, die zum Krüppel geschlagen oder getötet wurden, indem sie gerade dies taten. Nur bestimmte Hunde, oftmals die rauhen, gewöhnlicheren Typen, erlangen die speziellen Fähigkeiten, die nötig sind, um mit einer bösen Kuh mit Kalb bei Fuß fertigzuwerden. Wenn man aus Sicherheitsgründen seinen Hund zwischen kalbende Kühe mitnehmen muß, um sich zu schützen, sollte man dem Hund sagen, daß er sich gut im Hintergrund außerhalb der Gefahrenzone hält, und er sollte nur gerufen werden, wenn es absolut notwendig ist.

Im letzten Frühsommer, an einem strahlend sonnigen Tag, zog GWB mit der kleinen Trim zu einem öden Teil des Hügels los, um eine schwarze Kuh mit ihrem Kalb heimzuholen. Trotz der Tatsache, daß Trim wie ein Schatten wenigstens dreißig Meter im Hintergrund herumflitzte, wartete die Kuh, bis GWB ihr seinen Rücken zudrehte, um das Gatter zur Niederung hin zu öffnen, bevor sie sich bewegte. Sie stieß GWB zu Boden (der, zu seinem Glück, naß und nachgiebig war) und trampelte auf ihm herum, bis er sein Bewußtsein verlor. Als er wieder zu sich kam (glücklicherweise waren keine Knochen gebrochen, obwohl er übel verletzt und gequetscht wurde), lag Trim an seiner Seite und leckte mit ihrer warmen Zunge seine Hand. Die Kuh und ihr Kalb waren nicht mehr zu sehen, und wir nehmen an, daß in irgendeiner Weise Trim sie abgelenkt hat, obwohl wir keinen anderen Beweis haben als die Tatsache, daß sie verschlammt und zerzaust und ganz außer Atem war. Diese Heimsuchung ließ GWB erkennen, wie erschreckend diese Erfahrung für einen Hund sein muß.

Leises Handling ist bei einem trainierten Hund fast immer wirksamer, weil er einem mehr Aufmerksamkeit schenken muß, um die Kommandos verstehen zu können. Es ist zwingend notwendig, daß man mit seinem jungen Hund immer ruhig spricht, damit, wenn es nötig ist, ihn auszuschimpfen, dies wie ein Schock kommt und dies die einzige nötige Bestrafung bleibt. Einige Leute lärmen und toben ununterbrochen, bis ihre armen Hunde nicht mehr wissen, ob sie Männchen oder Weibchen sind.

Ein kraftvoller, ungestümer Hund zieht besonders Nutzen aus ruhigem Handling, und sollte ein Hund die unerfreuliche Gewohnheit des Schafegreifens (ein ererbter Charakterzug) annehmen, dann muß man sich bemühen, ihn mit einer sanften Methode zu heilen. Man stelle sich in die Ecke eines Feldes (eingezäunte Weide) und ermuntere den Hund, drei Schafe direkt zu einem zu treiben. Jetzt ist er in einer Position, in der, falls ein Schaf ausbrechen sollte, die Erregung ihn seine guten Manieren vergessen läßt und er versuchen wird, zu greifen. Nun muß man bereit sein und ihn auf das Feld zurückjagen, indem man ihn ernsthaft ausschimpft! Ermutige ihn sofort wieder, auf die Schafe zuzugehen. Sollte er wieder versuchen zu greifen (man kann es am Ausdruck in seinen Augen sehen, wenn es kurz bevorsteht), sage ganz ruhig zu ihm: ‚Jetzt beißt du sie nicht'. Er wird schließlich erkennen, daß die einzige Zeit, ein Schaf zu greifen, nur dann gekommen ist, wenn du es ihm sagst.

Mein Garry versuchte nie, ein Schaf zu greifen, bis er drei Jahre alt war. Er war ein entschlossener Hund, der seine Schafe immer bewegen konnte. Jedoch zur Lammzeit, wenn da ein Mutterschaf war, das Hilfe benötigte, weigerte Garry sich schlicht und einfach, es zu fangen und für mich zu halten, was mir gar nicht gefiel. Eines Nachmittags, während ich in den Schafpferchen arbeitete, trieb ihn ein besonders grimmiges altes Schaf in die Enge, und bevor ich dazwischentreten konnte, stieß es ihn hart gegen die Mauer. Ohne das geringste Zögern, griff er es in der Nackenwolle und kippte ihr Unterstes nach oben. Ich lobte ihn, und seit dem Tage wurde er ein Experte in der Kunst, ein einzelnes Schaf zu fangen und zu halten.

Genau wie die Menschen, so sind auch die Hunde in ihrem Wesen sehr verschieden. Solche Unterschiede müssen immer in Betracht gezogen werden, und deshalb Zugeständnisse gemacht werden. Sensiblen, leichtführigen Hunden muß man die Zügel locker lassen, damit sie ihr Selbstvertrauen aufbauen können. Das Training muß bei einem solchen Typ langsamer vorangetrieben werden, besonders wenn der Hund älter und erfahrener ist. Training in zu jungem Alter wird einen ‚weichen' Hund weniger geneigt machen, seine eigene Initiative zu gebrauchen.

Je weniger Initiative ein Hund zeigt, desto länger muß man ihm erlauben, zu tun, was ihm gefällt. Am besten ist es, ihn nur zur Arbeit mitzunehmen und ihm zu erlauben, neben einem älteren, erfahrenen Hund herzulaufen. Im Falle des leichten Hundes sollte, gelinde gesagt, ‚baldige Genesung' die Regel sein. In gewissem Grade gilt diese Regel auch für einen entschlossenen Hund. Zu strenge Disziplin bei diesem Hundetyp läßt ihn bei den Hütehundtrials Amok laufen. Es ist sehr wichtig, daß man ihm erlaubt, nach seinen eigenen Fähigkeiten Vertrauen zu gewinnen. Deshalb muß ihm immer, wenn möglich, erlaubt werden, durch seine eigenen Fehler zu lernen. Viel harte Arbeit ist das beste Mittel gegen seinen Eigenwillen.

Junge Hunde, die Schafe auf dem ‚geraden' Wege einsammeln wollen und dabei die Herde jagen und verteilen, sind hinterher oft die kraftvollsten und entschlossensten. Hübsche Arbeiter, die sich in gutem Abstand zu den Schafen hinlegen, ihnen in den Ecken viel Raum lassen, sehen wunderbar dabei aus, aber sie wachsen zu Schwächlingen heran und sind nicht effektiv. Welpen, die auf ihre Schafe zugehen, sind vorzuziehen. Ich möchte viel lieber einen Hund bremsen als ihn dauernd auffordern vorwärtszugehen.

Gelegentlich wird man einen Hund haben, der sein Ziel nicht erreichen wird, entweder liegt es an seiner Natur oder weil er überhaupt nicht arbeiten will. Solche Hunde sollten freundlich behandelt werden, nicht mit Verachtung, und man sollte alles tun, was möglich ist, um für sie ein angenehmes Heim zu finden.

Trainierte Hunde mit größeren Bedürfnissen, müssen die passenden Halter bekommen, und es muß ernstlich erwogen werden, ob es die richtigen sind. Es ist immer traurig zu sehen, wenn Hunde verkauft werden. Ich tröste mich selbst mit dem Gedanken, daß sie gut behandelt wurden und daß sie genau wie Kinder schließlich das Nest verlassen müssen.

Obwohl einige Hunde nur für eine einzige Person arbeiten, so tun es andere ganz glücklich für jeden. Für diese Sorte ist ein Besitzwechsel oft von Vorteil. Wenn ein sensibler Hund in ein neues Heim kommt, wird er oftmals etwas von seinem Selbstvertrauen verlieren, was nur mit der Zeit und viel Verständnis geheilt werden kann. Aus Furcht und Unsicherheit wird ein sensibler Hund oft die dümmsten Sachen machen, vollkommen charakterlos und deshalb auch ganz unerwartet. Furcht offenbart sich auf vielfache Weise. Hunde, die normalerweise besonders auf ihre Erscheinung achten, fangen an, sich in jeder Art Dreck und Kot zu wälzen, so, als würden sie versuchen, ihre Identität zu verstecken, verursacht durch ein Gefühl der Unsicherheit. Sie beschmutzen ihre Zwinger, und wenn sie von ihren neuen Besitzern aufgefordert werden, Schafe zu sammeln, kann es geschehen, daß sie über den Zaun oder die Mauer springen und die Arbeit verweigern. Schließlich, wenn eine angemessene Zeit verstrichen ist und mit dem neuen Besitzer eine Beziehung hergestellt ist, kehrt der Hund zu seinem normalen Selbst zurück, und wird manchmal ein besserer Hund, als er zuvor war.

Einem Hund, der regelmäßig den Besitzer wechselt, kann man nicht die Schuld dafür geben, wenn er nicht alles gibt und zwischen ihm und seinem Herrn keine echte Beziehung entstehen konnte. Er wird sich im permanenten Stadium der Unsicherheit befinden. Jedem, dem ein Hund verkauft wird, sollte absolut alles über dessen Charakter erzählt werden ,damit die Übergangszeit so wenig traumatisch wie möglich gemacht wird.

Einige nützliche Ratschläge

Aus leidvoller Erfahrung sage ich, es ist die Spitze der Torheit, einen jungen Hund allein im Wagen zurückzulassen. Wenn du zurückkommst, dann wird höchstwahrscheinlich die Polsterung in Stücke zerfetzt sein. Ein Collie ist Experte in der Kunst des Demolierens. Bei seinen ersten Ausfahrten ist es immer ratsam, einen älteren Hund mitzunehmen, oder man muß jemanden mit im Wagen zurücklassen, der ihm Gesellschaft leistet. Es ist immer eine gute Idee, wenn man Hunde im Wagen zurücklassen will, so zu parken, daß das Rückfenster in die Richtung zeigt, in die man sich entfernen wird. Hoffentlich bleiben die Hunde ruhig sitzen und halten nach deiner Rückkehr Ausschau.

Es ist wirkungslos, einen Hund nach einem Vorfall zu bestrafen — das gleiche gilt für alle strafbaren Vergehen. — es sei denn, man erwischt ihn bei der Tat, sonst wird er nicht wissen, was er falsch gemacht hat. Es ist weitaus besser, einem Hund einen Maulkorb anzulegen, bis er seine Furcht vor dem Alleinsein verliert (oder im Falle eines ,echten' Hundes, bis seine Wut darüber verflogen ist!).

Bei heißem Wetter sollte ein Hund niemals für längere Zeit im Auto gelassen werden. Wenn möglich, sollte man bei warmem Wetter im Schatten parken und die Fenster ein wenig geöffnet lassen. Es sollte immer Wasser zur Verfügung stehen und der Hund hin und wieder herausgelassen werden, damit er sich bewegen und seine Geschäfte erledigen kann.

Rohes Fleisch ist das Beste, um einen arbeitenden Hund fit, eifrig und feurig zu halten (vorausgesetzt, er ist regelmäßig entwurmt worden). Fleisch ist für den Hund das gleiche wie Hafer für das Pferd! (In alter Zeit entwurmten die Schäfer ihre Hunde, indem sie ihnen verfaultes Hammelfleisch gaben, an dem noch Wolle hing! Ich kann nicht bestätigen, ob es wirksam war und hätte Sorgen, daß eine Verstopfung entstehen könnte, also bleiben wir bei den Pillen!) Solange ein Kadaver frei von Medikamenten oder Gift ist, kann er enthäutet und über dem Boden aufgehängt werden, damit der Hund, wenn er hungrig ist, sich bedienen kann. In der Lammzeit benötigt man nur wenige Minuten, um ein neugeborenes Lamm zu enthäuten. Gerade zu solch geschäftigen Zeiten wie diesen ist solch natürliches Futter für den Hund von Nutzen, aber man sollte eine kleine Portion von seinem üblichen Futter hinzufügen.

Zahnen

Welpen, genau wie Menschenbabies, leiden beim Zahnen, was wegen des entzündeten Zahnfleisches zu Reizbarkeit führen kann. Ein großes, solides Knochenstück zum Kauen wird helfen, ihre Aufmerksamkeit von der Zwingertür abzulenken! Als Begleiterscheinung des Zahnens kann ein Welpe Anfälle bekommen — Aufregung kann Zuckungen hervorrufen. Der Welpe kann in einem Moment normal sein und im nächsten liegen, mit dem Fuß stoßen und an der Schnauze Schaum bilden. Nach einer Weile wird er aufstehen und sich wie betäubt umsehen. Wenn man ihn nicht fängt, mag er davongaloppieren, oftmals bellend, und seine Umgebung gar nicht erkennen. Es ist ratsam, ihn in einen ruhigen, abgedunkelten Platz zu bringen und den Tierarzt zu konsultieren.

Lästige Angewohnheiten

Wenn man eine heiße Hündin besitzt, dann ist es für jeden Rüden in der Nähe eine natürliche Reaktion, sich nicht normal zu verhalten. Seine Arbeit wird darunter leiden. Deshalb muß man damit rechnen und ihm Zugeständnisse gewähren.

Einige Welpen und junge Hunde entwickeln die ärgerliche Gewohnheit, sich an den Hals eines älteren Hundes zu hängen. Solange der Hund nichts dagegen hat, habe ich es auch nicht. Wie die meisten Angewohnheiten wird auch diese zur richtigen Zeit von selbst verschwinden, wenn man sie ignoriert.

Im Alter von ungefähr 18 Monaten wird jeder junge Hund, der sein Geld wert ist, versuchen, dich mit ‚deinen eigenen Waffen' zu schlagen! Der Hund in diesem Alter erreicht seiner Meinung nach das Erwachsenendasein und möchte selbst der Boss werden. Die besten Hunde machen alle diese Jugendphase durch. Dein Hund darf aber unter keinen Umständen herausfinden, daß du nicht Herr der Lage bist.

Gewöhnlich um diese Zeit mag man geneigt sein, sich von ihm zu trennen und ihn zu verkaufen. Wenn man dieser Versuchung widersteht und ihm eine weitere Chance gibt, wird man nur selten diese Entscheidung bereuen.

Schließlich wird alles, wonach man strebt, ohne daß man es merkt, an seinen Platz rücken. Die meisten Hunde entwickeln sich im Alter von zwei- bis zweieinhalb Jahren sprunghaft. Aber da ist eine Ausnahme von der Regel, und das ist der ‚Grasfresser'. Dieser Hund — sei es wegen seiner Veranlagung, sei es wegen seiner Nerven (oder beidem) — zieht das Gras, während er arbeitet, schnauzenvoll aus der Erde und speit es wieder aus. Diese unangenehme Angewohnheit ist erblich, und wenn sein Besitzer weise ist, dann wird er mit diesem Hund nicht züchten.

Der Seiltrick

Der Ungehorsam, auf den ich mich bei dem 18-Monate alten Hund bezog, zeigt sich in zweierlei Weise. Wie aus blauem Himmel wird der Hund plötzlich weder kommen, wenn er gerufen wird, noch anhalten, egal wo und wann du es verlangst, es sei denn, er fühlt sich dazu geneigt. Man wird es durch List, ohne die Ruhe zu verlieren, mit seiner Entschlossenheit und seinem Ungehorsam aufnehmen müssen, um als ‚Rudelführer' zu bestehen.

In dem Augenblick, in dem der Ungehorsam sich ereignet, nimm ihn mit nach Hause und befestige ihn an einer langen Leine. Fordere ihn mit Nachdruck auf, zu ‚stehen', und dann gehe ein kleines Stück weit fort. Rufe ihn in freundlichem Ton zu dir. Wenn er sich weigert, zu kommen, ziehe an der Leine. Wiederhole die Lektion so oft, wie es nötig sein sollte. Schließlich, wenn er willig zu dir kommt, lobe ihn überschwenglich.

Wenn der Hund sich weigert, zu ‚stehen', binde ihn mit einem langen Seil an einen Pfosten. Wenn er anfängt, dir zu folgen, nimm ihn zurück zum Pfosten und wiederhole das Kommando standhaft. Wenn dies nicht funktioniert, binde ihn kurz an und fordere ihn erneut auf zu ‚stehen' und entferne dich. Gehe ein paar Minuten um ihn herum, bevor das Seil verlängert wird. Wenn er gehorcht, erlaube ihm, das Seil hinter sich herzuziehen. Fordere ihn öfters auf, zu dir zu kommen und stehenzubleiben. Falls nötig, müssen die Kommandos erzwungen werden. Es ist höchst unwahrscheinlich, daß dies erforderlich ist, weil er inzwischen erkannt hat, daß du das auch meinst, was du sagst, besonders wenn du, sobald er sich fügt, verschwenderisch mit Lob bist.

Am nächsten Tag solltest du freudig überrascht sein, daß der Hund dich vollständig als Meuteführer akzeptiert hat. Diese Art von Problem kommt gewöhnlich bei einem entschlossenen Hund auf, der sich auf lange Sicht als der zuverlässigste erweist, und der sich nicht so schnell verbraucht wie ein weicher Hund.

Kapitel 11

Border-Collie-Training

Die Trainer — ,Macher oder Brecher'?

Da gibt es jene Hundetrainer, die Hunde ,machen' und jene, traurigerweise in der Überzahl, die Hunde in militärischer Art ,brechen', die sich keine Gedanken um ihre Gefühle machen, entweder weil sie ungeduldig auf Resultate warten oder weil es infolge mangelnder Vorstellungskraft der einzige Weg ist, den sie kennen.

Sensible, künstlerisch veranlagte Leute erkennen, daß es eine Kunst des Trainierens und Führens von Hütehunden gibt. Weil sie etwas Schönes ,machen' oder erschaffen wollen, ,heben sie öfters ab' (manchmal amüsieren sie die Zuschauer, indem sie unabsichtlich ,Stil vortäuschen'). Sie sind allein in einem weitentfernten Zauberland, wo es nur die Hügel, Schafe und einen Hund gibt, der nur vor ihren Augen eine ,Poesie in Bewegung' hervorbringt. Unglücklicherweise sind diese Leute nur wenige und selten anzutreffen. Die Kategorie zu der ein Mensch gehört, denke ich, hängt von seiner Veranlagung und der

Art und Weise ab, wie er aufgewachsen ist. Einen Hund zu ‚machen' ist ein langer Prozess, der bis zu fünf Jahren dauern kann, oder wie sich ein sehr respektierter schottischer Hundeführer ausdrückte: ‚Ein Trial-Hund ist am besten, wenn er unter jeder Pfote ein Jahr Erfahrung hat'.

Die Trainer müssen immer in der Lage sein, regelmäßig solche Umstände zu schaffen, in denen ein Hund in einer natürlichen, glücklichen Verfassung das tun kann, was von ihm verlangt wird. Größere Anstrengungen sind seitens des Trainers erforderlich, doch das Endresultat ist die Mühe wert. Anstatt der Besitzer eines Sklaven zu sein, wird man der Freund eines fähigen, elegant operierenden Hundes, dessen Würde nicht gebrochen wurde.

‚Brechen' geschieht, kurz gesagt, relativ schnell und einfach, weil der Trainer nur darauf besteht, daß der Hund alles das tut, was ihm gesagt wird, wann es gesagt und schließlich wie es gesagt wird, wohingegen einen Hund zu ‚machen', verlangt, daß man sich, wann immer es möglich ist, den Eigenarten des Hundes, bei allem was er tut, mit seinen Kommandos anpaßt!

Der schlichte, ehrliche Arbeiter

Verursacht durch die heutigen, durchschnittlichen Trials-Bedingungen, bei denen auf einem mittelgroßen Kurs wilde Schafe eingesetzt werden, wird ein ehrlicher Arbeiter von vielen Hütehund-Führern bevorzugt. Es ist offensichtlich so, daß ein Hund, je weniger ‚Auge' er hat, desto leichter flankiert werden kann. Schlichtheit im Sinne des Wortes ist

Zwei Hunde arbeiten reibungslos zusammen. Lucy und Laddie.

Lucy übernimmt die Initiative!

akzeptierbar, wenn sie mit Verstand und Kraft gepaart ist. Ein Hund mit einer schlichten Arbeitsmethode, gut geführt, kann klassisch und intelligent aussehen, schlecht geführt, sieht er sehr langweilig aus. Je seltener ein Hund Schafe sieht und je weniger er davon sieht, desto mehr ‚Auge' wird er entwickeln.

Ein schlichter Hund verändert sich gewöhnlich mit zunehmendem Alter — mit der Zeit, ungefähr im Alter von 5 Jahren, wenn er seinen Höhepunkt erreicht hat, wird er höchstwahrscheinlich das erforderliche Maß an ‚Auge' entwickelt haben, um gut auszusehen. Ein schlichter Arbeiter, dem es an Kraft mangelt, ist kein guter Vertreter seiner Rasse. Unglücklicherweise gibt es eine Menge Hunde dieser Art, weil sie ihrer liebenswürdigen Naturen und ihrer Leichtführigkeit wegen aus regelmäßigen Trialsiegern ähnlichen Typs gezüchtet werden. Der schlichte Arbeiter, dem es an Kraft mangelt, kann kleine Trials gewinnen oder darin plaziert werden. Unter harten Bedingungen, auf einem großen Kurs, bei schlechtem Wetter oder mit ungeschickten Schafen werden es beide, Hund und Handler, schwer haben, die Uhr zu besiegen!

Wenn man mit einem leichten Hund arbeitet, wird man viele Gelegenheiten haben, Kritik zu hören. Man wird dir keine Sympathie zeigen! Oft ist es nötig, einen leichten Hund

‚überzukommandieren', um ihm Zutrauen einzuflößen und ihn in Bewegung zu halten. Wenn man jedoch zu Hause mit ihm arbeitet, wird er Nutzen daraus ziehen, wenn man ihn gewähren läßt, damit er Initiative entwickeln kann.

Man muß mit dem vorlieb nehmen, wieviel ‚Auge' ein Hund während seines Heranreifens entwickeln wird. Einem Hund mit sehr viel ‚Auge', der da liegt und seine Schafe wie hypnotisiert anstarrt, wird ein kleiner Stoß mit deinem Zeh guttun, wenn er wiederholt dein Kommando zum ‚Vorwärtsgehen' ignoriert. Ein Hund mit zuviel ‚Auge' wird sich bessern, wenn er regelmäßig in den Schafpferchen und an großen Herden eingesetzt wird. Arbeitsverknappung wird nur dafür sorgen, daß er mehr ‚Auge' entwickelt und nur zögerlicher zu bewegen sein wird.

Ein besonders kraftvoller und entschlossener Hund sollte vor einem Trial am besten für zwei oder drei Tage von den Schafen ferngehalten werden. Das ‚Auge', das er zu seinem vorhandenen Rest ansammeln wird, wird ihn genügend verlangsamen, um einen kontrollierten ‚Lift' zu bekommen, was helfen wird, ihn ruhig und hoffentlich auch während des ganzen Laufs unter Kontrolle zu halten.

Der Vorteil beim Einsatz eines kraftvollen Hundes ist, daß man so sehr damit beschäftigt ist, die Führung zu behalten, daß man dabei die eigene Nervosität vergißt, man fühlt sich fast wie auf dem ‚grünen Gras zu Hause', wo nur die Schafe und Vögel als Zuschauer dabei sind.

Ein recht allgemeines, gefährliches Problem kann bei einem eifrigen, nervösen, jungen Hund auftreten, hauptsächlich bei heißen oder feuchten Bedingungen. Es zeigt sich in Umherwanken, manchmal auch durch Hinfallen, gewöhnlich nach der Arbeit oder einer Trainingsstunde (und nicht in Folge von Alkohol!). Diese Zustände treten bei einem durchtrainierten Hund von ruhiger Natur weniger wahrscheinlich auf.

Weil ein Hund durch seine Zunge schwitzt, kann er sich nicht immer schnell genug von den giftigen Abfallprodukten in seinem Körper befreien. Es ist lebenswichtig, den Hund zu einem kühlen Quellbach oder einem Wassertrog bringen zu können, sobald die ersten besorgniserregenden Zeichen auftreten. Wenn man dies nicht bewerkstelligen kann, ist es möglich, daß er sein Bewußtsein verliert und stirbt. Man darf ihm nicht erlauben, zuviel Wasser auf einmal zu trinken, er sollte lediglich im Wasser abkühlen, und wenn dies Problem andauert, sollte man den Tierarzt beauftragen, den Hund zu untersuchen.

Wenn man einen Hund mit Mengen rohen Fleisches füttert, kann das sein Temperament beeinträchtigen, indem er wegen der hohen Proteinzufuhr reizbar und schlechtgelaunt wird. Dies wird nicht eintreten, solange er eine Menge Arbeit hat. Hunde gedeihen bei Fütterung von Eingeweide gut (falls man selbst das ‚gesunde Aroma' aushalten kann!) Jedoch muß man alles sorgsam in kleine Stücke schneiden, damit ein gefräßiger Hund nicht erstickt.

Geduld und Beharrlichkeit

Geduld und Beharrlichkeit heißt die goldene Regel, wenn das Training eines jungen Hundes beginnt. Für den Hund ist es interessanter, von all dem, was von ihm verlangt werden wird, ein bißchen zu lernen, als jedesmal nur eine Sache. Ein absolut echter, unverfälschter Hund kann nur schwer verdorben werden, doch solche Hunde sind spärlich gesät. Ich ziehe den Hund vor, der darauf achtet, nach getaner Arbeit sein ‚Geschäft' zu erledigen und der sich, wenn er aus dem Zwinger kommt, erstmal streckt. So einer ist gewöhnlich intelligent und entspannt. Wenn man einen Hund an verschiedenen Orten, manchmal an großen Herden oder an einem halben Dutzend Schafe, arbeiten läßt, so wird das sein Interesse wachhalten.

Für außerordentlich ‚weit'-laufende Hunde ist regelmäßige Arbeit innerhalb eines begrenzten Feldes von Nutzen, bis sie wenigstens 3 Jahre alt sind. Sie sollten nur gelegentlich auf den Hügeln für kurze Sammlungen und nah an der Hand eingesetzt werden. Kraftvolle Hunde mit einem natürlichen Outrun ziehen Nutzen aus viel Hügelarbeit. Wilde, schnelle Schafe, die über unebenen, steilen Grund laufen, lehren den Hund, frei zu flankieren und dabei den korrekten Abstand beizubehalten. Wenn er dies nicht tut, wird er sich plötzlich mitten in der Herde wiederfinden und wird bei dem darauffolgenden Durcheinander die meisten Schafe verlieren. Wenn man schwierige Aufgaben mit einem Hund oft durchführt, werden einfache Sachen bei günstigen Bedingungen relativ leicht und gut zu vollenden sein.

Der durchschnittliche Youngster ist bereit, mit dem ernsten Training im Alter von ungefähr 10 Monaten zu beginnen. Allgemein gilt, daß er das, was man von ihm erwartet, desto schneller lernen wird, je älter er ist. Im Durchschnitt reifen Hündinnen früher als Rüden, aber infolge ihres Temperamentes erfordern sie mehr Rücksicht und Geduld beim Training. Jeden zweiten Tag zu trainieren, ist vollkommen ausreichend für einen jungen Hund, weil er an dem Tag dazwischen Zeit haben wird, seine Gedanken zu sammeln, und das Gelernte sich setzen kann. Falls er aus irgendeinem Grund das Interesse an seinen Lektionen verliert, ist es weitaus besser, ihn ruhig mit nach Hause zu nehmen und ihn in den Zwinger zu stecken, aus dem er am folgenden oder zumindest am übernächsten Tag viel inspirierter wieder herauskommen wird!

Für einen wenig begeisterten Youngster ist es vorteilhaft, wild fliegende Schafe zu besuchen, die seinen natürlichen Instinkt zu jagen und zu verfolgen stimulieren. Gelegentlich kommt es vor, daß ein Hund, bevor er wenigstens zwei Jahre oder darüber alt ist, keinen Gedanken an Schafe verschwendet. Dankenswerterweise sind diese Hunde in der Minderheit, und seltsamerweise, wohl infolge einer zauberhaften Verwandlung, die buchstäblich über Nacht geschehen kann, werden dies oft ‚die besten Hunde', die ihr Herr jemals hatte.

Im Alter von 10 Monaten sollte ein junger Hund seinen Besitzer schon gut respektieren und kennen. Wenn er gerufen oder herangepfiffen wird, sollte er schnell kommen, er sollte schon eine gute Vorstellung davon haben, was ‚steh' bedeutet und sollte willig seine Schafe verlassen, wenn er dazu aufgefordert wird. Der ‚eine von einer Million'-Idealhund hat eine bereitwillige Natur, einen natürlichen, birnenförmigen Outrun, eine natürliche Balance, er wird zu beiden Seiten frei flankieren (nicht zu weit), wird ohne ein Zeichen von Furcht gerade auf ein Schaf zugehen, hat ein gutes Wesen und neigt nicht zum Greifen, es sei denn, er wird provoziert, und arbeitet mit einem perfekt engangesetzten Schwanz. Wenn dir in deinem Leben ein Hund dieser Art über den Weg läuft, dann schätze dich sehr glücklich und versuche alles, was in deiner Kraft liegt, eines solch großartigen, wunderbaren Geschenkes würdig zu sein.

Der Durchschnittshund hat entweder zuwenig oder zuviel ‚Power'. Das Ideal ist eine ruhige Kraft, die unglücklicherweise eine seltene Qualität ist. Es ist wichtig, Schwäche, d. h. echte Furcht vor Schafen, nicht mit zuviel ‚Auge' zu verwechseln. Mit der Zeit wird durch viel Arbeit und Ermutigung ‚zuviel Auge' den Hund verlassen.

Ein sehr schwacher Hund hat Angst, einem Schaf ins Gesicht zu sehen, und ist bereit, es mit den Zähnen zu bewegen, wann immer er die Möglichkeit dazu hat. Schwachheit zeigt sich in unterschiedlichen Stufen. Einem schwachen Hund zu erlauben, Schafe zu greifen, wird sein Vertrauen verstärken, aber es ist eine grausame Zufluchtsmethode, die für die armen Schafe, die den heftigen Angriff dieser oft ungerechtfertigten Attacken ertragen müssen, schmerzhaft ist.

Wenn ein Hund mit ‚Power', Ausstrahlung und Entschlossenheit, oder wie immer man es nennen will, die Szene betritt, bewegen sich die Schafe automatisch von ihm fort. ‚Power' ist sofort erkennbar, doch wie auch bei Schwäche gibt es verschiedene Stufen bei verschiedenen Hunden. Ruhige ‚Power' wird als eine Autorität über Schafe erkannt, die sie weder erschreckt noch beunruhigt. Während mit einem kraftvollen Hund sehr viel rechtzeitig erreicht werden kann, so ist es mit einem schwachen Hund nur sehr wenig. Der letztere muß wohlwollend behandelt werden. Hilf ihm, die unbeholfenen Schafe zu bewegen, schelte ihn milde, wenn er greift, und, wer weiß, die meisten Hunde erlangen mit zunehmendem Alter Zuversicht. Er könnte ein nützlicher Arbeitshund werden. Weil aber eine Kette nur so stark wie das schwächste Glied ist, sollte man diesen Typ nicht zur Zucht benutzen.

Zwei Hunde arbeiten in Harmonie.

Eine Brace-Arbeit. Zwei Köpfe sind besser als einer.

Wahl der Kommandos

Bevor das Training beginnt, wird man sich für verschiedene Kommandosätze (beide, Worte und Pfiffe) für jeden jungen Hund entscheiden müssen. Die entsprechenden Pfeifkommandos müssen so verschieden wie möglich und außerdem für jeden Hund verschieden sein, so daß sie nicht verwirrt werden oder zusammenstoßen, wenn sie miteinander arbeiten! Sobald man sich entschieden hat, muß man unbedingt an den Kommandos festhalten. Wenn man seinen Hund schließlich voll durchtrainiert hat, wird es möglich sein, mit ihm eine Unterhaltung zu führen, indem man Pfeiffkommandos benutzt, die in Ton, Geschwindigkeit und Länge variieren, wenn er entweder in den Feldern oder draußen auf dem Hügel in der Ferne arbeitet.

Wenn ich mit einem Hund nah bei der Hand arbeite, ziehe ich leise gesprochene Kommandos bei weitem vor. Für die rechte Flanke sage ich ‚way'. Für die linke benutze ich das Wort ‚come'. Die Kommandos für meinen zweiten Hund sind wie folgt: ‚out' für die rechte Flanke und ‚bye' für die linke. Beide Hunde haben die gleichen ‚stop' und ‚look back for more sheep' (sieh zurück) -Kommandos. Beiden wird gesagt ‚vorwärtszugehen', doch jeder Hund hat für diese Aktion ein anderes Pfeifkommando.

Ich überlasse es jedem, seine eigenen Pfiffe zu erarbeiten, um die Hunde zum Flankieren, Stoppen und Vorwärtsgehen zu bewegen. Auf keinen Fall werde ich versuchen, die Pfiffe auszulosen! Immerhin, mein Gedächtnis reicht nur für zwei verschiedene Sätze und das auch nur an einem guten Tag!

Bei Swindon im zeitigen Frühjahr veranlaßten, sehr zu meinem Vergnügen, die süßen, schrillen Töne der Amsel und der Singdrossel, die im nahen, dichten Wald warben, meine Hunde oftmals, mich unvermittelt zu verlassen, um sich erst hierhin und dann dorthin zu wenden! (Ich schwöre, diese Vögel sind großartige Mimen und prahlen vor ihren Bräuten mit ihrem Können!)

Arbeit mit zwei Hunden (Brace)

Es gibt nichts, was mit der Schönheit zu vergleichen wäre, wenn zwei Collies in enger Harmonie, entweder innerhalb der Grenzen eines Feldes oder in einiger Entfernung auf dem mit Farnkraut übersäten Hügel, zusammenarbeiten. Sie scheinen mit ihren Schützlingen mühelos wie eine auflaufende Flut heranzufließen, ein Hund arbeitet dabei dem sanften Drücken des anderen entgegen bis zum Schluß die stolpernde, in Wellen strömende Masse ankommt und mit fragenden Augen und zitternden Nüstern die Schafe vor deinen Füßen stehen.

Zur Lammzeit ist es eine relativ simple Aufgabe, die Gewohnheit, zwei Kommandosätze zu benutzen, zu erlangen. (Vor einigen Jahren, nach zahllosen Lammzeiten, habe ich es schließlich fertiggebracht, diese Sache zu meistern!) All die bekannten Führer von Einzelhunden warnten mich, daß die Arbeit mit zwei Hunden der schnellste und sicherste Weg ist, einen Hund zu ruinieren. Natürlich fragte ich nach dem Warum und bekam verschiedene, gleichermaßen wohlbegründete Antworten. Der erste Grund war der, daß, anstatt dem Hund beim Sammeln der Schafe zu erlauben, bis zur 12-Uhr-Position zu laufen, es nötig ist, jeden teilweise knapp zu stoppen, und indem man dies tut, entwickelt man die ‚abzuziehende Punkte'-Gewohnheit beim ‚zu knappen Stoppen', wenn man dann mit einem Hund im Einzel-Wettbewerb startet. Zur Verteidigung brachten die ‚Brace'-Hundeführer vor, daß die Mehrzahl von ihnen ihren Hunden erlaubt, zu ‚kreuzen', wenn diese sich hinter den Schafen befinden.

Weitere unbestreitbare Gründe gegen die Brace-Arbeit führten dazu, die Hunde verdrießlich zu machen, weil es oft nötig ist, sie dabei überzukommandieren, ihre ganze natürliche Initiative zu demontieren, so daß sie in ihrer Arbeitsmethode mechanisch würden.

Ich sorgte mich — und tue es noch immer — um die Auswirkung der Brace-Arbeit an meinen Hunden. Unglücklicherweise bleibt mein Enthusiasmus bestehen. Ich war freudig überrascht, als ich entdeckte, daß mein ‚Duo' meistens dazu neigte, auf der Seite zu bleiben, die sie selbst wählen durften! Früher hatte ich den Eindruck, daß der Handler die schwierige Aufgabe hatte, die Hunde auf ‚ihren' Seiten zu halten. Ich frage mich, ob nah verwandte Hunde sich telepathisch verständigen und mehr mit dem anderen harmonieren, denn GWBs Wurfgeschwister Jed und Trim hatten nie die Neigung, den anderen zu kreuzen.

Eine zusätzliche Überraschung war, daß mein entschlossenster Rüde viel zugänglicher wurde, sich führen zu lassen. Als Grund hierfür kann ich nur annehmen, daß dies den Effekt hatte, ihn selbst zu verlangsamen, weil der andere Hund ihm die Schafe entgegentrieb.

Wenn ich zu Hause zwei Hunde zu den Schafen aussende, schicke ich sie fast immer zur gleichen Seite los, weil ich echt besorgt bin, daß sie zu früh stoppen. Wegen der leichten Eifersucht untereinander, rasen sie flach hinaus bis zur 12-Uhr-Position. Abgesehen von den Sammlungen und der Lammzeit praktiziere ich, außer bei seltenen Gelegenheiten, den Paarlauf nicht. Die Hunde dürfen, wenn es möglich ist, an den Seiten arbeiten, die sie selbst wählen. Indem ich ihnen die Wahl erlaube, hoffe ich, daß sie weder an Initiative verlieren noch eine Vorliebe für entweder rechtes oder linkes Flankieren entwikkeln.

Ich übe das Trennen mit ihnen, indem ich ein Einpferchen in einer Ecke des Feldes vortäusche. Ich fand, daß es eine gute Idee ist, die Namen der Hunde vor, anstatt hinter den Kommandos, zu gebrauchen, weil sich meine Hunde die Pfeifkommandos des jeweils anderen sehr schnell merkten. Wir stehen noch am Anfang, wir haben noch eine Menge zu lernen, um ein geübtes Team zu werden.

‚Outrun' und ‚Lift'

Das Training eines jungen Hundes sollte in einem kleinen, gut eingezäunten Feld beginnen, das am besten eine Gruppe braver Schafe enthält. Bevor wir die Schafe erreichen, fordere ich den jungen Hund gewöhnlich auf, zu ‚stehen', und rufe ihn mehrere Male an meine Seite, um ihn an das zu erinnern, was von ihm verlangt wird, wenn wir unser Ziel erreichen. Wenn man einen trainierten Hund besitzt, wird sich dieser jetzt als nützliche Stütze erweisen, um die Schafe vom Durchgehen und in-die-Ecken-laufen abzuhalten. Die meisten sensiblen, jungen Hunde sind fähig, sie schon selbständig wieder herauszuholen. Wenn sie nicht wissen, wie sie es anstellen sollen, muß man es ihnen zeigen, bis sie es gelernt haben.

Beim Betreten des Feldes sollte der junge Hund die Schafe sehen und in ihre Richtung loslaufen. Es ist wichtig, daß ihm erlaubt wird, ohne Beeinflussung hinzulaufen. (Wenn nötig, muß man sich auf die Zunge beißen!) Wenn es ihm nicht gelingt, die Schafe zu entdecken, kann man selbst näher herangehen und ihn dabei fragen: ‚Siehst du Schafe?'.

Wenn er die Schafe gefunden hat, werden die folgenden Minuten damit zugebracht, ein Gefühl für die Dinge zu bekommen, indem er mit übermäßiger Erregung losrennt und einfach nur Spaß hat. Wenn der Hund Wolle zupft oder das Schaf greift, muß man sich einmischen, aber man darf in diesem Stadium nicht zu streng sein. Er mag andererseits die Schafe fachmännisch sammeln und sie zu dir bringen, ohne das geringste Training gehabt zu haben. Jedoch ist es wahrscheinlicher, daß er entweder die Schafe jagt und die Gruppe zerteilt, so daß sie in alle Richtungen laufen, bellt, absolut gar nichts tut, oder sich anschickt, nach Hause zu rennen! All diese Verhaltensweisen sind akzeptabel.

Jeder junge Hund reagiert bei Schafen anders, und bevor er zum Training nicht bereit ist, braucht man auch nicht anzufangen. Man muß bedenken, daß einige Hunde früher reifen als andere. Der Hund, der durch die Mitte des Feldes rennt, um seine Schafe zu holen, ist eine bessere Basis als derjenige, der an der Mauer entlang nach Hause rennt. Wenn er dazu neigt, den Outrun zu gerade zu laufen, mische dich einige Wochen lang nicht ein, es sei denn, er hat sich gut daran gewöhnt, die Schafe zu dir zu bringen. Es spielt keine Rolle, wie er sie bekommt, solange er es überhaupt schafft! Outrun, Lift und Fetch (Herauslauf, Aufnehmen und Holen) sollten in diesem Stadium von dem Hund allein bewerkstelligt werden, mit einem gelegentlich eingeworfenen Kommando, das aber nicht unbedingt befolgt werden muß.

Dem Hund muß immer erlaubt werden, die Schafe am Balancepunkt aufzunehmen. Gewöhnlich, aber nicht immer ist dieser Punkt bei den Köpfen der Schafe. Nur der Hund kennt den genauen Balancepunkt. Wenn der Hund etwas knapp vor den Schafen stoppt und wenn die Schafe in gerader Linie ankommen, dann muß er sich in der korrekten Position befunden haben, um sie aufzunehmen, und bei einem Trial sollten von einem kompetenten Richter keine Punkte dafür abgezogen werden.

Die meisten jungen Hunde werden sich, wenn sie ihre anfängliche Erregung vom Leibe gerannt haben, umsehen und nach Führung verlangen. Wenn der Hund anfängt, müde zu werden, wird er entweder stehen bleiben oder sich hinlegen und die Schafe ansehen. Dies schafft eine gute Gelegenheit, deinen Stopp-Pfiff dem, was er gerade tut, anzupassen.

Sobald die Gewohnheit, die Schafe zu dir zu bringen, gefestigt ist, hast du die erste Sprosse der Leiter erklommen, und du kannst die Distanz erweitern. Wenn du versuchst, ihn bei seinem Sammlungslauf herauszudrücken, sobald er während des frühen Trainings deinen Fuß verläßt, dann gibt es viele Möglichkeiten, daß sich Fehler entwickeln, wie zum Beispiel, zu knapp oder flach zu den Schafen hereinzudrehen oder zu früh zu stoppen. Um ihn vom Letzteren abzuhalten, muß man ihn entweder durch Vorwärtszischen in Bewegung halten oder indem man ihm sagt, sich ‚zurückzuhalten' (keep back) bis er die 12-Uhr-Position erreicht.

Wenn der Hund einen Fehler entwickelt, versuche nicht, ihn über Nacht davon zu kurieren. Wenn du geduldig bist, mag er von selbst verschwinden, andernfalls mußt du Situationen schaffen, in denen es für den Hund einfach ist, die Aufgabe korrekt auszuführen.

Später, wenn man einen jungen Hund, der dazu neigt, zu eng zu arbeiten, regulär mitnimmt, muß man einen größeren Abstand zu den Schafen herstellen, so daß er mehr Raum hat, wenn er in der Ferne arbeitet. Einige junge Hunde machen nie den Versuch, zur anderen Seite der Schafe zu rennen, sind aber ganz glücklich dabei, jede Streckenlänge zu treiben. Du wirst dich entscheiden müssen, auf welche Weise du ihn auf die andere Seite bekommen willst.

Manchmal ist es hilfreich, den Schafen zu erlauben, durch ein Gatter auszureißen, oder man kann ihm erlauben, eine Zeitlang einen trainierten Hund bei der Arbeit zu begleiten. Wenn alles mißlingt, fordere ihn auf zu ‚stehen' und geh zur anderen Seite der Schafe. Wenn du dann rückwärts gehst und dabei den Hund ermunterst, vorwärts zu gehen, müßten die Schafe dir folgen. Wenn der Hund sich anschickt, in deine Richtung um die Herde herumzuschlüpfen, stoppe ihn und gehe wieder herum zur anderen Seite. Er wird dann bald erkennen, daß sein Platz auf der entgegengesetzten Seite der Schafe ist.

Um ihm beizubringen, auf seine Schafe zuzugehen, plaziert man einige in eine Ecke, und dann nähert man sich mit dem Hund aus der Entfernung. Wenn der Hund es zu eilig hat, fordere ihn auf zu ‚stehen', gefolgt von einem ernsthaften ‚laß dir Zeit'. Wiederhole es und gib ihm Zeit nachzudenken, bis er die Botschaft verstanden hat. Dann und wann gib ihm den Pfiff ‚vorwärts' und sei verschwenderisch mit Lob, wenn er bei seinen Lektionen Fortschritte macht.

Hunde mit ‚Power' und einer natürlichen Veranlagung, die Schafe in Linie zu bringen, müssen lernen, korrekt zu sammeln und sich von den Schafen ‚zurück' zu halten, wenn sie in die ‚Lift'-Position kommen. Ein frei flankierender Hund, der nicht übermäßig mit ‚Auge' ausgestattet ist, besitzt oftmals einen natürlichen ‚Outrun' und ist gewöhnlich bei der ‚Arbeit an der Hand' geübter, z.B. beim Einpferchen und Abtrennen. Ein Hund, der nur auf seine Schafe zugeht, ist für die Arbeit auf dem Hügel oder auf einem großen Trialkurs praktischer. Man mag seinen perfekten ‚birnenförmigen' Outrun nicht bekommen, doch man wird fähig sein, den Hund genau dort zu plazieren, wo man ihn haben will, und kann ihn dort lassen, um mit der eigenen Arbeit weiterzumachen.

Wenn die Wetterbedingungen deine Kommandos bei einem Trial unhörbar machen, wird der kraftvolle Hund fähig sein, vorausgesetzt, man hat es ihm zu Hause auch erlaubt, die Schafe ganz selbständig in Linie zu bringen. Schließlich wird der Hund, der zu ‚gerade' sammelt, ‚herausgeöffnet' werden müssen. Die Entfernung zu den Schafen muß nach und nach vergrößert werden.

Einige Hunde laufen bereits vom jungen Alter an große Entfernungen mit nur wenig oder gar keiner Ermunterung, um zu ihren Schafen zu gelangen, während andere eine Abneigung haben, deine Füße zu verlassen! Wenn man den Hund zum Sammeln hinausgeschickt hat und er sich anschickt, wieder hereinzudrehen, stoppe ihn, gib ihm Zeit zum Nachdenken, und dann, indem man seinen Namen benutzt, errege seine Aufmerksamkeit. Frage ihn in einem mürrischen Ton, was ihm einfällt und zeige mit deinem Stock in die Richtung, in die er gehen soll. Man wird ein paar Schritte in die entsprechende Richtung gehen müssen, um sicherzustellen, daß der Hund versteht was du erwartest, und weiter herausdreht. Wenn er damit fortfährt, ‚hereinzukommen', rufe ihn zurück zu den Füßen, rede ein ruhiges Wort mit ihm (es wirkt Wunder!) und schicke ihn wieder los. Bei einigen

Hunden genügt es ein- bis zweimal, um ihn korrekt sammeln zu lassen. Mit anderen kann es Wochen oder sogar Monate dauern.

Ideal ist eine große, ausgebreitete Herde. Regelmäßiges Sammeln läßt das korrekte, natürliche Sammeln für den Hund zur Gewohnheit werden. Unglücklicherweise ist dies bei einer Hügelherde während der Wintermonate, wenn die Schafe hochtragend sind, nicht möglich. Zu einem späteren Zeitpunkt, wenn der junge Hund seine Flankierungspfiffe kennt, kann man ihm beibringen, daß ein scharfer Pfiff ein schnelles, knappes Flankieren verlangt, bei gleichzeitigem Vorwärtszischen. Ein langer, langsamer Pfiff sagt dem Hund, daß man entweder einen neu angesetzten Bogen für eine weitere Schafgruppe verlangt, oder wenn der Pfiff teilweise kürzer ist, man von ihm wünscht, daß er um die Schafe, die er bereits hat, langsam weiter flankiert.

Ein älterer, erfahrener Hund wird schließlich den Bogen erweitern, sobald er nur die Hälfte des langsamen Pfiffes gehört hat. Wenn man damit anfängt, dem Jungen beizubringen, den Bogen, bei einem langsamen Pfiff weiter herauszuziehen, dann muß man ihn auf seinem ‚Outrun' zuerst stoppen. Gib ihm Zeit zum Überlegen und mache dann weiter mit dem langsamen Flankierungspfiff. Wiederhole diese Übung, bis er die Botschaft versteht. Wenn er nicht versteht, was du von ihm verlangst, gehe auf das Feld (oder den Hügel) hinaus und stelle dich zwischen ihn und die Schafe. Gehe auf ihn zu, während du deinen langsamen Pfiff gebrauchst. Bleib ruhig, erlaube dem Hund, die Situation abzuschätzen, dann wird er bald die Bedeutung des langsamen Pfiffes verstehen. Wenn das Training während der Sommermonate stattfindet, wird regelmäßige Arbeit auf dem offenen Hügel den Hund schon bald ermutigen, weiter herauszulaufen, um den Schafen viel Raum zu geben. Bedauerlicherweise kann nicht allen Hunden ein solches Umfeld geboten werden, so daß das Training viel länger dauern kann.

Wenn du den Hund dahin gebracht hast, daß er sich von deinen Füßen aus hübsch hinauswirft, ermutige ihn, so schnell wie möglich zur 12-Uhr-Position zu kommen. Viele Sammlungen, bei denen man ihn hinauszischt und ihm sagt, er solle sich ‚zurück'-halten, werden nützlich sein, um ihn schnell in die ‚Lift'-Position zu bekommen. Die Schafe müssen regelmäßig von beiden Seiten gesammelt werden, sonst wird man sehr schnell einen Hund haben, der nur noch zu einer Seite zum Sammeln losrennt. Die gleiche Regel gilt bei Hütehundtrials. Man ist versucht, den Hund zu seiner bevorzugten Seite hinauszuschicken, aber es ist nicht bei jeder Gelegenheit ratsam.

Einem von Natur aus ruhigen Hund sollte erlaubt werden, die Schafe aufzunehmen (Lift), ohne ihn zu stoppen. Es sieht viel besser aus. Für aufgeregte Hunde ist es zunächst nützlich, sie zum Stoppen aufzufordern und nachdem einige Sekunden verstrichen sind, wird ihnen mit einem ‚laß dir Zeit'-Kommando erlaubt, die Schafe aufzunehmen. Ein Hund, der auf die Ecken der Herde trifft, weil er zu ‚gerade' flankiert, muß lernen, ‚herauszubiegen', andernfalls werden wilde Trialschafe so aufgeregt, daß sie Angst bekommen, zuerst hierhin und dann dorthin galoppieren. Wenn man dann zum ‚Einpferchen' kommt, wird es praktisch unmöglich sein, sie zum Hineingehen zu überreden. Um das ‚Geradelaufen' des Hundes zu kurieren, ermuntere ihn, ein halbes Dutzend ruhiger Schafe dir entgegenzuhalten. Flankiere ihn erst nach links und dann nach rechts, und bedenke, daß einige Hunde nur zu einer Flanke ‚knapp' laufen. Wenn der Hund losrennt, um eine

Ecke zu treffen, lehne dich über die Schafe und scheuche ihn mit dem Ende deiner Krücke fort (dies ist, ohne den Hund zu berühren, leicht zu bewerkstelligen!), im gleichen Moment sage ihm in ruhigem Ton ‚Hinausss', mit dem Akzent auf ‚S'.

Du magst einige Male durch die Herde rennen müssen, um sicherzustellen, daß der entschlossene Hund von den Ecken abdreht. Weil du deine Grundübungen korrekt gemacht und eine Vertrauensbeziehung mit dem Hund hast, wird diese Lektion ihn nicht kränken, und es sollte nicht lange dauern, bis er den Schafen an den Ecken ‚Raum' gibt.

Das Holen (Fetch)

Dem Hund muß regelmäßig gestattet werden, die Schafe ohne Kommandos zu holen. Dies wird ihm ermöglichen, seinen ‚Abstand' zu finden. Mit ‚Abstand' ist die Position gemeint, in der sich der Hund befinden muß, um seine Schafe mit Autorität, doch ohne sie aufzuschrecken, bewegen zu können. Eine Ausnahme bildet der Hund, der hinter der Herde vor- und zurück-‚webt'; er muß schließlich gestoppt und zurückgehalten werden, bis er gelernt hat, den Schafen auf geradem Wege zu folgen.

Ein Hund mit übermäßigem ‚Auge' und ‚Linie' kann von den Schafen da vor seiner Nase so gefesselt sein, daß er die anderen Schafe an den Seiten der Herde nicht beachtet. Ich habe oft schon junge Hunde gesehen, die mit nur zwei oder drei Schafen, die sie direkt vor sich hatten, mitten durch das Zentrum einer Herde marschierten. Wenn er so etwas macht, muß man ihn in ruhigem Ton fragen, was er vor hat, und ihn hinter den Rest der Schafe zurückbringen.

Einige Hunde sind mit einem natürlichen ‚Abstand' geboren, andere finden ihn. Die Restlichen werden fortfahren, ihre Schafe zu jagen, bis sie das wichtigste Kommando von allen, welches ‚laß dir Zeit' heißt, gelernt haben. Um ihn dies zu lehren, muß ihm zuerst erlaubt werden, Schafe zu jagen, und dann fordere man ihn auf zu stehen, gefolgt von ‚laß dir Zeit', mit fester Stimme gesprochen. Wenn er sich von seinen Schafen schnell wegbewegt, muß die Lektion wiederholt werden. Beharrlichkeit ist das Schlüsselwort! Es ist unfair, von einem jungen Hund zu erwarten, daß er dauernd langsam geht. Es muß ihm bei Gelegenheit erlaubt werden, ausgiebig zu laufen!

Eine solche Gelegenheit kann man benutzen, um ihn zu überrumpeln. Laufe gelassen das Feld hinauf, durch die Herde, und jage ihn von den Schafen fort, wobei du ihn gleichzeitig fragst, was er da zu tun gedenkt! Wenn du plötzlich aus dem Blauen auftauchst, wirst du es schwer haben, nicht aufzulachen! (Ich kann's mir nie verkneifen, so daß der Hund denkt, daß alles nur ein Spiel ist.)

Während des ganzen Trainings ist der Ton deiner Stimme sehr wichtig. Er zeigt dem Hund den Unterschied zwischen Richtig und Falsch, und es ist bei weitem besser für den Hund, wenn der Trainer mit seiner Stimme bis ins Extreme geht und nicht mit seiner Wut!

Wie man den Hund lehrt zu stehen und auf seinen Füßen zu arbeiten

Ein Hund, der sich bei der Arbeit dauernd hinlegt, ist nicht so begehrt wie einer, der auf seinen Füßen bleibt. Der ‚aufrechte' Stil beunruhigt die Schafe weniger und sieht auch gefälliger aus. Einige Hunde neigen von Natur dazu, bei der Arbeit auf den Füßen zu bleiben, während andere dies lernen müssen. Vom frühen Alter an neigt der erstere, wenn

Das Holen. Bowmont Water Trial, 1981 (Frank Moyes).

man ihn auffordert zu ‚stoppen', dazu, dies in sitzender Position zu tun, um erst nach und nach die Gewohnheit des ‚Stoppens' und Arbeitens auf allen Vieren zu entwickeln! Wenn das ernsthafte Training beginnt und der Hund ‚stoppt' wenn er dazu aufgefordert wird, gibt es keine Notwendigkeit, ihn sich legen zu lassen. Es sollte ihm immer erlaubt sein, seine eigene Position zu wählen. Der Hund, der dazu neigt, sich hinzulegen, wird lernen müssen, auf seinen Füßen zu bleiben.

Bei einem Trial gibt es nur zwei Gelegenheiten, bei denen es nötig ist, daß der Hund sich hinlegt — diese sind am Pferch und vorher beim ‚Shedding' und dann auch nur, wenn die Schafe wild und vollkommen unlenkbar sind. Um dreisten Schafen zu empfehlen, in den Pferch zu gehen, bleibt der Hund am besten auf seinen Füßen, wobei er ihnen gerade in die Augen sehen kann. Er sollte fähig sein, die Schafe rückwärts hineinzudrücken, wenn dies verlangt wird!

Vorausgesetzt, ein Hund ist mit ‚Auge' nicht überbegabt, dann sollte es eine relativ einfache Sache sein, ihn zu lehren, auf seinen Füßen zu arbeiten. Je mehr ‚Auge' er besitzt, desto mehr wird er dazu neigen, sich ‚flach' auf den Boden zu werfen, und desto mehr Zeit und Geduld wird nötig sein, ihn von dieser Gewohnheit abzubringen. Eine entspannende und lohnende Art, einem jungen Hund das ‚Stehen' beizubringen und zur gleichen Zeit ein Vertrauensband zu knüpfen, ist, ein wenig Zeit zu opfern, um ihn zu bürsten. Zuerst ist er bei dieser Prozedur überrascht, und er wird sich auf den Rücken rollen, oder in einer unterwürfigen Stellung hinhocken, wobei du eine gute Gelegenheit hast, ihn auf alle Viere zu heben und zur gleichen Zeit aufzufordern, auf seine Füße zu kommen und zu ‚stehen'. Die meisten Hunde finden schnell Gefallen am Bürsten und ‚erheben sich für diese Gelegenheit'!

Einem Hund, der sich wiederholt bei der Arbeit auf den Boden wirft, muß sich der Trainer nähern und ihn mit ermunterndem Ton auffordern ‚vorwärts zu gehen'. Sobald er sich auf die Füße erhebt, muß man ihm befehlen, zu ‚stehen'. Diese Lektion muß oft wiederholt werden, und wenn der Hund sich fügt, muß er gelobt werden. Es ist hilfreich, wenn man den Hund dahin bringt, daß er versteht, was man von ihm möchte, falls man gelegentlich ruhig zu ihm hingeht und auf seine Füße hebt. Sobald der Hund verstanden hat, was das Kommando ‚auf deine Füße' bedeutet, dann wird man nur noch den Stopp-Pfiff benötigen, um ihn so zu halten, schnell gefolgt von dem Kommando ‚Füße'. Schließlich wird er automatisch, auf den Füßen bleibend, anhalten, ohne daß man es ihm dauernd sagen muß.

Das ‚Tun und Lassen' beim Training eines jungen Hundes, ist mit wenigen Worten, wie folgt:

1. Mische dich nicht beim Outrun eines jungen Hundes ein, bis die Gewohnheit, die Schafe zu dir zu bringen, gefestigt ist.

2. Erlaube dem Hund, immer wenn die Möglichkeit besteht, die Schafe ohne Kommandos aufzunehmen und zu holen.

3. Lehre ihn lieber ‚sich Zeit zu lassen' (langsam), als ihn wiederholt zu stoppen und wieder zu starten.

4. Ein junger Hund sollte im frühen Training nicht zu Schafen hinausgeschickt werden, die sich außerhalb der Sichtweite oder sehr weit entfernt befinden. Weiter entfernte

Sammlungen müssen ausgeführt werden, indem man sich mit dem Hund so in Position bringt, daß er genau weiß, wo er sie finden kann.

5. Regelmäßiges Sammeln einer großen, ausgebreiteten Herde wird helfen, die Entwicklung des ‚zu kurzen Stoppens' zu verhindern. (Wenn man einen Hund regelmäßig nur zu einer kleinen Gruppe in Position gestellter Schafe schickt, dann unterstützt das diese Gewohnheit!)

6. Bevor ein Hund zum Sammeln losgeschickt wird, laß ihn neben dir stehen und frage ihn: „Kannst du Schafe sehen?" Wenn er in die falsche Richtung schaut oder zu Schafen, die sich hinter der Wallmauer befinden, sage mit fester Stimme ‚Nein'. Dieses Kommando kann einem Welpen schon ganz leicht beigebracht werden, und es ist bei zahllosen Gelegenheiten, wenn er fertig trainiert ist, außerordentlich nützlich. Ein gesunder, junger Hund sollte die Schafe sofort sehen. Einige Hunde jedoch tun es nicht, entweder wegen ihrer Erregung, zu geringer Intelligenz oder schlechter Augen.

7. Sollte ein junger Hund auf Schwierigkeiten stoßen, wenn er linkische Schafe bewegt, dann sei immer bereit, ihm zu helfen.

Flankieren

Es beleidigt die Intelligenz eines jungen Hundes, wenn man ihn zu einer stationären Schafherde mitnimmt und darauf besteht, daß er sie erst an der einen Flanke umrundet und dann an der anderen. Für den Trainer ist es relativ einfach, die Schafe zuerst entweder in Uhrzeigerrichtung oder entgegengesetzt zu bewegen, so daß der natürliche Instinkt des Hundes übernehmen kann und er denken muß, daß das Flankieren aus einem bestimmten Grund gemacht wird. Jetzt hat man die Möglichkeit, die Kommandos seinen Aktionen anzupassen.

Es gibt nichts Besseres als eine Herde wilder Cheviot-Jährlinge auf einer steilen, welligen Hügelseite, um einen jungen Hund zu veranlassen, frei heraus zu flankieren. (Wenn

Den Hund … lehren … zu stehen.

,Was heißt das „auf deine Füße"?'

er nicht flankiert, wird er mit größter Sicherheit die Schafe verlieren!) Unglücklicherweise erfreuen sich nicht alle von uns solcher idealen Bedingungen und müssen deshalb mit anderen verfügbaren Möglichkeiten vorliebnehmen, die solche Situationen bieten, und dem Hund gestatten, auf natürliche Weise zu reagieren.

Wenn du darauf bestehst, daß ein junger Hund um eine stationäre Herde herumrennt, einfach nur zu dem Zweck, daß er seine ,Seiten' lernt und um ihn ,freier' werden zu lassen, dann werden dadurch ernstere Probleme geschaffen. Der Hund wird keine Ahnung haben, wo der ,Balancepunkt' einer Herde ist, und das wird ihn veranlassen, nicht nur zu früh zu stoppen, sondern auch überall anzuhalten, nur nicht da, wo er soll — auf 12-Uhr oder dem Balancepunkt. Er wird außerdem ,überflankieren', wenn er losrennt, um Schafe zu wenden. Nur in seltenen Fällen und bei einem sehr entschlossenen Hund dürfen wir verlangen, daß er stationäre Schafe kreisend flankiert. Diese Übung wäre nicht nötig, wenn Schäfer und Farmer, die auch Trialenthusiasten sind, weniger Hunde halten würden und auf diese Weise mehr Arbeit für den einzelnen Hund hätten.

Die wirksamste Methode, einen jungen Hund in die Kunst des ,Abtrennens', ,Treibens', und ,Flankierens' einzuführen, ist, wie ich herausgefunden habe, ,spazierenzugehen'! Zuerst müssen die Schafe von der Herde ,getrennt' und zum nächsten Gatter getrieben werden, um sie zu einem Spaziergang mitzunehmen! Zuerst muß dies Kunststück mehr durch die Geschicklichkeit des Trainers als durch die seines Hundes, der in Position auf der anderen Seite der Herde ,stehen' muß, vollbracht werden. Der Trainer muß dann in Ruhe ein halbes Dutzend Schafe abtrennen. Wenn dies geschehen ist und

Oben: *Überrasche den Hund, indem du ihn von der schweren Seite wegflankieren läßt* (Frank Moyes). **Unten:** *Das Linksflankieren wird gefördert* (Frank Moyes).

genügend Raum zwischen den zwei Schafgruppen entstanden ist, muß er seinen Hund ermuntern, zu ihm zu kommen (wenn nötig mit gebeugten Knien!) Mann und Hund müssen nun versuchen, die abgetrennten Schafe zum nächsten Tor zu treiben.

Ein ‚natürlicher Linienhund' sollte diese Aufgabe nicht übermäßig schwer finden, denn dieser Typ ist oft ein guter Treiber, ohne es gelernt zu haben. Wenn die abgetrennten Schafe versuchen sollten auszubrechen, um zu den anderen zurückzulaufen, muß der Trainer schnell vorauslaufen, vom Hund weg, damit der Hund in der Situation bleibt, die Schafe selbständig wieder hinter ihm hertreiben zu müssen. Sein Instinkt ‚zu holen' ist oft weit stärker als der Instinkt zu treiben. An diesem Punkt, wird es nötig sein, den Hund zu ermutigen und ihn mit seiner Stimme ‚anzulegen'. Der Hund sollte mit natürlicher Geschicklichkeit und mit Enthusiasmus reagieren. Wenn es die Schafe zufällig schaffen, zu den anderen zurückzugelangen, dann ist es umso besser. Es wird den Hund anreizen, alles in seiner Macht stehende zu unternehmen, daß das beim nächsten Mal nicht passiert. Wenn du es fertiggebracht hast, die abgetrennten Schafe durch das Gatter und vom Feld herunter zu bekommen, dann ist es vollkommen egal, wohin sie getrieben werden. Hügelauf, hügelab, durch Tore, über Bäche — die Welt ist deine Auster!

Weil sie noch nicht ausgeruht sind, werden die Schafe wiederholt versuchen, auszubrechen. Der natürliche Instinkt deines Hundes wird ihn veranlassen, sie von vorne abzufangen, was dir die Gelegenheit gibt, seinen Flankierungen die entsprechenden Pfiffe und Kommandos anzupassen. ‚Spazieren zu gehen', ist den jungen Hunden aus mehr als nur einem Grund nützlich. Hunde, die beide Seiten gleich gut sammeln, sind spärlich gesät. Die meisten, genau wie die Menschen, haben eine Vorliebe, und um das Leben komplizierter zu machen, können sie und tun es auch, zwischen links und rechts wechseln.

Erfreulicherweise flankiert der Hund gewöhnlich mit korrektem Abstand von den Schafen an der Seite, die er vorzieht. Schließlich muß er aber lernen, zu beiden Seiten korrekt zu flankieren. Solltest du ungeduldig werden und darauf bestehen, daß er seine weniger geliebte Seite korrekt flankiert, dann ist es höchstwahrscheinlich, daß er diese Flanke für den Rest seiner Tage meidet.

Es ist fast unvermeidlich, daß man während des Trainings irgendwann (und oftmals unbeabsichtigt) einmal seinen Hund kränkt (einige Hunde sind sensibler als andere). Wenn er ‚eingeschnappt' ist, sollte er für ein paar Tage ganz von den Schafen ferngehalten werden, bis dieser Vorfall in seiner Erinnerung verblaßt.

Wenn du ihn dann wieder mit zu den Schafen herausnimmst, sprich nicht mit ihm, damit er natürlich und leicht die in Frage kommende Aufgabe ausführen kann. Wenn zum Beispiel der Hund ein Widerstreben hat, nach links heraus zu flankieren, sollte der Trainer zuallererst einige wenige Schafe am Zaun oder der Mauer entlang postieren. Der Trainer sollte den Hund dann auffordern zu ‚stehen', wodurch den Schafen die Möglichkeit gegeben wird, den Zaun entlang ‚auszubrechen'. Der Hund erregt sich und kann dem Drang, die Schafe von vorn aufzunehmen, nicht widerstehen. Diese Übung muß an der Peripherie des Feldes öfter wiederholt werden, wonach er jeden Widerstand, zur fraglichen Seite zu flankieren, verloren hat. Sollte der Hund jetzt zu knapp flankieren, darf man sich nicht einmischen, weil dieser kleine Fehler zu einem späteren Zeitpunkt korrigiert werden kann.

Oben links und unten: *Umhergehen* (Frank Moyes).

Wenn man sicher ist, daß der Hund nicht mehr ‚eingeschnappt' ist und gewohnheitsmäßig dann und wann wieder flankiert, kann man ihm die entsprechenden Kommandos geben und dabei vom Wort zur Pfeife wechseln, was ihn bei guter Laune hält. Der nächste Schritt, falls er zu knapp flankiert, wird sein, gemächlich zwischen ihm und die Schafe zu gehen und ihn mit einem Wink der Krücke leicht ‚von den Ecken weg' hinauszutreiben. Nachdem du einige Male ‚spazierengegangen' bist und dabei dem Hund erlaubt hast, eigene Entscheidungen zu treffen, rufe ihn zu deinen Füßen, die Schafe werden weiter vorangehen, so daß du jetzt den Hund aussenden kannst, um sie zurückzuholen. Weil er durch diesen Vorgang interessiert und erregt ist, mag es sein , daß er ‚geradeaus' losrennt, unmittelbar an ihren Fersen! Wenn er dies tut, mußt du ihn zuerst stoppen, laß ihn kurz nachdenken und sende ihn mit dem langen langsamen Pfiff zum ‚Herausöffnen' los, der bereits vorher besprochen wurde. Wiederhole die Übung, bis er ‚die Botschaft verstanden' hat! (Falls es nötig ist).

Nachdem sie eine Zeitlang gegangen sind, werden die Schafe langsam müde, wodurch es dem Hund möglich sein wird, sie in deiner Nähe zu halten. Du kannst ihm dabei helfen, indem du vor ihnen deine Krücke hin und her bewegst. Es ist vorteilhaft, wenn er dir die Schafe hält, da dies die ‚Balance' wiederherstellt, die der Hund verloren hatte, was durch das wiederholte Flankieren, um die Schafe zurückzuholen, verursacht war. Bestimmte Aspekte des Trainings beseitigen Qualitäten, die man bewahren möchte, weshalb man einen Weg ersinnen muß, um die Qualitäten wieder zurückzuholen.

Das meiste meiner Schreiberei bezieht sich auf einen entschlossenen Hund. Du magst einen freiflankierenden Hund besitzen, der eine Menge ‚Power' hat, leichtführig, der schnell seine Seiten (Flankierungs-Kommandos) nach nur zwei oder drei Lektionen lernt, und obwohl es möglich ist, einen Hund innerhalb eines Zeitraumes von drei Monaten zu trainieren (allerdings noch nicht genügend poliert!), so benötigen andere bis zu einem Jahr oder noch länger. Schwache Hunde, denen es an Mut mangelt, sind im allgemeinen mehr als erfreut, wenn sie flankieren können, weil sie dadurch die ‚schwere Seite' der Herde verlassen dürfen.

Wenn du erstmal den Hund soweit hast, daß er vernünftig sammelt, muß jedes ‚Kurskreuzen' verhindert werden. Wenn es anfängt zu geschehen, rufe den Hund zurück zu deinen Füßen und rede mit ihm, frage ihn, was er da zu tun gedenkt, (Eine freundliche Unterhaltung wirkt Wunder!) Wenn er schon auf halbem Wege ist, bevor er versucht ‚zu kreuzen', mußt du ihn stoppen, frage ihn, was er vorhat, und dirigiere ihn mit einem langen, langsamen Pfiff neu heraus. Nur wenn er nach mehreren Versuchen weiterhin ‚kreuzt', darfst du schroffer reden.

Bis zum heutigen Tage habe ich nur zwei Hunde besessen, die nie versucht haben, ihren Kurs zu kreuzen, und einer von ihnen überraschte mich einmal, indem er zwischen mir und den Schafen hereinkam. Ich war enttäuscht von ihm, bis ich den Grund herausgefunden hatte. Die Schafe hatten ihren Pfosten verlassen und kamen in vollem Galopp in meine Richtung, lange bevor der Hund sie erreichte. Er sah, was da passierte und ‚drehte herein', um sie zu verlangsamen.

Eine weitere, einfache Möglichkeit hat man, einen Hund seine Flankierungs-Kommandos zu lehren, und, falls es sich um einen ‚starken' Hund handelt, ihn gleichzeitig mit dem ‚Gettt'-Kommando bekanntzumachen, wenn man einen Pferch errichtet. Einige Hunde sind natürlich veranlagte Einpfercher. Sie wissen instinktiv, wo sie zur rechten Zeit sein müssen. Wenn du einmal die Freude hattest, einen fähigen Einpfercher zu besitzen, dann wird er dich lehren, wo du andere Hunde postieren mußt, um die Schafe zum Hineingehen zu bewegen. Zu dem Zweck, ihm seine linken und rechten Flanken zu lehren, muß man den Schafen gelegentlich erlauben, um den Pferch herum auszubrechen!

Wenn man einen Pferch aufstellt mit dem Zweck, einen jungen Hund in die ‚Kunst' des Einpferchens einzuführen, ist es ratsam, Schafe zu nehmen, die es gewöhnt sind, eingepfercht zu werden, damit der Hund nicht mutlos wird, wenn es schwierig ist, die Schafe zum Hineingehen zu überreden. Ein junger Hund mit keiner oder nur wenig Erfahrung wird oftmals eher versuchen, die Schafe dem Trainer entgegenzuhalten, als sie in den Pferch zu treiben. Er weiß nicht, wo du sie haben willst. Um ihm dies zu zeigen, ist es manchmal nützlich, draußen hinter dem Pferch zu stehen.

Schafe, die diesen Vorgang kennen, werden dem Hund schon bald zeigen, was erwartet wird. Sobald sie hineingehen, sollte der junge Hund ermuntert werden, ein paar Sekunden lang im Tor stehenzubleiben, dabei sollte man ihm sagen, wie brilliant er ist. Dann sollte man das Gatter mit Schwung schließen. Wenn es wieder geöffnet wird, muß man dem Hund sagen, zu ‚stehen', bevor er die Erlaubnis bekommt, sie herauszuwenden, dann wieder stehen, damit die Schafe sich beruhigen können, bevor er sie wieder für das ‚Shedding' sammelt.

Balance

Natürliche Balance ist ebenso eine großartige Veranlagung wie auch eine seltene und viel bewunderte Qualität in einem Trialhund. Ein Hund, der sich glücklich schätzen kann, mit ‚Balance' begabt zu sein, beunruhigt die Schafe niemals und kann sie dir mit wenigen oder sogar gar keinen Flankierungsbewegungen entgegenhalten. Balance ist ein wesentlicher Grundzug für das Einpferchen und Abtrennen; ein Hund ohne diese Begabung muß, wie wir sagen, ‚einbalanciert' werden.

Einen Hund zu ermuntern, vier Schafe gegen eine Mauer zu halten, ist eine Möglichkeit, ihn einzubalancieren. Fordere ihn solange auf, vorwärtszugehen, bis die Schafe sich trennen und in alle Richtungen ausbrechen. Nach einer Anzahl ‚wiederholter Vorstellungen' wird der Hund instinktiv rechtzeitig am richtigen Platz stehen, um die Schafe am Ausbrechen zu hindern. Sobald der junge Hund in der Kunst des ‚Schafe-gegen-eine-Mauer-Haltens' geübt ist, kannst du eine Stufe weitergehen. Du wirst ihm helfen müssen, drei Schafe von der Herde zu trennen und diese zur Mitte des Feldes zu treiben.

Der Hund sollte so postiert werden, daß sein Hinterteil zur Herde zeigt. Der Trainer muß dann, indem er sich wie eine beschworene, tanzende Schlange hin und her wiegt, mit Ruhe versuchen, die drei Schafe hinter den Hund zu treiben. Von Seiten des Hundes ist Vorsicht geboten, der, wenn er den Bewegungen der Schafe entgegenhandelt, nicht überflankieren darf. Sollte er zuviel Druck anwenden, werden die Schafe versuchen, hinter die ausgestreckten Arme des Trainers zu laufen. Wenn dies passiert, sollte der Hund ruhig ermahnt werden, damit er seinen Fehler erkennt und sich langsam zurückbewegt. Schließlich (wahrscheinlich nach mehreren Lektionen) wirst du im Gleichklang mit einem

Balance.

wunderbar ausbalancierten Hund arbeiten, der auf deine und der Schafe Bewegungen reagiert.

Shedding (Abtrennen)

Einige Hunde sind geborene Abtrenner, die nur wenig oder gar keine Unterstützung benötigen. Für einen Schäfer auf den Hügeln und zur Lammzeit ist ein guter Shedding-Hund sein Gewicht in Gold wert! Wenn man bei einem Hütehund-Trial konkurriert und nachdem man einen ‚guten Kurs' und gutes Einpferchen hatte, ist es immer beruhigend zu wissen, daß der Hund zu einem ‚guten Finish' fähig ist.

‚Shedden' ist ein natürlicher Instinkt, der nur darauf wartet, erweckt zu werden, was allerdings von einem ungeduldigen Menschen verdorben werden kann. Der Hund ist nur dann widerstrebend, wenn er nicht sicher ist, was von ihm verlangt wird. Vorausgesetzt, du hast deine Grundlagenarbeit gründlich gemacht, indem du vom Welpenalter an den Hund regelmäßig ermuntert hast, schnell zu seinen Füßen zu kommen, dann sollte es nicht sehr schwer sein, ihn zu bewegen, durch die Mitte einer ruhigen Herde zu dir zu kommen.

Der erste Schritt ist, den Hund auf der entgegengesetzten Seite der Schafe zum Stehen zu bringen, wobei der einen Hälfte erlaubt wird, sich fortzubewegen. Wenn dann eine ausreichend weite Lücke entstanden ist, rufe den Hund zu dir. Es kann sein, daß er nicht zögert, andererseits kann er auch vollkommen verwirrt dreinschauen! Sein Instinkt sagt ihm, daß er die ganze Herde umkreisen sollte, um sie alle zusammen wieder zurückzubringen. Du mußt ihn überreden (nochmal mit gebeugten Knien, falls es nötig ist), daß es viel wichtiger ist, direkt zu dir zu kommen. Am Ende wirst du ihn überzeugen und er wird kommen, vielleicht mit einem blöden Gesichtsausdruck! Sei überschwenglich mit deinem Lob, bevor du ihn ermunterst, dir zu helfen, die abgetrennten Schafe von den anderen ein gutes Stück fortzutreiben; dies ist auch die leichteste Methode, die ich kenne, einen jungen Hund das Treiben zu lehren.

Der Linien-Hund wird fast augenblicklich ein tüchtiger Treiber. Der flankierende Typ bemüht sich gewöhnlich bei jeder sich bietenden Gelegenheit (wie auch der ‚Weber') die Schafe von vorne aufzunehmen. Die beste Methode, dieser Bewegung entgegenzuarbeiten, ist, die Schafe schnell selbst von vorne anzugehen, wobei du den Hund anreizt, sie hinter dir her zu holen. Schließlich, wenn die Gewohnheit, durch die Herde zu stoßen, gefestigt ist, kann die Lücke nach und nach verkleinert werden, bis der Hund auch ohne eine solche durch die Herde stößt.

Wie alles andere, so kann man es auch nicht über Nacht zustandebringen, den Hund das ‚Shedden' zu lehren. Achte immer darauf, daß ihm die Sonne nicht in die Augen scheint, bevor du ihn aufforderst ‚hereinzukommen'. Stufenweise erhöhe die Zahl der Schafe, die der Hund abzutrennen hat. Übe das ‚Shedding' regelmäßig an beiden Enden der Herde; ein Hund, der nur gewohnt ist, an einer Seite abzutrennen, vergeudet bei einem Trial zu viele kostbare Minuten.

Anreiz muß dem Hund durch den Ton deiner Stimme übermittelt werden, wenn du ihn aufforderst hereinzukommen. Ich sage: ‚Hier, diese', wenn mehr als ein Schaf gefordert wird, und ‚Dies eine', wenn er geübt ist und ich ein ‚Single', ein ‚Vereinzeln' wünsche. Sobald der Hund sein Schaf sicher abgetrennt hat, lege ihn an, ermuntere ihn, Wache zu halten, daß er nicht nur Vertrauen bei dieser Aufgabe gewinnt, es wird ihm auch Spaß machen!

Nimm die abgetrennten Schafe mit ‚spazieren'. Sobald der Hund Zutrauen gewinnt und die Initiative übernimmt, erlaube ihm, weiter vorwärtszutreiben, wobei du dich nach und nach zurückfallen läßt und ihn weiter ermunterst, die Schafe so weit, wie er selbst will, fortzutreiben, gelegentlich durch Lücken und Tore, über Brücken, den steilen Hügel hinauf, bis er sie ganz in seiner Obhut hat.

Eine nützliche Übung, den Hund zur Aufbietung aller seiner Kräfte zu veranlassen, ist, einige wenige Schafe von der Herde abzutrennen und sie ein Stück weit vom Rest fortzutreiben. Fordere den Hund auf, zu stehen, wobei den abgetrennten Schafen erlaubt wird, in Richtung der anderen zurückzugaloppieren. Bevor sie ihr Ziel erreichen, schicke den Hund los, um sie wieder ‚aufzunehmen'. Du wirst rufen müssen: ‚Hier, diese', um ihn zu veranlassen, hereinzukommen. Es ist eine nützliche Übung, welche die meisten Hunde, vorausgesetzt, sie sind ausgeruht, vollkommen genießen!

Oftmals, wenn man bei einem Trial konkurriert, sind die Schafe extrem schwer zu ‚shedden'. Es scheint nie eine passende Lücke zu geben, durch die der Hund stoßen könnte. Du rufst ihn herein, und dann mußt du ihm sagen, daß er wieder zurückgehen soll. Wenn er dann die Gelegenheit bekommt, ist er oft vollkommen verwirrt; und es ist auch kein Wunder, wer wäre es nicht! Wenn man, wie bei einigen Trials, an vier Schafen arbeitet, dann sagt man dir, daß du beim ‚Shed' die Schafe ‚splitten' sollst, womit man meint, daß es erlaubt ist, irgendwelche zwei Schafe zu nehmen. Bei anderen Trials sind es die letzten zwei Schafe, die abgetrennt werden müssen. Zum Ende des Sommers betreten die frisch entwöhnten und hoffentlich sensibleren Mutterschafe die Szene, bei denen das letzte Schaf gefordert wird. Die armen, geduldigen Hunde, keiner verschwendet einen Gedanken an sie!

Wenn man nur drei Schafe hat und die Zeit sehr schnell vergeht, dann kann man, wenn man zum ‚Shed' kommt, genausogut den Hund herein-‚knallen' lassen, man wird am Ende immer eine Zweiergruppe und ein einzelnes haben. Ein ungestümes ‚Shedding' ist besser, als gar keines!

Einige junge Hunde, und auch ältere, sind sehr langsam beim Hereinkommen, so langsam, daß sie in der Tat eine Gelegenheit verpassen. Wenn man ihn ausschimpft, ist die Aussicht groß, daß er sich ganz weigert, hereinzukommen. Schließlich, wenn du dem Hund seine langsamen und schnellen Flankierungspfiffe beigebracht hast, kannst du ihn mit einem Pfiff ermuntern, schnell zu trennen. Nachdem man ihn regelmäßig in dieser Weise hat trennen lassen, wird er bald die Gewohnheit annehmen, schnell hereinzustoßen.

Viel mehr Sorgfalt ist erforderlich, wenn man versucht, mit einem ‚Linien'-Hund zu trennen, weil die Mehrzahl von diesen nicht so tüchtig ist wie Flankierungshunde. Der Grund ist der, daß ein ‚Linien'-Hund dazu neigt, ‚gerade' in eine Lücke zu stoßen, (wenn zwei Schafe gefordert werden, und diese sich schnell bewegen, wirst du am Ende nur eines haben!). Es ist also mehr Sorgfalt nötig, plus einer annehmbar großen Lücke. Ein Flankierungshund geht im Bogen zu den abzutrennenden Schafen herein, wodurch der Handler ein viel größeres Risiko eingehen kann. Wenn die Zeit knapp ist, ist dies von großem Vorteil (und es sieht auch ziemlich eindrucksvoll aus!).

Oben: *Überrede deinen Hund dazu, direkt zu dir zu kommen.*

Unten: *Das Abtrennen. Bowmont Water Trial, 1981* (Frank Moyes).

Jan führt den ‚Single' vor.

Das Kommando zum ‚Zurücksehen nach mehr Schafen'

Sobald der Hund mit Enthusiasmus Schafe trennt und treibt, ist es Zeit, ihm das ‚Sieh zurück'-Kommando beizubringen. Dieses Kommando ist auf dem Hügel extrem nützlich, und falls du dich glücklich schätzen darfst, mit deinem Hund bei einem ‚International' starten zu dürfen, dann ist es auch höchst erforderlich.

Beginne damit, ein paar Schafe von der Herde zu trennen und sie ein Stück von den anderen fortzutreiben. Lenke die Aufmerksamkeit des Hundes von den abgetrennten Schafen ab, indem du seinen Namen rufst, und ihn zur gleichen Zeit ermunterst, in die Richtung der verbliebenen Herde zu sehen. Um dies zu bewerkstelligen, mußt du ein paar Schritte mit dem Hund in deren Richtung gehen. Frage ihn, ob er sie sehen kann, und wenn er es kann, sage deutlich: ‚Sieh zurück' (Look back), gefolgt von dem entsprechenden Pfiff. Er wird sehr schnell lernen, was von ihm verlangt wird. Schon nach kurzer Zeit wirst du fähig sein, ihn zwischen den abgetrennten Schafen und denen, zu welchen er ‚zurückgehen' soll, stehen zu lassen.

Es ist eine gute Idee, einen jungen Hund an der Seite der abgetrennten Schafe stehen zu lassen, von wo aus er zurückgeschickt werden soll. Zum Beispiel, wenn du vorhast, ihn auf einen rechtsseitigen ‚Outrun' zu den verbliebenen Schafen zu senden, dann flankiere ihn zuallererst zur Linken seiner abgetrennten Schafe, und dann kannst du ihn von dieser Position aus zurückschicken. Ein älterer, erfahrener Hund kann direkt von der hinteren Seite der abgetrennten Schafe zurückgeschickt werden, einfach, weil er, falls nötig, mit einem Pfiff herausdirigiert werden kann.

Auf dem Hügel ist es dringend notwendig, daß einem jungen Hund erlaubt wird, die erste Gruppe seiner gesammelten Schafe bis zu deinen Füßen zu bringen, bevor er zu jenen zurückgeschickt wird, die plötzlich wie aus dem Nichts auftauchen (und zu jenen, die er versehentlich verpaßt hat). Der Grund ist, daß ein beeindruckbarer junger Hund anfangen wird, ohne Aufforderung ‚zurückzugehen‘, selbst dann, wenn da gar keine Schafe mehr sind. Ich habe junge Hunde gesehen, die zurückrannten (die Schafe, die sie buchstäblich ‚im Vorbeigehen‘ gesammelt hatten, zurücklassend), nur weil sie ein ‚Hutziehen‘ oder einen Stop-Pfiff als Signal deuteten, einfach weil sie Spaß daran hatten und gefallen wollten oder gelegentlich auch, weil ihre eigenen Schafe sie langweilten!

Wenn du ihm regelmäßig erlaubst, die ersten Schafe die er sammelt, direkt zu deinen Füßen zu holen, darf man diese ärgerliche Gewohnheit nicht akzeptieren. Sobald der Hund bei seinem ‚Zurück‘ ziemlich kompetent ist, kann man die Entfernung nach und nach vergrößern und das gesprochene ‚Sieh zurück‘ aufgeben, um das entsprechende Pfeifsignal zu benutzen. (Meins ist ein gerader Ton, gefolgt von einem gebogenen.)

Bei einem Hütehund-Trial mit doppeltem ‚Lift‘, wobei zwei Gruppen wilder Schafe gesammelt werden müssen, ist es oft schwierig, die Aufmerksamkeit des Hundes von seinem ersten ‚Paket‘ Schafe abzulenken, wenn man wünscht, daß er ‚zurücksieht‘. Es ist bestimmt ratsam, dies zuerst zu Hause mit wilden Schafen zu üben, bevor man zu einem Trial dieser Art fährt.

Wenn man einen jungen Hund mit seinem ‚Sieh zurück‘-Kommando bekannt macht, ist es anfangs notwendig, die Ruhe zu bewahren und nicht die Geduld zu verlieren wenn es sich zeigt, daß er es nicht versteht. Ungeduld bewirkt nur, daß der Hund völlig verwirrt wird, und das Resultat ist ein herumwirbelnder Hund mit dem ‚Ruder‘ in der Luft!, oder, wie einige ‚Weise‘ sich ausdrücken: ‚Flagge zeigen‘. Dies sieht nicht nur furchtbar aus, sondern es kann auch zu einer unheilbaren Gewohnheit werden.

Treiben

Der ‚Linien‘-Hund ist sehr oft ein natürlicher Treiber. Er ist glücklich, wenn er hinter seinen Schafen bleiben kann, um sie irgendwohin zu treiben. Einige Hunde zeigen eine deutliche Abneigung zum Treiben. Diese Hunde müssen es lernen, wobei man Methoden benutzt, die vom Trainer sorgfältig erdacht werden müssen, damit der Hund Gefallen an dieser Aufgabe findet. Falls es nötig ist, muß der Trainer damit rechnen, über eine Zeit von mehreren Wochen (oder in einigen Fällen Monaten) viele Meilen mit dem Hund und den Schafen spazierenzugehen.

Ich habe bereits zuvor den schnellsten und leichtesten Weg beschrieben, einen Hund das Treiben zu lehren. Dies beinhaltet das Abtrennen einiger Schafe von der Herde, und die Notwendigkeit daß du und dein Hund diese bis zu einer passenden Entfernung forttreibst. Sollten die Schafe zur Herde zurückentkommen, dann wird dies nur dazu dienen, daß der Hund beim nächsten Mal vorsichtiger sein wird. Der Hund sollte ermuntert werden, die abgetrennten Schafe gegen einen Zaun oder eine Mauer zu treiben. Fordere ihn fortgesetzt auf vorwärtszugehen. Wenn die Schafe schließlich ausbrechen, wird der Hund flankieren, um sie wieder zusammenzubringen. Diese Übung wird den Hund ermutigen, selbstständig die Schafe ‚in Linie‘ zu bringen, während er sie treibt.

Wenn man mit ‚webenden' Typen und Hunden, denen es an ‚Auge' mangelt Schafe treibt, dann neigen sie dazu, um die Seiten der Herde zu schleichen, um sie bei jeder Gelegenheit wieder von vorne aufzunehmen. Gelegentlich muß man ihnen erlauben, dies zu tun. Beim Training eines jungen Hundes ist es neun von zehn Malen besser vorzubeugen als zu heilen. Jedoch, muß es unter bestimmten Umständen erlaubt sein, gegen schlechte Charakterzüge vorzugehen, um sie zu unterdrücken. Indem man dem jungen Hund erlaubt, die Schafe von vorn anzugehen, und ihn dann wieder nach hinten flankiert, hilft man ihm zu verstehen, daß er treiben soll.

Hunde, die sich weigern, hinter den Schafen zu bleiben, sollte man zu einer Mauer oder einem Zaun mitnehmen und sie ermuntern, die Schafe zunächst in einer Richtung um das Feld zu treiben und dann in der anderen. Der Hund muß hinter den Schafen gehen, mit dir neben ihm, wodurch die offene Flanke gedeckt wird. Dem ‚webenden' Hund tut es gut, wenn man ihn von den Schafen ein gutes Stück zurückhält, so daß er, wenn man ihn auffordert, ‚vorwärtszugehen', die Gewohnheit annehmen wird, dies ‚geradeaus' zu tun.

Wann immer es möglich ist, muß man dem natürlichen Treiber erlauben, ‚seine eigene Sache' zu machen. Wenn er seine Schafe zu schnell vorwärtstreibt, muß er gestoppt werden, und man muß ihm sagen: ‚Langsam'. Der Trainer sollte versuchen, falls dies nötig ist, ein kleines Stückchen vor der Höhe des Hundes zu gehen, um zu vermeiden, was als Gewohnheit des ‚flüchtigen Blickens' bekannt ist. Es gibt zahllose Gründe, warum ein Hund hin und wieder einen schnellen, flüchtigen Blick oder sogar ein längeres Starren in deine Richtung wirft, während er eigentlich seine Schafe im Auge behalten sollte. Junge Hunde, denen es an Vertrauen mangelt, tun dies, wenn der Trainer sich zu weit zurückfallen läßt. Wenn sie älter und geübter sind, geben sie diese Gewohnheit meistens auf. Wenn man von zu Hause fort in neuer Umgebung arbeitet, verschwindet diese Gewohnheit schnell.

‚Überkommandieren' von seiten des Trainers kann ebenso ein Grund dafür sein. Ein ängstlicher junger Hund wird durch eine feste Stimme beruhigt, doch allmählich sollte er bei jeder Gelegenheit mit seinem Job alleine weitermachen müssen. Relativ leicht gewöhnt man sich das Überkommandieren an, besonders wenn man entweder einen entschlossenen oder einen weichen Hund arbeitet. Der Zuschauer möchte am liebsten seine Finger in die Ohren stecken. Nur der Himmel weiß, wie der Hund sich fühlt.

Wenn ein intelligenter ‚Altpensionär'-Hund wegen ‚flüchtigen Blickens' kritisiert wird, habe ich das Gefühl, ihn verteidigen zu müssen. Er verdient nicht, getadelt zu werden und es fehlt ihm nicht an Selbstvertrauen, oder Konzentrationsschwäche, sondern er fragt lediglich nach Führung. Alte Hunde, geradeso wie ältere Leute, fangen an, ihre Fähigkeiten zu verlieren, nämlich ihr Gehör und die Sehkraft; es ist ein schleichender Prozeß, der berücksichtigt werden muß.

Sobald die Schafe und der junge Hund sich ihren Enthusiasmus vom Leibe gerannt haben, ist das ‚Spazierengehen' eine großartige Möglichkeit, das Treiben zu verbessern. Mit der Zeit kennt der Hund die umgebende Landschaft ziemlich gut und wird höchstwahrscheinlich die Schafe vorwärtsbringen, sie bei Toren selbständig in Linie bringen. Diese Lektion kann sehr leicht in die alltägliche Arbeit des Hundes eingebaut werden.

Schafe sammeln und treiben.

Treiben gehört zum normalen Tagesablauf eines Hundes.

Eine nützliche Übung, einen jungen Hund zu vervollkommnen der dazu neigt, hinter dem Balancepunkt überzuflankieren, ist, drei Schafe von einer Herde abzutrennen und sie eine geeignete Distanz von den anderen fortzutreiben. Der Trainer sollte dann zuerst in Uhrzeigerrichtung, um die verbliebenen Schafe gehen und dann in Gegenuhrzeigerrichtung, und überläßt es dem Hund, die abgetrennten Schafe ihm entgegenzuhalten. Sollte der Hund den Punkt der Balance infolge Überflankierens verlassen, werden die Schafe versuchen, zur Hauptherde zurück auszubrechen. Es ist überraschend, wie schnell der Hund seine Flankierungstechnik verbessert, nachdem er mehrere Male die Schafe verloren hat.

Quertreiben

Wenn ein Hund das Treiben erstmal gelernt hat, ist es kein großes Problem, ihn das Quertreiben zu lehren. Der Trainer sollte sich in der Mitte des Feldes in Position stellen und dem Hund erlauben, die Schafe im Kreis um ihn herum zu treiben, zuerst zur einen und dann zur anderen Seite, wobei allmählich der Abstand zunimmt, indem man den Kreis vergrößert. Auf dieser Stufe wird man den ‚Komm her zu mir'-Pfiff außerordentlich nützlich finden.

Es ist sehr vorteilhaft, den Hund beim Quertreiben zu ermuntern, mehr zu dir zu kommen, besonders wenn du möchtest, daß er sich schneller bewegt. Beim ‚Fetch', dem Holen, kann dieser Pfiff sehr wirksam benutzt werden, um den Hund schnell die Seiten der Schafe hinunterzuziehen. Er kann ebenso benutzt werden, um den Hund von den Ecken der Herde abzuziehen, wenn er sie in eine andere Richtung wenden soll. Genauso schnell, wie der Hund erkennt, was von ihm erwartet wird, kann der ‚Komm her'-Pfiff anstelle der entsprechenden Flankierungs-Pfiffe dazugegeben werden.

Alle Lektionen müssen regelmäßig wiederholt werden, denn es geschieht durch Wiederholung, daß der Hund geübt wird. Jedoch gibt es immer die glückliche Mitte, und sollte der Hund in irgendeiner Weise widerstreben oder übermüdet sein, laß ihn für ein paar Tage entspannen. Er wird dann so frisch wie ein Gänseblümchen zur Arbeit zurückkehren. Jeden zweiten Tag zu trainieren, ist vollkommen ausreichend, wobei der Hund an seinem freien Tag zu einem Spaziergang, vom Vieh weg, ausgeführt werden kann.

Verursacht durch die Tatsache, daß ein ‚natürlicher' Hund sehr wenig Korrektur vom Trainer benötigt, kann es eine weitere Trialsaison dauern, bis er wirklich gut ist, weil einige ‚natürliche' Hunde einzig mit Instinkt arbeiten, anstatt ihren Verstand zu gebrauchen. Ein entschlossener Hund, der die Schafe härter treibt und dichter an ihnen arbeitet, benötigt eine Menge mehr konzentrierter Anstrengung von seiten des Trainers. Sollte eine schwierige Situation auftreten, sind beide, Mann und Hund, fähig, dieser Sache wegen der besonderen Anstrengungen wirksamer gewachsen zu sein.

Ein Hund mit einer natürlichen Neigung, die Schafe in Linie zu bringen, ist eine nützliche Stütze, besonders beim Quertreiben, weil er die Schafe oft einzig mit dem Kommando ‚Take time' (laß dir Zeit) in gerader Linie auf der Reiseroute halten kann. Das Quertreiben mit einem flankierenden Hund wird mehr durch die Geschicklichkeit des Handlers zustande gebracht, der darauf achten muß, daß der Hund zur rechten Zeit immer am richtigen Platz ist.

Wenn du schließlich nach Monaten sorgfältigen Trainings den Hund arbeiten kannst, ohne die Augen von den Schafen zu nehmen, wenn du ihm vertrauen kannst, daß er weit genug flankiert, in richtiger Geschwindigkeit und richtigem Abstand, im Einklang auch zur leisesten Wendung der Kopfseite der Schafe, wenn der Hund dein verlängerter Arm geworden ist, dann bist du fertig, um in ‚offenen Trials' zu konkurrieren, und er auch.

Zu all den Hütehundetrials im Land zu fahren, ist eine hektische und erschöpfende Sache für alle Beteiligten. Männer und Frauen haben Möglichkeiten, die Kinder und Hunde gewöhnlich nicht haben. Denn nach einem Trial oder mehreren Trials bemühen wir uns, unseren Hunden eine komplette Pause zu gönnen, wohingegen GWB-Junior, falls er die Wahl hätte, sich für einen Tag mit Spaß und Spiel entscheiden würde!

Es muß erwähnt werden, daß das Training eines eifrigen jungen Hundes eine relativ simple Aufgabe ist, verglichen damit, ihn in Form zu halten. Bei dem Wort ‚in Form', meinen wir aufnahmefähig, begeistert und sein ganzes Leben hindurch auf Trialstandard. Es gibt nur einen Weg, dies zu bewerkstelligen und das geschieht, indem man ihn behandelt wie du selbst behandelt werden möchtest, besonders, um sicherzustellen, daß er die notwendige Nahrung bekommt, ein warmes, behagliches Lager hat und nicht bis zum Umfallen arbeiten muß, wobei man daran denken sollte, daß immer nur Arbeit, ohne Spiel, deinen ‚Hans' stumpfsinnig macht!

Einpferchen

Es gibt für einen jungen Hund nichts Seelenzerstörenderes, als immer wieder um einen Pferch herumflankiert zu werden, obwohl es keine Hoffnung gibt, daß er die Schafe jemals hineinbekommen wird. Es sei denn, man nimmt an einem ‚National' oder einer Teamveranstaltung teil, sonst würde ein weiser Hundeführer eher seine Schafe fortbringen, als am Pferch zu beharren. Es gibt eine Menge Gründe, warum Schafe sich weigern, eingepfercht zu werden. Die Hauptgründe sind: Der Pferch ist zu schmal, die Schafe sind in Panik, weil der Hund ihnen auf dem Kurs zu sehr zugesetzt hat, oftmals sind die Schafe auch auf ihrem heimatlichen Boden schlecht gehütet worden, und gelegentlich beharrt der Handler auch darauf, zu nah am Tor des Pferches zu stehen, anstatt sich etwas zurückzustellen. (Einer meiner eigenen zahllosen Fehler!)

Wenn sie erstmal in der Nähe des Pferchtores sind, müssen wilde Schafe in ein Gefühl der Sicherheit eingelullt werden. Dies kann nur von einem gut ausbalancierten Hund zustande gebracht werden, der sich jedesmal, wenn die Schafe versuchen auszubrechen, gut entfernt hält. Sobald die Schafe erkennen, daß der Hund ihnen keinen Schaden zufügen will, aber ihnen auch nicht erlaubt zu entkommen, bleiben sie stehen und beobachten ihn. Dies ist der Moment, den Hund vorsichtig und ruhig auf sie zugehen zu lassen. Sollten die Schafe nochmals ausbrechen, muß der Hund sich unmittelbar zurückziehen, ohne ihnen jedoch das Entkommen zu gestatten, bis sie einsehen, daß die beste Alternative ist, in den Pferch zu gehen!

Das Einpferchen mit einem besonders entschlossenen Hund kann Probleme verursachen, und tut es auch. Er wird dir wahrscheinlich einen großartigen Durchgang verschaffen, bis er die Schafe in die Nähe des Pferchtores bringt, wo er dann prompt alle Anweisungen mißachtet und bestrebt ist, die Schafe ganz alleine mit ein paar schnellen, knappen Wendungen hineinzubringen! Obwohl der Hund zweifellos den Durchgang ruiniert hat, so kann man doch nicht anders, als seine Unabhängigkeit zu bewundern, doch gleichzeitig schämt man sich, weil man seine Hausaufgaben nicht richtig gemacht hat.

Gewöhnlich ist das Resultat des Hundebomdardements eine Zerstreuung der Schafe in alle Richtungen! Blackfaces (welche in der Regel ruhige, schwierige Schafe sind) und Jährlinge aus dem Tiefland sind die einzigen Schafe, die diese Form der Behandlung tolerieren. Wenn man an Jährlingen oder Kreuzungen arbeitet, dann wird man neun von zehn Malen einen Ausbruch haben!

Vom frühen Alter an sollte der entschlossene Hund besonderen Nachhilfeunterricht beim Einpferchen bekommen. Er muß lernen, sich selbst von den Schafen zurückzuwerfen und nur näherzukommen, wenn er dazu aufgefordert wird, und das mit extremer Vorsicht. Das Kommando ‚Zurück' muß entschieden gegeben und ohne Zögern befolgt werden.

Ich hatte nur einmal das Glück, den großen J. M. Wilson zu treffen. Er erzählte mir, daß die Augen der Schafe sich erweitern, wenn sie bereit sind, in den Pferch zu gehen. (Unglücklicherweise gelingt es mir nicht, herauszufinden, ob diese Aussage auf Wahrheit beruht, weil Garry mir nie die Gelegenheit gibt!) Ich habe jedoch schon gesehen, wie sich die Augen von Vögeln erweitert haben, wenn man in beschwichtigendem Tonfall (und im hellen Tageslicht!) zu ihnen sprach. Auf diese Weise habe ich schon Schafe hypnotisiert und konnte sie ohne die Hilfe eines Hundes fangen. Das Geheimnis besteht darin, ihnen niemals ins Auge zu sehen, einfach nur in ruhigem Ton zu ihnen sprechend und Zoll um Zoll sich vorwärtsbewegend, bis man schließlich aufspringt und die Trance durchbricht. (Falls es mißlingt, rechne nicht mit einer zweiten Chance!)

Einige Hütehundeführer sind Meister in der Kunst des Einpferchens und gewinnen das Trial oftmals am Pferch. Nur wenige Männer werden zu dieser Kategorie gerechnet. Ich hatte das Glück, beim Kilmartin Scottish National vor einigen Jahren, neben einem solchen zu sitzen. Die Schafe an diesem besagten Tag waren Blackface-Jährlinge und bei dieser Gelegenheit besonders schwierig. Ich konnte hören, wie ‚der Experte' leise zu sich selbst sprach. Neugierig zu hören, was er sagte, lehnte ich mich näher heran. Er sinnierte über den Hund am Pferch und flüsterte: „Lie down, lie down". Der Hund legte sich gehorsam, und die Schafe wanderten zuversichtlich in den Pferch.

Eine halbe Stunde später, marschierte ich mit Garry auf das saftiggrüne Feld, die Sonne reflektierte blendend auf zahlreichen Windschutzscheiben an der Ostseite des Kurses. Wir hatten einen passablen Durchgang, bis wir zu den letzten Stufen kamen. Nachdem wir die letzten ‚Tore' verpaßt und das ‚Shedding' vollbracht hatten, gingen wir weiter zum Pferch vor, wo ich prompt den Rat des ‚Experten' ignorierte. ‚Auf deine Füße', sagte ich (und zeigte damit mein fehlendes Gefühl für Schafe.) Ich brauche nicht zu sagen, daß ich dort am Pferch keine zweite Chance bekam! (Der Name des ‚Experten'? Jim Gilchrist natürlich!)

Loch pfercht mit mir Schafe ein, in Peebles.

Nursery-Trials

Es gibt viele triftige Argumente, sowohl für und gegen das Konkurrieren mit jungen Hunden bei Nursery-Trials. Einige sagen ‚Nurseries' ruinieren einen jungen Hund. Einen jungen Hund so zu trainieren, daß man von ihm erwarten kann zu gewinnen, wird den Enthusiasmus des Hundes dämpfen. Beim letzten Nursery-Trial der Saison habe ich schon viele gesehen, denen das Lachen vergangen war, und eine hohe Prozentzahl wurde nie wieder auf einem Trialfeld gesehen.

Jedoch vorausgesetzt, der Handler verhält sich richtig, indem er die vorhandenen Möglichkeiten zum Nutzen des Hundes gebraucht und nicht für sich selbst, d. h. dem Hund Zuversicht und wertvolle Erfahrung gibt, um ihn für die Offenen Trials vorzubereiten, dann kann ich nichts Schlechtes an Nursery-Trials finden. Örtliche Nurseries in Schottland erlauben, daß Hunde, die am ersten Oktober unter 2 1/2 Jahre alt sind, teilnehmen dürfen. Beginnend im Oktober, sofern das Wetter es erlaubt, werden gewöhnlich mehrere Trials an verschiedenen Treffpunkten der Region veranstaltet. Am Ende der Saison rücken die fünf höchstplazierten Hunde jeder Region zum Nursery-Finale, das im März stattfindet, vor.

Damit der junge Hund eine Einführung bekommt, bei der er Vertrauen in die Kunst des Triallings gewinnt, muß über die Konstruktion des Kurses gut nachgedacht werden. Eine gute Idee ist es, ein Ballen süßen Heus neben den ‚Lifting-Post' (der nach Möglichkeit weiß angestrichen sein sollte) zu legen. Dies ermuntert die Schafe dort, auch ohne die Anwesenheit eines Mannes mit Hund stehenzubleiben. Je weniger der Junghund abgelenkt wird, um so besser ist es. Der Pferch, in dem sich die ganze Herde befindet, sollte vor der Sicht des Hundes gut versteckt sein, und der ‚Outrun' sollte nicht 200 Meter überschreiten, wobei man mit vorschreitender Saison die Entfernung allmählich verlängern kann.

Bei seinen ersten Trials kann ein intelligenter junger Hund, wenn er gefragt wird, ob er seine Schafe sehen kann, erregt oder auch verwirrt werden. Der Grund ist der (natürlich!), daß er sie gesehen hat und denkt, daß da noch andere sein müssen, die er nicht sehen kann. Sollte diese Situation eintreten, versuche ihn zu der passenden Flanke hinauszusenden, ohne ihn zu fragen, ob er Schafe sieht.

Bei örtlichen Nursery-Trials wird auf die Fetch-Gatter verzichtet, um den Hunden die Möglichkeit zu geben, ihre Schafe mit so wenig Kommandos wie möglich zu holen und in Linie zu bringen. Ich denke sogar, daß die Fetch-Gatter bei jedem Trial unnötig sind. Angenommen, ein Hund muß draußen auf einem Hügel flankieren, um die Schafe zusammenzubringen, obwohl ein tauglicher Hund fähig sein muß, dies praktisch ohne Hilfe zustande zu bringen, denn er wird viel glücklicher sein, wenn er dies für einen triftigen Grund tun kann. Wenn man einen Hund herumwirft, hier und dort und sonstwohin, während er versucht, die Schafe zu dir zu bringen, dann wird dies nicht nur seinem natürlichen Instinkt zuwider sein, sondern auch seine Initiative und Begeisterung dämpfen. Ein durchschnittlicher Trialkurs ist bei weitem zu kurz für den Gebrauch von Fetch-Gattern, was irgendeinem praktischen Zweck dienen könnte. Wilde Schafe werden schon vorher von dem Schäfer, der sie herausläßt, beunruhigt, und es ist erforderlich, daß er sie dort am Pfosten hält — eine Kunst, die nur wenige beherrschen, auch bei braven Schafen.

Nursery-Trials? Der lange und der kurze Typ.

Ohne ‚Fetch-Gatter' können die Schafe von jeder Position aufgenommen werden, mit weniger Anlaß zur Besorgnis seitens des Hundeführers.

Der ‚leichte' Hundetyp würde sehr schnell geübter, wenn er am Anfang seines ‚Laufes' nicht überkommandiert würde. Ein Handler, dessen Ansichten ich normalerweise respektiere, außer in dieser Streitfrage, argumentiert, daß von einem Hund zu Hause auch erwartet wird, auf Kommando zu flankieren, während er in der Ferne Schafe holt und sie durch Tore treibt. Er versteht diesen Punkt überhaupt nicht. Ein Hund mit ein bißchen Verstand (falls er ihn gebrauchen darf) lernt schnell, wo sich all die Gatter befinden, und ist in der Lage, die Schafe selbständig durch diese hindurchzubringen — was eine relativ einfache Aufgabe in einem Feld mit einem Zaun an beiden Seiten des Gatters ist!

Von den Fetch-Gattern kommen wir jetzt zum Startpfosten, der am besten so postiert werden sollte, daß er sich ein Stück weit vom Wagen des Richters befindet, damit man genügend Raum hat, um die Schafe hinter dem Hundeführer zu wenden. Ein großer Pferch ist zu besorgen, um die Schafe hineinzubekommen, und ausreichende Zeit muß vorhanden sein, um jedem jungen Hund eine gute Chance zum Einpferchen und Vollenden des Kurses zu geben.

Beim Shed können irgendwelche zwei Schafe (egal zu welcher Seite sie sehen) abgetrennt werden. Sehr zum Vergnügen der Zuschauer und Mitstreiter endet dies manchmal

Geoff Jr. hütet Enten.

damit, daß der Handler das Abtrennen ausführt und in die eine Richtung spaziert, während der Hund die ,letzten' zwei Schafe in die andere treibt!

Es ist beinahe unmöglich, die Vorzüge eines jungen Hundes bei einer Vorführung zu beurteilen. Beständigkeit über einen längeren Zeitraum ist das, was zählt. Bei einem Trial wird man Zuschauer begeistert ausrufen hören: ,,Das ist der beste junge Hund, den ich je gesehen habe!" Bei der nächsten Veranstaltung haben sie vielleicht einen vollständigen Sinneswandel durchgemacht und machen exakt die gleiche Feststellung über einen vollkommen anderen Hund. Es gibt nur einen, der den Hund wirklich kennt, und diese Person ist sein Besitzer. Über lange Zeit ist es oft der Hund, welcher die meiste Kritik einstecken muß, der am Ende als bester der Gruppe dasteht.

Falls du einen Hund hast, der in den Medien vorteilhaft oder auch anders besprochen wurde, dann ist es oft ein nützlicher Hund. Nicht das, was ein junger Hund erreichen kann, ist wichtig; es ist die Art, wie er die Dinge angeht! Unter bestimmten Umständen ist es klüger, schlechte Charakterzüge zu erlauben, so daß man am Ende die Möglichkeit hat, sie zu unterbinden. Wir sollten alle erkennen, daß, falls wir bereit sind zu lernen, jeder Hund, den wir besitzen, uns etwas Neues lehrt, was uns beim Training und Handling unserer zukünftigen Hunde von Nutzen sein wird.

Kapitel 12

Border-Collie-Trials

Furcht vor Gewehren

Selbst wenn die meisten Border Collies in ähnlichen Umgebungen aufwachsen, so wächst ein kleiner Prozentsatz heran, der flintenscheu ist. Dies kann einem Handler zu entschiedenem Nachteil geraten, wenn er seinen Hund bei einem Trial arbeitet, wo in der Nähe gejagt oder Tontaubenschießen geübt wird.

Das Wesen eines Hundes läßt nicht erkennen, ob er eine Furcht vor Flintenschüssen oder ähnlicher Knallerei hat. Wir haben beide Typen, ängstliche und freche Hunde besessen, die flintenscheu waren. Jan zitterte vor Furcht und hatte solche Angst vor Flinten-

schüssen, daß wir sie in den Wagen sperren und eine Kassette mit voller Lautstärke abspielen mußten (aber nicht die 1812 Overtüre!)

Vor ein paar Jahren, während wir bei einem Trial in South Shields an der rauhen Ostküste waren, explodierte draußen in der Nordsee, nicht weit von der Küste, eine Mine, während Jans Lauf. Nach dem lauten Knall bebte der Boden. Instinktiv warfen sich Jan, ich mich selbst und die weniger mutigen der zahllosen Zuschauer vor Angst flach auf den Boden! Obwohl die mutige, kleine Jan bei ihren Schützlingen blieb, war es unmöglich, den Lauf zu retten, der bis dahin klar auf Siegeskurs lag. Das gleiche passierte bei der Yetholm-Border-Shepherd's-Show, nur war es diesmal eine Startpistole auf einem Sportplatz, die sich als ‚Täter' erwies und Jan auf den zweiten Platz verwies.

Autofahren

Ich habe viele Hunde gekannt, die sich schlankweg weigerten, in der Enge eines Autos zu reisen. Die gleichen Hunde würden aber voller Freude in irgendeinen offenen Kofferraum springen. Offensichtlich ziehen sie Ruhe und Dunkelheit der Aussicht und dem Lärm des rumpelnden Verkehrs vor. Vorausgesetzt, der Hund ist im Kofferraum eines Autos glücklich und zufrieden, und es gibt hinreichend frische Luft, dann denke ich nicht, daß diese Art des Reisens grausam ist. Andererseits ist es nicht nur fürchterlich grausam, an einem kochend heißen Tag einen Hund im Kofferraum endlose Stunden lang einzusperren, sondern auch tollkühn. Es gibt keinen Zweifel, daß Border Collies bei dieser Art der Behandlung krepiert sind und einen Besitzer zurückgelassen haben, der leider erst hinterher klüger war!

Wir fahren immer in einem Kombiwagen, hauptsächlich weil er praktisch ist, denn man kann ihn für mehr als nur den Hundetransport benutzen! Ein weißes Auto ist vorzuziehen, weil Weiß die Sonne reflektiert. Wenn man einen Wagen erwerben will, der auch für den Hundetransport geeignet ist, dann ist es ratsam, einen mit einem steilen Rückfenster zu kaufen. Bei heißem Sonnenschein, der durch geneigte Fenster auf die Hunde niederschlägt, ist die Fahrt wie in einem Ofen. Es ist überraschend, wie viele Designer von Kombiwagen dies nicht in Betracht ziehen, obwohl ihnen oft versichert wurde, daß sensible Hundebesitzer eine andere Machart kaufen als das, was sie vorziehen.

Es ist immer ratsam, den Wagen im Schatten zu parken. Falls andere die Schattenplätze schon besetzt haben, wird es genügen, wenn man eine Decke über das Fenster hängt. Einem ‚erhitzten Hund' sollte man nach seinem Lauf nur eine geringe Menge Wasser geben; wenn er sich dann abgekühlt hat, darf er seinen Durst löschen. Es ist nicht ratsam, ihm vor seinem Lauf Wasser zu geben, aus einleuchtenden Gründen!

Einige Tips für die Trials

Trialschafe, die mit ruhiger Umsicht und Überlegung am ‚letting out pen' (dem Pferch, in dem die ganze Herde bereitsteht) behandelt werden, benehmen sich leidlich gut auf dem Kurs, verglichen mit Schafen, die grob und laut behandelt wurden. Wenn der ‚letting out pen' anfängt, sich zu leeren, werden die wenigen verbliebenen Schafe unweigerlich beunruhigt und argwöhnisch, womit der Unfug dann anfängt.

Regen läßt die Schafe oftmals ruhiger werden, wohingegen der Wind sie erregt. Eine Mischung von heißer Sonne und lästigen Fliegen läßt sie in den Schatten rennen! Oftmals sind die ersten und letzten Schafe des Tages die, die sich am leichtesten dirigieren lassen. Es gibt aber eine Ausnahme zu dieser Regel in Gestalt von Jährlingen, die (so glaube ich inzwischen) am Abend frischer werden!

Auf einem durchschnittlich großen Trialkurs kann der Hund die Schafe besser sehen und korrekt sammeln, wenn der Handler mit ihm in gerader Linie zum Startpfosten von der Rückseite des Richterwagens aus auf den Kurs geht. Auf einem großen International-Kurs ist es für den Hund hilfreich, wenn du ihn schräg von der entgegengesetzten Seite, zu der er zu seinen Schafen hinausgeschickt werden soll, auf das Feld führst. Auf diesem Wege sollte seine Nase in die richtige Richtung zu einem weiten Outrun zeigen.

Es ist immer vernünftig, den Trialkurs sorgfältig zu studieren und sich so viele Läufe wie möglich anzusehen, bevor man selbst an die Reihe kommt, um das Benehmen der Schafe und die Taktiken (besonders der ‚Spitzen'-Handler) zu studieren, obwohl, sie nachzuahmen, ergibt oft eine weitere schöne Bescherung! Eher oft werden von einem guten Richter weniger Punkte für das Verfehlen von Gattern abgezogen, als es für das Herumjagen und Kämpfen, um sie hindurchzubekommen, getan wird.

Kürzlich erschien in Sheila Grews wunderbarer, kleiner Zeitschrift ‚Working Sheep Dog News' ein Brief von einem schwedischen Trialisten, der Rat suchte, wie er seine Nerven beruhigen könnte, weil diese eine ernsthafte Auswirkung auf seine Fähigkeit hätten, den Hund vor den Augen anderer Konkurrenten zu führen. Die Psychologen sagen uns, daß die Reflexe einer leicht nervösen Person viel besser sind als von jemandem, der sich in einer entspannten Gemütsverfassung befindet. Jedoch, ein Handler, der total versteinert ist, überträgt seine Furcht auf den Hund, der, wie ich glaube, wegen seiner primitiven Instinkte wirklich die Erschütterung, die sein Herr fühlt, riechen kann und dadurch unvorteilhaft reagiert. Espinar sagte 1644: ‚Rebhühner liegen dem Hund viel besser, der sie nicht durch Geruch der Fußabdrücke sondern durch Körpergeruch findet und seinen Abstand an ihrer Zahmheit oder Wildheit mißt, denn er weiß durch den Körpergeruch, ob sie ruhelos oder friedlich sind.'

Mit einem Hund in einer Team-Veranstaltung zu starten, ist immer nervenaufreibend, wegen der Tatsache, daß da immer das Problem ist, man könnte seine Mannschaft enttäuschen. Als ich für Schottland startete und mir die Sache nicht gelang, wollte ich schon den Kurs verlassen und aufgeben, wurde jedoch schnell wieder von erzürnten Teamkameraden zurückgejagt. Weil ich bei dieser Gelegenheit furchtbar nervös war, vergaß ich vollständig, daß meine Punkte, egal wie wenig es waren, immer noch für das Team zählten.

Ich habe erfahren, daß ein starker, entschlossener Hund, wenn man sich erstmal draußen auf dem Kurs befindet, einen selbst so in Atem hält, daß man seine Nerven ganz vergißt. Wenn man mit einem trägen, leichtführigen Hundetyp arbeitet, merkt man zu deutlich, was vor sich geht und was da um einen her gesprochen wird. Ich glaube, daß ein nervöser Handler, der seine Nerven nicht zusammenreißen kann, versehentlich seinen Hund enttäuscht, und in dem Falle sollte er eher daran denken als an einen Wettkampf.

Wenn du jemals für deinen Hund oder für deine Führungsfähigkeiten Komplimente bekommst, dann ist es klug, daran zu denken, daß man innerhalb der Trialling-Gilde in einer Saison landauf, landab gepriesen werden kann und in der nächsten total vergessen ist! Es ist sehr leicht zu gleuben, daß die Fehler deines Hundes praktisch nicht existieren, aber sehr töricht, anzunehmen, daß es sowas wie Perfektion überhaupt nicht gibt. Alle Hunde haben Fehler, doch man hofft immer, daß diese mit zunehmendem Alter und Erfahrung weniger werden — wie die Fehler ihrer Handler. Der sensible Hund entwickelt mehr Selbstvertrauen, der schwache Hund erwirbt hinreichend Stärke, um durchzuhalten, und der sehr entschlossene Hund (vorausgesetzt er hat einen geduldigen Handler) wird in neun von zehn Fällen genügend Gefühl für die Schafe erlangen.

Wenn Hunde fortlaufen

Während der Trialsaison, kann es gelegentlich vorkommen, daß ein gedankenloser Schäfer, nachdem er die meiste Zeit des Tages im Bierzelt verbracht hat, ohne seinen Hund losfährt. Einer dieser ‚Gentleman' kehrte am folgenden Tag zurück, um den ‚besten Freund des Menschen' zu suchen, der geduldig auf seine Rückkehr wartete. Dieser Schäfer konnte sich glücklich schätzen, einen solch klugen und treuen Gefährten zu haben. (Der Hund hatte ohne Zweifel schon alles vorausgesehen!)

Einige Hunde, wenn sie verlorengingen oder im Stich gelassen wurden, werden sich auf den Weg nach Hause machen, wobei sie fast immer in einem großen Bogen hinausziehen. (Wie lange es dauert, bis sie wieder zu dem Fleck zurückkommen, von dem sie losgelaufen sind, hängt davon ab, wie weit sie gefahren sind oder wie weit sie laufen können!) Wenn zwei oder mehr Hunde sich zusammentun, dann ist es immer möglich, daß sie Schafe belästigen, besonders, wenn es junge Hunde sind oder wenn ein Terrier mit im Spiel ist.

Ein alleingelassener Hund wird gelegentlich in aller Einfalt ein paar Schafe aufnehmen, und in dem Bestreben, sie zu seinem Herrn zu bringen, kann er an ein Hindernis in Form einer Steinmauer oder eines Zaunes gelangen. Es ist jedem Vernünftigdenkenden klar, daß er bei seinem Beharren, die Schafe in Bewegung zu halten, aufgeregt werden kann und anfängt, sie an der Kehle zu packen, schließlich lähmen oder sogar einige von ihnen töten kann.

Wenn ein Hund verlorengeht, dann muß sein Besitzer alles in seiner Macht Stehende tun, um sein Verbleiben so schnell wie möglich herauszufinden. Vor einer Anzahl Jahren entkamen die zwei jungen Border Collies eines Farmers und würgten einige frei herumlaufende Hähnchen, die zu Weihnachten gemästet werden sollten. Als ihr Herr das Unglück entdeckte, eilte er ins Haus, um seine Flinte zu holen. Die Hunde hatten Glück, denn das Telefon läutete, und er hatte ein Gespräch von 15 Minuten Dauer. Inzwischen hatte der erzürnte Farmer sich wieder beruhigt und entschloß sich, die Exekution bis zum folgenden Tag aufzuschieben. Er brachte es aber nicht mehr fertig, Bill und Ben zu erschießen, womit er sich selbst für ihr ‚Entkommen' blamiert hätte. Als Gegenleistung entwickelten sie sich zu den besten Arbeitshunden, die er je besessen hatte!

Kapitel 13

Zwei bemerkenswerte Hunde

Nachdem ich jetzt ausführlich beschrieben habe, wie man den idealen Border Collie trainieren sollte, möchte ich nun an zwei Hunde besonders erinnern.

Don

Im Februar 1930 verlieh Christopher Graham, ein Farmer von Nab Hill in der Grafschaft von Northumberland, den stilvollen, langhaarigen Collie Don an seinen Bruder Bill, der damals oberhalb Edinburgh an der Nordseite des Firth of Forth Schafe hütete. Bill Graham fuhr mit Don im Zug nach Hause, und weil er dachte, daß der Hund bleiben würde, ließ er ihn frei. Jedoch weil er ein Collie von seltener und außergewöhnlicher Intelligenz war, verschwendete Don keine Zeit, sondern machte sich auf den Weg zu seinem geliebten Herrn, Christopher, bei Nab Hill, etwa 70 Meilen (110 km) im Süden.

COLLIE'S 70-MILE TREK TO HOME

Don, a collie belonging to Mr C. Graham, Nab Hill Farm, on the Northumberland border, which trotted home five days after being sold to a man in Edinburgh. The distance is over 70 miles.

Don, der über 70 Meilen zurück zu seinem Besitzer lief.

Bis zum heutigen Tage weiß keiner, ob der großartige Hund, als er den Firth (Meeresarm) erreichte, in das eisige Wasser sprang, gegen den starken und gefährlichen Strom anschwimmend, oder ob er das Glück hatte, einen weniger mühsamen Weg über eine der Brücken zu finden. Nach fünf langen Tagen und kalten Nächten wanderte dieser treue und wirklich mutige Collie erschöpft, hungrig und lahm in den Hof bei Nab Hill, wo es ein ungestümes Willkommen gab und er prompt zum Lokalhelden ernannt wurde. Seine Geschichte wurde sowohl in der örtlichen Presse als auch in überregionalen Zeitungen beschrieben. Es ist unnötig zu sagen, daß Don und Christopher unzertrennliche Kameraden wurden, bis Don im reifen Alter in seinem geliebten Heim friedlich starb.

Rechts: *Meine Tante, Schwester Lucy.*

Unten: *… und ihre Namensschwester.*

Lucy

Während ich dies schreibe, ist Lucy gerade der neueste Zuwachs unserer immer größer werdenden Familie. Es gibt viele amüsante Aspekte ihres Charakters, die es schwierig machen, sie mit annähernder Genauigkeit zu beschreiben. Hauptsächlich wegen ihrer überenthusiastischen Natur (und das ist noch milde ausgedrückt!) habe ich bereits damit begonnen, sie für die Arbeit zu trainieren, obwohl sie erst acht Monate alt ist. Vorausgesetzt, ich überfordere sie nicht oder zwänge ihr keinen besonderen Stil auf, und weil ja eine durchschnittliche Hündin früher erwachsen wird als ein Rüde, hoffe ich, daß sie zur ‚Lammzeit' schon leidlich gut geht. Ich muß gestehen, daß ich sehr neugierig bin, wie dieser Welpe mit seinen lustigen, kleinen Eigenarten sich entwickeln wird.

Man mag sich fragen, warum ich dies Bündel ausgelassener Vitalität ‚Lucy' genannt habe. Nun, ich habe einige triftige Gründe, hauptsächlich in Form einer liebenswerten und gütigen Tante des gleichen Namens. Sie ist die Schwester meiner Mutter und die Jüngste in einer Familie mit fünf Kindern (drei Mädchen und zwei Jungen), die meine Großmutter mütterlicherseits zur Welt brachte — sie ist die andere Lucy! Da sind ganz bestimmte Ähnlichkeiten zwischen Tante Lucy und der vierbeinigen. Hauptsächlich besitzen sie aber beide einen entzückenden Sinn für Humor, sind dauernd in Bewegung, helfen, wo sie können (und deshalb haben beide einen gesunden Appetit!) Ich sollte auch geheimnisvoll hinzufügen, daß beide hübsch gezeichnet sind, mit einem traditionell vollen weißen Halsband!

Tante Lucy liebt das Landleben und genießt ihre Besuche vollkommen, wann immer ihr ‚Beruf' (sie ist eine Nonne) es erlaubt. Kinder und Welpen gleichermaßen lieben ihre Gesellschaft. Besonders Welpen finden sie unwiderstehlich, sie folgen ihr überallhin. Wenn sie in der Nähe ist, existiert in ihren Augen nichts und niemand sonst. Ihre Erklärung dafür ist, daß die Welpen denken, sie ähnele einer ‚Hütehund-Mutter'!

Lucys Arbeit führt sie beständig nach Übersee, jedoch bringt sie es fertig, hier bei uns in Swindon während der Sommermonate einige Zeit zu verbringen. ‚Ihre Welpen' schmachten immer danach, ihre Bekanntschaft zu machen!

Welpe Lucy erschien passend am Tag vor dem Penton-Sheepdog-Trial auf der Szene. Ich sage passend, weil wir zwei Fliegen mit einer Klappe schlagen konnten, indem wir an einem Tag unsere Hunde starten und auch die ‚neuen' Welpen besuchen konnten. Es waren fünf an der Zahl — vier niedliche Hündinnen und ein hübsch gezeichneter Rüde. Lange bevor die Welpen geboren wurden, hatte ich mir Lucy schon in Gedanken vorgestellt und hatte folglich auch keine Schwierigkeiten bei der Entscheidung, welchen Welpen ich wählen sollte.

Midge, Lucys Mutter, ist eine muntere, spitzohrige Hündin mit einer hübschen langen Schnauze. Glen ist Midges Vater und ein Wurfbruder zu unserer Jed und Trim. Midges Mutter war Jean, eine fast schwarze Hündin. Traurigerweise starb sie letztes Jahr, nachdem sie eine ungeheure Arbeiterin war und ein Leben bis ins hohe Alter hatte. Sie hatte auch eine Menge von Bob Frasers ‚Mindrum'-Blut, das in ihren Adern floß (plus einer Spritze Welsh!)

Ursprünglich hatten wir gehofft, Midge mit Garry paaren zu können, doch er täuschte ‚Kopfschmerzen' vor, so daß die Gelegenheit, Vater von Midges Nachkommen zu werden, seinem Sohn, dem ‚bereiten, willigen und extrem fähigen' Loch gegeben wurde, der nach neun Wochen mit den Früchten seiner Arbeit angemessen belohnt wurde! Der Rüdenwelpe verblieb bei dem Züchter, und die drei Hündinnen gingen zu Bauernhöfen, während Lucy mit nach Swindon kam! Im Alter von drei Monaten hatten alle Würfe von Midge angefangen zu arbeiten.

Mit sieben Wochen war ‚unsere' Lucy flaumig, fett und spaßig. Sie war außerdem extrem hübsch, mit einer traditionell vollen weißen Halskrause und Blesse, weißer Brust und Vorderbeinen und einer Prise Braun an Wangen und Hacken. Ein ziemlich ungewöhnliches Merkmal, schon fast wieder verschwunden, ist eine Streuung von silbernen Haaren, die sich mit den schwarzen an ihren Hinterbacken vermischen. Ihr Fell ist außergewöhnlich seidig und dicht, nicht unähnlich dem ihrer Ur-Ur-Großmutter Meg. Lucys Ohren, große, baumelnde Anhängsel, waren in ihrer Welpenzeit ihr schlimmster Bestandteil. Sie waren wirklich enorm, ähnelten eher denen des Cartoon-Baby-Elefanten ‚Dumbo'. Glücklicherweise dauerte es nicht allzu lange, bis sie in ihre Ohren hineinwuchs.

Lucy ist meiner Meinung nach zum Teil ‚eng gezogen'. Linienzucht funktioniert, wenn das Blut vier oder fünf Generationen zurück ähnlich ist, wunderbar, vorausgesetzt, die Vorfahren sind in sich gesund gewesen, doch ‚Inzucht' ergibt oftmals ein ‚heißes' aufgeregtes Temperament, das in den meisten Nachkommen erscheint. Unsere Idee war, eine Zuchthündin zu produzieren, die zwei Kreuzungen mit unserer ‚alten Meg' im Pedigree haben würde, und dies, Dank sei Loch und Midge, ist uns gelungen.

Bei ihrer Ankunft reagierte Lucy schon glücklich auf ihren Namen. Autofahrten sind ihre Vorstellung vom Himmel auf Erden, je länger die Reise, desto breiter ihr Lächeln! (Obwohl es keiner Überredungskunst bedarf, sie in den Wagen zu bekommen, desto mehr Geduld muß man aufbringen, um sie zu überreden, herauszukommen!) Harmlose Enten, kreischende Hühner, sogar Katzen — in der Tat alles, was sich nur bewegt — wird stilvoll und unablässig von Lucy bearbeitet, und wehe der Kreatur, die versucht, in Deckung zu flüchten.

Im zarten Alter von 11 Wochen hatte Lucy keine Mühe, ein 70 Pfund schweres Schaf zu fangen und den Hügel hinaufzutreiben, mit unglaublicher Eleganz und Wirksamkeit (ein extrem nützlicher Zug, wenn flüchtige Cheviot-Jährlinge lammen, was zweifellos von ihrer Urgroßmutter Jed ererbt wurde.)

Lucy

Lucy tut, was sie tun muß!

An Waschtagen wurde Lucy im Zwinger eingesperrt — die Ansicht der sich dauernd bewegenden Kleider, die sich in der automatischen Waschmaschine drehten, peinigte sie unerträglich. Sie stand in ‚klassischer Pose', die Maschine im Auge, bevor sie dazu überging, sie aus verschiedenen Winkeln aus anzuschleichen, bis sie sie schließlich, unfähig, ihren Überschwang zu bremsen und mit einem Hang zum Zerstören, angriff und so mit der Glastür kollidierte, daß man es nur mit ‚biff, bang und plumps' beschreiben kann! Deshalb, weil ich um ihre Sicherheit und meinen gesunden Verstand besorgt bin, muß ich sie jetzt aus der Küche verbannen — aber nur an Waschtagen!

Während jeder freien Minute nimmt Lucy außerdem das Hühnerhaus ins ‚Auge', indem sie mit erhobener Vorderpfote dort steht und verzweifelt darauf hofft, daß eine Henne geruht, am Fenster vorbeizukommen und ihre verschwommene Silhouette hinter dem verstaubten Eisglas zeigt. Während ich mich bemühe, das abgescheuerte Band zu lösen (das einzige, was Meister Reineke vom Verschlingen der Enten abhält), zieht Lucy ungeduldig daran, begierig, ihre Augen auf die Bewohner anzusetzen.

‚Wir' statten einer Mutterschafherde regelmäßig einen Besuch ab. Klein-Lucy liebt nichts mehr, als sich hinter sie zu verdrücken, und ‚treibt' sie oft ganz selbständig ein Stück weit. Sehr zu meiner Erleichterung läuft sie gelegentlich um die Herde herum. Einem Hund, der nur versucht zu treiben, ist das Sammeln oft schwieriger beizubringen. Manchmal jagt und greift sie die Schafe, wofür sie behutsam gescholten werden muß, denn ich möchte einen so jungen Hund, im Glauben, daß diese Gewohnheit ihn schließlich verlassen wird, nicht kränken.

Ohne Zweifel hat Lucy, wie alle anderen Hunde, ihre Fehler. Einige erheben ihre Köpfe schon früh, andere ruhen so lange, bis eine passende Gelegenheit auftaucht. Wie auch ihre Fehler sein mögen — unser Herrgott hat einen großen Tiergarten. (Das ist auch meine Entschuldigung, zu der ich stehe!) Anders als viele Youngster macht Lucy zur Bettzeit keinen Ärger. Sie trottet immer willig in ihren Zwinger (wahrscheinlich mehr als bereit, Schäfchen zu zählen?) Für ein paar Augenblicke steht sie da, mich mit fragendem Ausdruck prüfend, bis ich ihr eine gute Nacht wünsche und leise die Tür schließe.

Kapitel 14

Schafe — was würden wir ohne sie tun?

Ich möchte diese Gelegenheit gerne noch nutzen, um den anspruchslosen Schafen zu huldigen. Wir schulden diesen furchtsamen, harmlosen Kreaturen viel mehr, als man allgemein denkt, und machen uns manchmal auch schuldig, sie zu mißbrauchen. Vielleicht sollten wir ihnen dankbarer sein, wenn wir daran denken, daß ohne sie der Schäfer keine Daseinsberechtigung mehr hätte, der Border Collie anderen Zwecken zugeführt würde als denen, für die er ursprünglich gezüchtet wurde, und Hütehundetrials Vergangenheit sein würden. Nachdem ich eine Schäferin sowohl für Koppelhaltung als auch draußen auf dem offenen Hügel war, beschäftigt mich der Gedanke, welche Art des ‚Hütens' für den Menschen am leichtesten ist und den Schafen am wenigsten Streß zufügt.

Es ist auf den Hügeln und offenen Ebenen, wo Schafe und gleichermaßen auch die Menschen Ruhe und Zufriedenheit finden. Es ist eine natürliche Landschaftsform mit felsenübersäten Äckern voller Farn, Heidekraut, riesigen Grasbüscheln und Mulden, in denen sie geschützt und warm liegen, wenn sie sich vor dem Sturm schützen. Doch die Menschen beharren in ihrem Vorgehen gegen die Natur, Kerkern die armen Schafe in

kalte, öde Felder und auf nasse und schlammige Rübenböden, wo es nur wenig oder gar keinen Schutz gibt, schaffen sich selbst viel Arbeit damit und ihnen eine Menge Elend.

Die natürlichen Instinkte des Schafes sagen ihm, wenn es Nacht wird, zum höchsten Aussichtspunkt zu gehen, wo es unter den Sternen auf trockenem Boden zufrieden liegen kann, und wo es vor den Räubern, die vor langer Zeit das Land durchstreiften, sicher ist. Zur Morgendämmerung setzt es sich selbst wieder zu den tieferen Regionen in Bewegung, wo die süßeren Gräser wachsen.

Wenn man Hügelschafe von oben aus beobachtet, kann man oft sehen, wie sie in einer ‚sicheren' Hufeisenform rasten und grasen, so daß sie sich in einer Position befinden, aus der sie die Annäherung von Raubzeug sehen können — ‚alte Gewohnheiten sterben langsam'. Ich bin oft Zeuge der zärtlichen Liebe und Fürsorge geworden, die ein Mutterschaf mit leisem Gemurmel über ihr neugeborenes Lamm verschwendet, und fühlte mich selbst als menschliche Mutter unvollkommen, und mehr als einmal habe ich hilflos neben einem sterbenden Mutterschaf gestanden, um ein Hinterbein zu heben, damit ihr kostbarer Abkömmling ein paar Tropfen Milch aus ihrem schlaffen, welken Euter trinken konnte.

Von Natur aus sind Schafe sanfte Kreaturen, die nur den einen Wunsch haben, in Ruhe gelassen zu werden, um sich zu versammeln und in Familiengruppen, zu denen auch Urgroßmütter und andere nahe Verwandte gehören können, gemeinsam zu grasen. Fälschlicherweise denkt man, daß Schafe dumme Kreaturen sind. Dies ist von der Wahrheit weit entfernt. Wenn man sie freundlich behandelt und ihnen Zeit läßt, ihre Gedanken zu sammeln, dann sind sie fähig, genau wie irgend ein anderes Tier, große Klugheit zu zeigen.

Ein Mutterschaf ist normalerweise fügsam, doch wenn die Sicherheit seines Lammes in irgendeiner Weise bedroht ist, kann es schnell reagieren, ähnlich wie ein bösartiger Bulle — schnaufend, stampfend, Boden und Luft mit scharfem Vorderfuß scharrend. Wenn alles nicht hilft, den Widersacher abzuwehren, wird es angreifen, den Kopf gesenkt, eher gewillt, sein eigenes Leben zu opfern als das seines Lammes. Mutterschafe hat man auch schon dabei beobachtet, wie sie mit ihren scharfen Spalthufen Nattern getötet haben, sie zu Brei zermatschten, sofern diese als Bedrohung für das Lamm angesehen wurden. Natürlich gibt es immer die Ausnahme von der Regel. Im Falle eines Mutterschafes ist es gewöhnlich der ‚schlechte Melker' der sich auch als schlechte Mutter erweist. Der Grund, warum sie schnell im Sonnenuntergang verschwindet (beim Erscheinen des Schäfers mit seinem Hund), gewöhnlich ohne ihr Kind, ist vielleicht, weil sie selbst weiß, daß sie ihr Lamm nicht mit der erforderlichen Nahrung versorgen kann.

Wilden, jungen Hügelschafen, oder ‚Jährlingen', die ihr erstes Mutterschaftsjahr haben und noch nicht so erfahren sind wie die älteren Matronen, muß man sich mit Vorsicht nähern, sonst sind sie fähig ‚abzuhauen', gewöhnlich, nachdem sie zuerst einen schrillen, warnenden Pfiff durch ihre aufgeblähten Nüstern ausgestoßen haben! Es gibt nichts Vergleichbares zu dem verzweifelten Gefühl, das ein Schäfer erfährt, wenn er ein ‚kopfloses' Schaf beobachtet, welches sich bemüht, seinen Weg aus einer ‚Hunde'-Situation herauszutäuschen und sich geschwind zu frischen Weiden auf den Weg macht. Einen erfahrenen und deshalb widerstrebenden Border Collie in ‚heißer Verfolgung' hinterherzuschicken, läßt es nur noch schneller kopflos wegspringen!

Lammen im Sturm

Ich werde den Sturm von April 1981 nie vergessen. Ernest Crisp hatte mich immer gewarnt, wenigstens zwei schlimme Tage während der Lammzeit zu erwarten; einer davon ist der ‚Kiebitz-Sturm', der andere der ‚Sturm des Brachvogels'. Der Sturm von 1981 geht als der schlimmste in meine Lebenserinnerung ein. Innerhalb weniger Stunden waren alle bekannten Landmarkierungen vollständig von einem riesigen Mantel aus wogendem Weiß bedeckt, welchen der strenge Südostwind rasch zu tiefen und gefährlichen Schneewehen zusammenpeitschte.

Ich erinnere mich, wie ich in den frühen Morgenstunden in einer Art lautloser Stille und reiner Pracht, die alles, was jenseits der Bettdecke lag, erleuchtete (die nicht so lang war, daß sie meine Nasenspitze vor der kalten Luft schützen konnte). Schläfrig und halbwach nahm ich langsam das schwache Stöhnen wahr, das nur der schneebeladene Wind, der von den Höhen der Cheviots herunter durch das Tal fegt, machen kann, wenn er seinen Weg unter der Dachtraufe durchzwingt. Etwas mußte nicht in Ordnung sein: es war jetzt April! Wieso? Erst gestern hatte mich der Abendchor der Vögel vom Sommer und der Freude an meinen Hunden und perfekten Schafen auf einem samtweichen Kurs träumen lassen.

Plötzlich hellwach, hüpfte ich aus meinem warmen Kokon und lief hastig zum Fenster hinüber, wo nur ein flüchtiger Blick ausreichte, um mich in Panik zu bringen. Ich griff nach meiner Kleidung, meine Gedanken voller Sorge um die lammenden Mutterschafe oben auf der öden, entblößten Hügelspitze. Wahrscheinlich versuchten sie, an der windstillen Seite der Trockensteinmauer Schutz zu finden, welche, so wie der Wind wehte, für sie nur eine Todesfalle sein konnte.

Zehn Minuten später, warm gekleidet, mit meinen unruhigen Collies Garry und Loch bei Fuß, überquerte ich den Quellbach über ein Brücke, die nur erreicht werden konnte, wenn man bis zur Hüfte durch eine enorme Schneewehe watete. Dann wagte ich mich mit den Hunden den steilen Hang hinauf, den lebensgefährlichen und mühsamsten Teil,

Schafe. Voller Lebensfreude im Frühling.

Schafe sammeln auf dem Whitelaw.

was uns etwa zwei Stunden kostete. Schließlich — ich war der Erschöpfung nahe — erreichten wir die Mutterschafe. Jene, die noch nicht gelammt hatten, wurden langsam und ermüdend überredet, hügelabwärts in die Sicherheit eines kleinen Feldes am Haus zu gehen.

Obwohl wir inzwischen steif und bis zur Haut durchnäßt waren, war eine weitere Reise nötig, um die Muttertiere mit jungen Lämmern bei Fuß zu sammeln. Als wir zu klettern begannen, wurde der Wind rasend und drückte den Schnee in meinen Nacken, mein Gesicht und Augen, wo er wie glühendheiße Nadeln stach. Ich fragte mich, ob an solchen Tagen wie diesem, irgendjemand da war, der einen mitfühlenden Gedanken an den Schäfer oder seine Hunde verschwendete, und ob jene, die in der Wärme geschützt und behaglich arbeiten konnten, sich jemals ihrer Segnungen bewußt waren (nicht, daß ich mit ihnen tauschen möchte, wohlgemerkt!)

Letzten Endes erreichten wir die Mutterschafe mit ihren Lämmern. Einige waren schon fast begraben und setzten nur noch ihre Ohren als Beweis ihrer Existenz spaßig himmelwärts. Ihre winzigen Lämmer kauerten sich unter ihnen behaglich in Wärme und Schutz vor dem Sturm. Die Hunde mit schneeklumpigen Pfoten und ich mit tauben, erfrorenen Fingern, fingen an, sie auszugraben.

Es sollten 17 Lämmer da sein, und obwohl wir überall suchten, konnte ich nur 16 finden. Erst ein paar Tage später machte ich die traurige Entdeckung meines verlorenen Lammes. Zu einem engen, schützenden Ball zusammengedreht lag es da, wo es ein paar Meter von der Seite seiner Mutter entfernt, geschlafen hatte. Nachdem ich die Schafe ausgegraben und zusammengesammelt hatte, lag das größte Problem nun darin, sie auf die Reise zu schicken. Wenn die Schafe nur die Führung übernähmen, würden die Lämmer folgen, doch die Mütter ängstigten sich um die Sicherheit ihrer Kinder und ließen sie nicht aus den Augen. Ich hatte nur die Möglichkeit, jedes Lamm ganz ruhig zu ergreifen und es so vorsichtig wie möglich von einer Schneewehe zur anderen zu werfen.

Wessen Baby?

Auf halbem Wege und vollkommen erschöpft mußte ich ausruhen. Die Hunde, deren Fell inzwischen niedergedrückt und deren Schnauzhaare steif mit silbernem Rauhreif bedeckt waren, schmiegten sich eng zusammen, wie auch wir es erfolglos versuchen, um ein wenig Wärme vom dampfenden Körper des anderen zu erhalten. Einen Moment lang schloß ich meine Augen und lehnte mich an etwas, das ich für eine Schneebank hielt. Jäh erwachend stieß ich einen lauten Schrei aus (verscheuchte damit die Hunde) und sprang schnell wieder auf meine Füße. Unter dem Schnee guckten mich verstohlen die goldenen Blüten eines großen stacheligen Ginsterstrauches provozierend an!

Nachdem ich meine Fassung wiedererlangt hatte, konnte ich mir ein Lächeln nicht verkneifen (wenn auch etwas kläglich!). So ist das Leben. Es ist nichts so, wie es zu sein scheint. Das ist die Ironie an allem! Wir plackten uns weiter, das Gehen wurde anstrengender. Plötzlich gab Garry ein tiefes Knurren durch seine eiszapfenbehangene Schnauze von sich. In der Ferne eine einsame Gestalt — mein Ehemann. Er hatte frische und übermütige Hunde an seiner Seite und wendete seinen Weg in unsere Richtung, nachdem er seine eigene Aufgabe auf dem steilen Whitelaw beendet hatte. Ich war niemals glücklicher im Leben als jetzt, jemanden zu sehen. Ich sammelte die Überreste meines alten Lieblingsregenmantels, die um mich hingen, sein zerfetzter Saum flatterte laut im Wind, und setzte mich in den Schnee (diesmal vorsichtiger), um geduldig auf meinen Sir Galahad zu warten!

Schon bald war alles unter Kontrolle, und eine Stunde später nibbelten und kauten die Schafe mit ihren Lämmern glücklich an dem süßduftenden Heu im Schutz der alten Schafstallmauern. Ein flüchtiger Blick auf die erste Herde Schafe, die ich vor etwa sieben Stunden heruntergeholt hatte, zeigte mir, daß nur zwei von den ca. 90 Muttertieren frisch gelammt hatten, und sie und ihre Babies befanden sich geschützt und sicher im Zentrum der restlichen zusammengedrängten Schafe, die sich gefällig um die beiden Mütter eng zusammenpreßten und einen undurchdringlichen Schild gegen den grimmigen, rasenden Sturm formten.

GWB hilft mir, die Schafe nach Hause zu bringen.

Das Kompliment

Vor etlichen Jahren, als ich eine Stelle als Schäferin innehatte und dabei war, eine Koppelherde von Kreuzungsschafen (,Mules, Mashams und Halfbredes') zu entbinden, bekam ich das netteste Kompliment von dem Mutterschaf, das nach Hause zurückkehrte, um zu lammen. Jeden Abend brachte ich aus Bequemlichkeit die hochtragenden Muttertiere in ein 9 Acres großes Feld, das an das Farmhaus grenzte, mit voller Sicht von meinem Schlafzimmerfenster. Jedes Schaf, das Zwillinge oder Drillinge gebar, wurde sofort in einen gemütlichen Pferch, der sich innerhalb der Grenzen des ,Mutterschafts-Flügels' an der Ecke des Feldes befand, gebracht.

Frühmorgens, nachdem ich mich an einem delikaten Frühstück aus Hafer, Maisflocken, Leinsamenkuchen und saftigen Rosinen ergötzt hatte, von denen, wenn sich die Gelegenheit ergab, ich mir hastig einige für meinen eigenen Gebrauch herauspickte, wurde den Schafen der Zutritt zu 40 Acres Gras beim Nachbarn erlaubt. An jenem fraglichen Morgen, nachdem ich ihr reichliches Futter aus meiner ,Korn-Tasche' in die lange Reihe der Tröge gegeben hatte und geduldig wartete, während die, die mehr erhofften, rasch mit glänzenden Augen vor- und zurücktrotteten, öffnete ich das Gatter und zählte sie, während sie hindurchtrieben. Einige gingen zum Wassertrog auf der gegenüberliegenden Seite des Feldes, während die anderen anhielten, um nachlässig an einer Rübe zu knabbern, bevor sie sich zum Grasen auf das saftig grüne Gras an den Hecken aufmachten.

Als alle Mutterschafe durch das Gatter hindurch waren, ließ ich es offenstehen und ging nach Hause, um die verwaisten Lämmer zu füttern und um selbst ein herzhaftes Frühstück zu mir zu nehmen. Dann sprach ich im Lämmerstall vor, um zu sehen, was mich dort erwartete. An diesem besonderen Morgen war ich freudig überrascht, denn mitten im größten Pferch (der normalerweise nur für Drillinge reserviert war) stand dort in all seiner Pracht, abwechselnd zufrieden an saftigen Rüben und dem süßesten Heu knabbernd, ein großes sprenkelgesichtiges Masham-Mutterschaf! Eine nähere Inspektion offenbarte die noch weniger verehrungswürdigen Drillinge, die sich auf wackeligen, aber kräftigen Gliedern an seine wollige Flanke schmiegten. Wenn man bedenkt, daß der natürliche Instinkt eines Mutterschafes ihm sagt, an einem ruhigen und geschützten Platz zu gebären, dann glaube ich, daß es mir das größte Kompliment gemacht hat.

Die Füchse

Weil ich vom Schlafzimmerfenster bei Sonnenaufgang bequem das Lämmerfeld übersehen konnte, war meine erste Reaktion immer, einen Blick nach draußen zu werfen. Einmal konnte ich meinen Augen kaum trauen, denn unten an der hinteren Steinmauer bewegten sich zwei geschmeidige Füchse (wahrscheinlich ein Rüde und eine Fähe) und quälten ein Muttertier mit einem neugeborenen Paar Lämmer. Ein Fuchs versuchte, die Aufmerksamkeit der Mutter durch Schnappen nach ihrer Nase auf sich zu ziehen, während sein Gefährte eines ihrer Lämmer zu fangen versuchte. Ich wußte überhaupt nicht, was ich tun sollte, und für einen Moment war ich wie versteinert. Ich wußte, es würde mich wenigstens fünf Minuten kosten, um meine Stiefel anzuziehen und auf das Feld zu laufen. Dann würde es mehr als wahrscheinlich schon zu spät sein. Meine zwei Hunde waren zusammen in einem großen Zwinger neben dem Gartentor untergebracht, und so

Eine stolze Mutter beschützt ihre Nachkommen.

tat ich das einzig mögliche. Ich eilte die Treppe hinunter, und noch bevor sie Zeit hatten, mich zu begrüßen, sandte ich sie unverzüglich das Feld hinunter. Weil ich wußte, daß sie nur eine Minute brauchen würden, um die Szene zu erreichen, eilte ich wieder hinein, um mich anzukleiden. Als ich dann endlich bei dem Schaf ankam, war es nur schwer zu glauben, daß irgendwelche Füchse in der Nähe gewesen waren. Die Hunde kamen bereits von ihrer ergebnislosen Jagd zurück, die sie über zwei Felder geführt hatte. Mit rosa heraushängender Zunge und fliegenden Flanken kamen sie an meine Seite, um mir einen verspäteten ‚Guten Morgen' zu wünschen, während das Mutterschaf, daß sein nahezu tragisches Erlebnis schon vollkommen vergessen hatte, stolz neben seinen jetzt schlafenden Babies graste.

Diese gleichen zwei Füchse kehrten regelmäßig auf die Szene zurück, bis die Fähe ihre vier Sprößlinge in einem großen Erdloch, eine Meile entfernt, zur Welt brachte. Danach, in den folgenden Wochen, sollte der Fuchsrüde alleine zurückkehren, um unsäglichen Schaden anzurichten, indem er sechs Lämmerpaare zerriß und ein anderes schwer verletzte. Die Taktik dieses besonderen Fuchses war, die Lämmer an ihren Schwänzen zu fassen, bevor er ihnen die Köpfe abtrennte, die er pflichtgetreu zu seinem Weibchen nach Hause trug, nachdem er zuvor den übrigen Kadaver mit Gras bedeckt hatte. Später kehrte er dann zurück, fraß das meiste davon und nahm den Rest mit nach Hause. Ein alter und sehr respektierter Schäfer kam schließlich zu meiner Rettung und riet mir, geschmolzenen Teer auf die Schwanzspitzen, Rücken und Nacken bei Zwillingslämmern zu schmieren. Einzellämmer, sagte er, würden von ihren Müttern in Schutz genommen, und Drillinge, die immer hungrig sind, klammerten sich nah an die Seite ihrer Mutter. Die Zwillinge waren die Versuchung. Nach dem Teeren, kann ich ehrlich sagen, habe ich in den folgenden zehn Jahren nie mehr ein Lamm an Mr. Fuchs verloren. (Wohlgemerkt, wenn ein totgeborenes Lamm zur Verfügung stand, wurde es in einer geeigneten Ecke zurückgelassen, um sicherzustellen, daß des Fuchses Hunger ihn nicht ins Unheil führte!)

Am späten Abend saß ich oft im Windschatten, um die Fuchswelpen beim Spielen zu beobachten. Eines Abends wurde ich von der Fähe entdeckt, während sie gerade mit einem fetten Hühnchen von einer Nachbarfarm zurückkam. In der folgenden Verwirrung wurde der Vogel fallengelassen, und alle, Fähe und Welpen, verschwanden in der geräumigen Erde. Innerhalb von Sekunden schoß der größte der Welpen heraus, holte prompt das ‚Abendessen' zurück und verschwand damit in der Höhle!

Ich habe tatsächlich schon einmal einen vollgefressenen Fuchs gesehen, der mit einem lebendigen Lamm spielte, bevor er wieder seinen Geschäften nachging und es unversehrt zurückließ. Der gleiche Fuchs würde aber, falls er seinen Weg in ein Hühnerhaus finden sollte, in dem folgenden Tumult mehr als wahrscheinlich jeden Insassen schlachten. Ich kann nicht sagen, daß ich den Fuchs hasse. Hunde und Menschen sind zu solchen Verbrechen genauso fähig, jedoch erkenne ich an, daß er kontrolliert werden muß. Das Problem ist nur die Methode des Kontrollierens. Unglücklicherweise hat noch niemand eine befriedigende menschliche Methode gefunden, wie man mit ihm umgehen soll. Weil die Tollwut eine zunehmende Bedrohung ist, könnte der Tag kommen, da beide, die Regierung und die Landbesitzer, mit großer Eile handeln müssen, und dann wird der Fuchs, so wie sein noblerer Bruder, der Wolf, nicht mehr sein. Den Wolf hat man nicht vermißt. Dem verschwundenen Fuchs würde nur die Fraktion der Jäger nachtrauern.

Wie ein wildes Tier gefangen wird!

In kalten, nassen Nächten, wenn der Wind heult, rappelt mein alter Wecker um 3.00 Uhr nachts, für den Fall, daß ein schwaches Lamm sich entscheiden sollte, jetzt in die Welt zu kommen, um schon vor Sonnenaufgang wieder zu sterben. In einer solchen Nacht wachte ich durch das Geräusch schweren Regens, der gegen die Fensterscheibe prasselte, um 2.30 Uhr auf. Sobald ich draußen war, ging ich sofort in Richtung der hintersten Ecke — einem Lieblingsfleck für lammende Mütter. Der durchdringende Strahl meiner Taschenlampe fand ein altes Mutterschaf, ein wildes wolliges Blackface mit einem gebrochenen Horn. Wir hatten es im vergangenen Herbst bei den Auktionen gekauft, weil es für das Leben auf den Hügeln schon zu alt war. Aufgeschreckt drehte es sich schnell aus dem Lichtkegel, und während es dies tat, bemerkte ich, daß es in Schwierigkeiten war, denn an seinem Hinterteil baumelte ein Lämmerkopf wie ein Perpentikel hin und her. Er wirkte riesig und in dem Schatten etwas grotesk. Seine Vorderbeine waren zurückgebogen und in ihrem Leib gefangen. Hätte ich eine falsche Bewegung gemacht, dann wäre sie zweifellos in der Dunkelheit verschwunden. Aus genau diesem Grunde sträubte ich mich zu versuchen, sie mit meinem Hund zu fangen.

Vom nächsten Feld kam der klagende Schrei eines jungen Lammes, das sich über den Strahl der Taschenlampe wunderte. Das Blackface schwenkte schnell herum in die Richtung, aus der der Schrei kam, und rief eine ängstliche Antwort. Das brachte mich auf eine

Idee. Ich pfiff leise, dirigierte meinen Hund dorthin, wo sie ihn sehen konnte, und dann blökte ich laut imitierend den Ton eines neugeborenen Lammes. Die List wirkte. Total getäuscht kam das Mutterschaf näher. In ihrem verwirrten Zustand glaubte sie fest, daß sie ihr Lamm schon geboren hatte, und außerdem hatte offenbar diese beschmutzte Erscheinung, die ihr nun gegenüberstand, ihr Baby gestohlen! Es war vollkommen davon überzeugt, daß der Hund es verschlingen wollte! Es stieß ein lautes, furioses Wutschnauben aus, gerade, als es auf mich zukam. Feige, wie ich bin, gab ich Fersengeld und floh schnell in Richtung Lämmerschuppen und blökte so lange weiter, bis ich etwas atemlos an meinem Ziel ankam — die ‚Gnädige' heiß auf meiner Spur. Eilig fummelte ich nach dem Lichtschalter und schaltete das Licht an. Im gleichen Moment wurde ich von einem lauten, sehr effektvollen Chor der Waisen freudig begrüßt, die sich unter der Infrarotlampe wärmten.

Das alte Mutterschaf antwortete ihnen wie wahnsinnig, stürzte an mir vorbei und stürmte in einen leeren Pferch. Einen Seufzer der Erleichterung ausstoßend, schloß ich schnell das Gatter hinter ihr. Ich hatte das wilde Biest gefangen! Innerhalb Sekunden hatte ich sie auf ihre rechte Seite gelegt und sondierte vorsichtig in ihrem Inneren. Ich ließ meine rechte Hand über die Schulter des Lammes gleiten, zuckte zusammen, als die Beckenknochen gegen meine Knöchel drückten, während sie versuchte zu pressen. Meine Finger glitten leicht hinter die Knie — Gott sei Dank, sie war alt und geräumig, und deshalb hatte ich schon bald die Füße in die richtige Position gebracht. Ich blickte zum Kopf des Lammes — seine bereits hervorgetretenen Hornknöpfe sagten mir, daß es sich um ein männliches Tier handelte. Das Muttertier machte einen mächtigen, dehnenden Zug, und im gleichen Augenblick zog ich abwärts, umfing den Nacken des Lammes mit meiner Rechten und seine schlüpfrigen Beine mit meiner Linken. Plötzlich machte es ‚Whoosh' und draußen war es, dampfend, glitzernd und naß. Seine Flanken waren wie Treibschnee, mit karmesinrotem Blut besprenkelt, weil die Nabelschnur, die es mit seiner Mutter verband, für immer zerrissen war. Schnell reinigte ich seine Nüstern und sein Mäulchen, gleichzeitig rieb ich seinen Rücken und imitierte damit das stimulierende Lecken der Zunge seiner Mutter. Höflich keuchte es, schniefte und schüttelte seinen Kopf. Ich lächelte erleichtert. Es würde leben. Vorsichtig legte ich es vor die Nase seiner Mutter. Sie krabbelte auf ihre Füße. Gleichzeitig gab sie ein tiefes Ermunterungsgemurmel von sich, während sie den Schleim von seinem warmen, ruhig atmenden Körper leckte. Ich kletterte auf das Tor des Pferches und beobachtete sie einen kurzen Moment, bevor ich mich leise davonmachte, die beiden zurücklassend, damit sie sich kennenlernen und ein lebendiges Band knüpfen konnten, welches den ganzen Frühling über und den folgenden Sommer noch halten sollte.

Das alte Mutterschaf

Bei einer örtlichen Verkaufsveranstaltung schenkte man mir ein älteres Mutterschaf, das keiner mehr haben wollte, wahrscheinlich wegen der Tatsache, daß die meisten seiner Zähne fehlten! Dann kam die Lammzeit, und mit wenig Anstrengung produzierte sie ein großes Einzellamm. Ich hatte Drillinge oder zumindest Zwillinge erwartet weil sie so dick war. Enttäuscht nahm ich sie fort, damit sie mit den anderen Singels laufen konnte. Zwei

Oben: *Die Pflichten einer Schäferin und ihres Hundes: sich um die Lämmer kümmern.*

Unten: *Das alte Mutterschaf mit Tiny, seinem adoptierten Lamm, das mit dem Fell seines eigenen, toten Nachkommen bekleidet ist.*

Tage später die Überraschung! Heraus kam noch ein zweites Lamm — eine zarte Miniaturausgabe, perfekt in jeder Beziehung. Ich beglückwünschte die alte Mutter, und ihr herunterhängender Kiefer erschien, um mir ein zahnloses Grinsen zu schenken. Sie hatte sicherlich jetzt das letzte Lachen, doch als ich sie aufrichtete, entdeckte ich, daß sie nur eine Zitze hatte und deswegen auch nur ihr Erstgeborenes säugen konnte! Glücklicherweise hatte ich ein verwaistes Muttertier mit einem Euter, das bis zum Rand mit Milch gefüllt war. Es war glücklich, Tiny adoptieren zu können, der innerhalb von fünf Minuten an seine Seite gestellt war (bekleidet mit dem Fell seines toten Lammes)

Das Blue-faced-Leicester

Ein paar Jahre bevor man mir das zahnlose Mutterschaf gab, machte ich die Bekanntschaft eines großen, fetten ‚Blue-faced-Leicester'-Schafes welches überraschend billig verkauft wurde — wahrscheinlich war es unfruchtbar. (Zu einem späteren Zeitpunkt fanden wir heraus, daß es ihr nicht gelungen war, ein Lamm zu produzieren, wenn sie mit einem Widder ihrer eigenen Rasse gepaart wurde.) Sie war 4 1/2 Jahre alt, als sie in unseren Besitz kam, und sofort taten wir sie mit einem Suffolk-Bock zusammen. Sie war offensichtlich nicht ‚voreingenommen', denn sie produzierte 12 hübsche Kreuzungslämmer in einem Zeitraum von nur vier Jahren. Innerhalb weniger Minuten nach der Geburt biß sie ihnen ihre Schwänze zur ‚korrekten' Länge ab!

Meine erste Lammzeit auf den Hügeln

Während meiner ersten Lammzeit auf den Hügeln nahm ich ein Mutterschaf mit einem kräftigen, einwöchigen Lamm bei Fuß heraus, ließ sie gerade nur durch das Tor, so daß sie zu dem Platz zurückkehren konnte, wo die Mutter selbst aufgewachsen war. Zuerst hatten sie einen Quellbach zu überqueren. Unglücklicherweise war sie so gierig nach dem zarten jungen Gras, das an seinen Ufern während der Abwesenheit der hochträchtigen Muttertiere gewachsen war, daß beide flußaufwärts wanderten. Schließlich, als das Tier sich vollgefressen hatte, wählte es eine Stelle, wo das Wasser am tiefsten war und hüpfte hinüber, mutmaßend, daß sein Lamm ihm folgen würde. Dies aber fürchtete sich, und nachdem es am Bachufer herumgezittert hatte, weigerte es sich, flach auf dem Boden liegend, ganz.

Fast den ganzen Tag über fiel schwerer Regen, und ich war damit beschäftigt, die neugeborenen Lämmer in den Unterstand zu bringen. Als der Abend hereinbrach, schien die Sonne, und ich ging nochmal los, zur letzten Runde des Tages. Als ich mich dem Tor näherte, das aus dem Lämmerfeld zu den Hügeln führte, dachte ich, die heiseren Schreie eines Lammes zu hören und eilte flußaufwärts. Gerade rechtzeitig kam ich an, um zu sehen, wie das Schaf in das eisige, schnellfließende Wasser sprang, wo es bewegungslos stehen blieb, während sein Lamm (inzwischen extrem hungrig und durstig), über seinen wolligen Rücken krabbelte. Ein ‚Hopp', gehüpft, ein kleiner Sprung, so gelangte es sicher ans andere Ufer.

Seit dem Tage achte ich besonders darauf, daß alle Mutterschafe und Lämmer, die zum Hügel hinausgelassen werden, den Quellbach sicher überquert haben, bevor ich zu meinen anderen Pflichten zurückkehre. Alle lebenden Kreaturen sind viel intelligenter, als

Die Herde wird zusammengetrieben.

wir glauben. Sie können uns so viel zeigen, wenn wir uns nur die Zeit dazu nähmen, so viel lehren, wenn wir nur bereit wären, zu lernen, und so viel sagen, wenn wir nur innehielten, um zuzuhören.

Der Mensch mischt sich dauernd in ihr Leben ein, tut was ‚er' für richtig hält und entschuldigt sich mit Wirtschaftlichkeit. Er erkennt nur selten, daß er dadurch auf lange Sicht mehr schadet als nützt. Wenn man sie ihr eigenes Leben organisieren läßt, wird eine Kreatur die Sache viel besser anpacken als ihr menschliches Gegenstück.

Je mehr Stunden ich in der Gesellschaft von friedlichen Tieren verbringe, desto mehr erkenne ich, wie relativ schwach die Grenze ist, die uns trennt. Tiere haben mich gelehrt, daß, wenn ich bereit bin, mehr mit meinen Augen zu hören als mit den Ohren, ihre Sprache leicht zu verstehen ist. Denn ihre Botschaft an uns ist einfach; ihre Anforderungen sind bescheiden. Sie suchen nur Frieden, gütige Pflege und vor allem ein größeres Verständnis ihres Wesens.

Kapitel 15

Meine Trial-Erlebnisse

One Man and his Dog, 1981

Im Frühling 1981 erreichte uns in Swindon eine aufregende Einladung von Ian Smith, dem Produzenten der BBC-Fernsehserien ‚One Man and His Dog'. GWB, Jed und Trim sollten kommen und sowohl in den ‚Brace'- als auch ‚Singles'-Klassen des Fernsehhütewettkampfes teilnehmen. Es war entschieden worden, daß Jed in den ‚Singles' für Schottland laufen sollte. Obwohl sie von den zwei Hündinnen die am schwierigsten zu handhabende war, konnte man sich darauf verlassen, daß sie in einer kniffligen Situation mit Intelligenz und Entschlossenheit arbeiten würde. Beide Hündinnen waren zu der Zeit 10 1/2 Jahre alt. Abgesehen von Trims Kurzsichtigkeit und Jeds dienlicher Taubheit, waren sie — und sind es noch — erstaunlich fit für ihr fortgeschrittenes Alter.

Es war ein herrlich sonniger Tag Ende July, als Ian Smith, begleitet von Margaret, seiner freundlich lächelnden Produktionsassistentin und der kompletten Kamera-Crew, die windige Talstraße hinaufgefahren kamen, um uns und unsere Hunde hier bei uns zu Hause auf dem hügeligen Gelände zu filmen. Schon Wochen vor diesem speziellen Anlaß hatte ich meine immer besorgte Mutter am Telefon, die mir taktvolle Vorschläge zu meiner ‚Erscheinung' an dem großen Tag vorbetete. Geoff Junior brachte die Sache auf den

Oben: *Im blauen Samtkleid herumstolzieren.*
Unten: *Wieder herunterzukommen, war für Geoff Jr. auch nicht leicht. Hier mit dem umbenannten Pony!*

Jed, Geoff Jr. und Tess, die Reservehündin.

Punkt, ganz ohne Taktgefühl! Ich glaube er nahm an, daß ich in meiner Schäfertracht vor die Kamera treten würde, oder wie er es beschrieb, im ‚Worzel Gummidge'-Outfit!

GWB verlor keine Zeit damit, meinen ‚Busch' aufs Korn zu nehmen. (Der fragliche Busch ist mein windzerzaustes Strubbelhaar!) ‚Du mußt damit wirklich was unternehmen', war die tägliche Einwendung. Schließlich (vorausgesetzt, man würde mir erlauben, meine Stulpenstiefel zu tragen), um die Familie zu besänftigen, ließ ich mich herab, auf dem Whitelaw-Hill in meinem besten blauen Samtrock, passender Bluse und Stulpenstiefeln der gleichen Farbe herumzustolzieren! Mit dem anstößigen ‚Strubbelhaar' konnte ich nichts anderes tun, als es zu waschen und kräftig zu bürsten. Ich kann jedoch auch wirklich eine bestimmte Sorte Hundeschampoo empfehlen!

Klein-Lucy war gerade 10 Wochen alt, als sie von der BBC bei der Arbeit an Cheviot-Mutterschafen mit Lämmern an der steilen Fassade des Whitelaw gefilmt wurde. An dem Tage war es definitiv ein Fall von ‚aller guten Dinge sind drei'. Es erwies sich, daß sie in einer ihrer seltsamen Stimmungen war. Als ich sie aus ihrem Zwinger heraustrug, konnte ich nicht umhin, einen schelmischen Glanz in ihren flinken babyblauen Augen zu bemerken, und fragte mich, was wohl geschehen würde.

Wir mußten nicht lange warten, um es herauszufinden! Behutsam setzte ich sie ein paar Meter von den Schafen entfernt nieder. Sie fing schön an, sie erst quer und dann den steilen Abhang hinunterzutreiben. Ich wollte gerade ‚Kamera ab' rufen, als ganz plötzlich zu unserer Überraschung der ungezogene kleine Wildfang fortrannte! Was dann folgte, ähnelte einem Kavalerie-Angriff, bei dem Schafe und Menschen in alle Richtungen stürzten.

Noch einmal der gleiche Vorgang bei ‚Klappe zwei'. Bei ‚drei' fing ich an, mich zu fragen, ob das eine gute Idee gewesen war, aus Klein-Lucy einen ‚Star' machen zu wollen.

Für das Fernsehen wollte ich mich von der besten Seite zeigen! (Ian Hossack).

Ich hob das zitternde Bündel auf meine Arme und flüsterte ihr dabei ein abschließendes Wort in ihre extrem wachen Ohren, die vor Erwartung schon gespitzt waren. Schließlich verstand sie die Botschaft, entweder diesmal, oder das Spiel würde langweilig. ‚Klappe drei' war meiner Meinung nach nicht nur erfolgreich, sondern auch ziemlich rührend. Der immer geduldige Ian bemerkte lächelnd, während er einen erleichternden Seufzer ausstieß, daß alle guten Schauspieler dafür bekannt sind, etwas launisch zu sein. (Ich schwöre, daß Lucy mir zublinzelte, als ich sie wieder in ihren Zwinger schob.)

GWB Junior hatte es auch nicht so leicht. Dinah, sein ältliches aber liebenswürdiges Ponny, brachte ihn in Verlegenheit und brachte sich selbst durch ihr häufiges und lautes Furzen im ungeeignetesten Moment in Ungnade. Nach ihrem Fernsehdebüt wurde es entsprechend in ‚Dynamit' umbenannt!

Die eigentlichen Ausscheidungen und das Finale des ‚One Man and His Dog'-Programms sollte im September in der schönen Landschaft von Nordwales gefilmt werden. Der 14. des Monats sah uns nach Bala hinunterfahren, nachdem wir eine Wagenladung Hunde bei guten Freunden deponiert hatten. (Was würden wir ohne sie machen?)

An jenem Abend fuhren wir mit Tempo die Autobahn entlang. Der Regen prasselte wild gegen die Windschutzscheibe. Die Scheibenwischer tanzten wie toll vor und zurück und verursachten kleine Wasserflüßchen bei dem vergeblichen Versuch, unsere Sicht zu verbessern. Ich fing an, schläfrig zu werden, hypnotisiert durch ihre gleichbleibenden Bewegungen, als aus der Dunkelheit eine schwache, kindliche Stimme kam. ‚Mama', sagte sie, ‚sollten Tess und Garry verheiratet werden?' Überrascht sah ich mich um, richtete meine Taschenlampe auf die Insassen im hinteren Wagen und stellte fest, daß Garry mit Tess (die Reserve-Hündin, die ganz unerwartet heiß geworden war) das tat, was in solchen Fällen ganz natürlich geschieht. Eine etwas überraschte und neugierige Zuschauermenge, bestehend aus einem kleinen Jungen, Jed und Trim, sahen ihnen dabei zu. Im erstbesten Moment schafften wir Garry fort.

Letzten Endes, nach einer etwas ermüdenden Reise, kamen wir an unserem Bestimmungsort an und quartierten uns in dem gleichen komfortablen Hotel ein, in dem wir schon im vorhergehenden Sommer, als die ‚International Sheep Dog Trials' in Bala abgehalten wurden, gewohnt hatten. Früh am nächsten Morgen standen wir auf, und nachdem wir ein enormes und delikates Frühstück gegessen hatten (mit vielen Resten, die wir den Hunden als Extra-Schmaus gaben!), fuhren wir los zur Rhiwlas Farm, wo das Trial stattfinden sollte. Dort trafen wir unsere Gefährten aus dem schottischen Team, Tom Watson (wie gewöhnlich voller Freude) mit seiner hübschen International-Siegerin Jen und Stuart Davidson mit seinem stattlichen, kurzhaarigen National Champion, Ben.

Weil das schottische Team vor Donnerstag nicht starten mußte, und jetzt erst Dienstag war, konnten wir uns entspannen, den Kurs studieren und uns an der wunderschönen Landschaft, in der man auch den ‚Bala Lake' sehen konnte, erfreuen. Oben auf dem Hügel waren wir auch in Sichtweite zu dem Platz, wo das allererste Hütehunde-Trial stattgefunden haben soll. An die friedliche, hügelige Landschaft bei Rhiwlas kann ich mich

Jed, Trim und GWB. Das Favoriten-Team bei einer anderen Veranstaltung.

Links: *Die Präsentation.*

Unten: *Die Trophäe.*

Rechts: *Das Bowmont Valley. Bühnenbild für unser Trial 1981.*

Unten rechts: *Jean Thompson und Wullie.*

noch am besten erinnern. Luftige, majestätische Eichen waren wie freundliche Giganten überall in der Landschaft verstreut. Ihre knorrigen Wurzeln und belaubten Zweige spendeten einen willkommenen Schutz vor dem bitterkalten Wind, der vom Bala-See herüberfegte und kurze, scharfe Schauer von kaltem Regen mit sich führte. Der Regen wurde wieder von hellem Sonnenschein und jagenden Wolkenschatten, die über die smaragdgrüne Erde huschten, abgelöst.

Ich habe die Freundlichkeit der Waliser Leute nicht vergessen, besonders von Glyn Jones, der die Schafe für alle Teilnehmer meisterhaft auf der anderen Seite des Kurses herausbrachte und hielt. Es war typisch für ihn, daß er uns einlud, ihm abends tief in die heidebekleideten Hügel in der Nähe zu folgen, damit unsere Hunde ihre Beine an seiner Herde von süßen, kleinen, weißgesichtigen Welsh-Mountain-Schafen strecken konnten. Nachdem sie viele Stunden lang im hinteren Wagen so eingeengt verbringen mußten, brauchten sie dringend Bewegung und bekamen rechtzeitig mehr als sie erhoffen konnten! Die kleinen Welsh-Schafe erwiesen sich als flink und leichtfüßig. Sie erforderten freie, weitherauslaufende Hunde mit viel Ausdauer zum Sammeln und zum Zusammenhalten. Ich glaube, daß Jed und Trim, als ich ihre Gesichter sah, mehr als glücklich waren, zum Wagen zurückzukommen!

Die BBC war wunderbar leistungsfähig, wenn man bedenkt, was wir Trialenthusiasten sonst gewöhnt sind. Sie hatten für alles gesorgt, sogar für luxuriöse WCs. Das letzt Klo, das ich bei einem Trial in der Nähe gesehen hatte, war ein Zink-Eimer mit einem Deckel, auf dem geschrieben stand: ‚Bitte auf den Rand achten‘! Ein riesiges Zelt ist für die Arbeiter und Wettkämpfer errichtet worden, wo man im Schutz seiner großen Leinen-Mauern das Mittagessen zu sich nehmen konnte. Wenn sich das Wetter für die Kinder als zu kühl erwies, dann konnten sie auch drinnen mit den goldigen Farmkätzchen spielen und zanken, die auch in der Wärme Zuflucht gesucht hatten. Wir Zuschauer setzten ein mutiges Gesicht auf und klappten unsere Kragen gegen den kalten Wind hoch.

Ich nutzte das Wetter, um mich für den Kauf von Extrakleidung in Form zweier extrem attraktiver, moderner Anoraks rechtfertigen zu können. Einer hatte ein reizendes Dunkelrosa mit einem rosenknospengemusterten, beidseitig tragbaren Futter, der andere war auch blumig, in pastellenen Grauschattierungen, blau und cremefarben. (Ich konnte ihnen nicht widerstehen!) Nachdem ich GWB die Rechnung präsentiert hatte und bemerkte, wie schnell sich seine Miene änderte, mußte ich ganz fix nachdenken und beruhigte ihn mit der Entschuldigung, daß meine Mutter, seine Mutter und ein paar Millionen anderer Mütter mich auf dem Bildschirm sehen würden, und ich sei sicher, auch er wolle, daß ich gut aussehe, usw., usw. (Es funktionierte!)

Unsere wenigen Tage in Bala erwiesen sich als sehr lohnend. Es war ein wunderbares und aufregendes Erlebnis für mich, sehen zu können, wie diese Serien produziert werden. Es war eher wie ein gigantisches Puzzle, bei dem jedes Stückchen an seinen Platz paßt. Die Leistung mußte man gesehen haben, um es glauben zu können. Am Ende der Woche fingen wir wirklich alle an, uns als Teil dieses Puzzles zu fühlen. Und rate, wie es ausging — wir haben es geschafft! Stuart Davidson mit Ben aus Dunoon gewann die Single-Klasse, und die guten, alten Jed und Trim gewannen als ihr großes Finale die Brace-Klasse. Überschwenglich fuhren wir mit unseren Trophäen nach Hause ins schöne Schott-

Ein entspannter, freundschaftlicher Augenblick.

land. Für die entschlossene Jed und die sanfte Trim, die Wurfschwester, mußte dies der letzte Höhepunkt in ihrer Trialskarriere sein. Wenn sie sich jetzt von der Szene zurückzögen, könnten sie dies meiner Meinung nach nicht angenehmer tun.

Ray Ollerenshaw, Präsident der International Sheep Dog Society, händigte die heißbegehrten BBC-Trophäen aus, auf denen ein Border Collie und eine Kamera dargestellt waren, die Seite an Seite auf einem Sockel von poliertem Holz standen. Die Träne, die ich bei dieser Gelegenheit aus meinem Auge wischte, war eine Freudenträne!

Das Bowmont Water Invitation Sheepdog Trial 1982

Im Frühjahr 1981 hatte Major General David Lloyd Owen die Idee, ein Hütehund-Trial abzuhalten, welches einen schwierigen und praktischen Test auf Hügelgelände ermöglichen würde. Er bildete ein Kommitee, das aus ihm selbst, Dick Fortune und meinem Mann Geoff bestand.

Die Erlaubnis, ein solches Trial abzuhalten, wurde von ihrer Durchlaucht dem Herzog von Roxburgh gewährt. Das Trialdatum wurde auf Sonntag, den 10. Oktober 1982 festgesetzt. Einladungen wurden in der Hoffnung verschickt, daß mindestens 27 Hütehundeführer zustimmen würden. Sechsundzwanzig taten es, drei davon waren Damen, womit gerade bewiesen war, daß das Komitee keine chauvinistischen Ansichten hegte. Die fragli-

Das Abtrennen (Frank Moyes).

chen Ladies waren Mrs. Jean Thompson von Castle Douglas — eine nettere Seele werde ich wohl nie treffen — mit ihrem treuen, alten Pensionär Wullie. (Die beiden waren beim Bala International 1980 Mitglieder des schottischen Teams.) Dann war da noch Mrs. I. Arneil von Braco, eine regelmäßige Triallistin mit ihrer hübschen Gail und ich selbst mit Garry.

Unter den Konkurrenten waren nicht weniger als 17, die vorher schon im schottischen Team waren, sechs Handler hatten England repräsentiert, und es gab fünf Supreme Champions darunter. Wegen der vielen Jahre Erfahrung bei verschiedenen Trials in seinem Lande und außerhalb wurde Dick Fortune aus Edinburgh eingeladen, das Trial zu richten.

Es wurde entschieden, daß die geeignetste Stelle für den Kurs die Südseite des Whitlaw sei. Eine großartige Sicht wurde den Konkurrenten und Zuschauern gleichermaßen geboten, die ihre Autos an der Straßenseite unterhalb des Kurses parken konnten. Schafpferche und Toiletten gab es als feste Anlagen im Tal, und man besorgte einen umgebauten Eisenbahnwaggon, von dem aus man Getränke und Sandwiches servieren konnte. Unglücklicherweise erwies sich das Dach als ziemlich undicht, doch glücklicherweise kam Nachbar Sourhope mit einer großen wasserdichten Plane zu unserer Rettung. Als wir diese mit alten Autoreifen beschwerten, hörte das Tropfen auf.

Die Vorbereitungen für das Trial begannen schon zwei Wochen vorher. Bis zum Bowmont Trial hatte ich nicht gewußt, daß beim Aufbau eines Kurses so viel bedacht werden

Die Teilnehmer und die Offiziellen (Frank Moyes).

muß und daß es so viele aufregende Momente gibt. Der Platz, von dem aus der ‚Lift' beginnt, verursachte die größten Kopfschmerzen. Es war zu weit entfernt für einen Start!

Wir versuchten, selbst Schafe von drei möglichen Plätzen auf der Hügelspitze aufzunehmen, und benutzten Hunde verschiedenen Alters. Wir fanden heraus, daß junge Hunde dazu neigten, bei ihren ‚Outruns' verlorenzugehen. Erfahrene Hunde würden Schafe von überall aufnehmen, aber dies waren unsere Hunde, die mit dem Gelände vertraut waren. Schließlich entschieden wir uns doch noch für eine Stelle und brachten den weißmarkierten Pfosten in Richtung zum ‚Outlet Pen' so in Stellung, daß jeder Hund die Schafe sehen konnte. Der Pferch, der sorgfältig mit einem hohen Sacktuch und Baumzweigen getarnt war, war an einer passenden Stelle direkt am Wald aufgestellt.

GWB stellte einen gutdurchdachten Kurs und einen fünfseitigen Pferch auf, der folgerichtig einladend wirkte. Die fünf Hürden täuschten die listigen kleinen Cheviots, die dachten, daß der Pferch größer war als in Wirklichkeit. Weil wir besorgt waren, wie sich die Schafe auf dem Kurs benehmen würden, verbrachte ich den größten Teil der vierzehn Tage damit, sie früh am Morgen zu wecken und sie, noch schläfrig, hügelabwärts zu treiben. Wie es sich herausstellte, benahmen sie sich perfekt mit Ausnahme der ‚wilden Gruppe' vom armen Jack Thomson und meinem ‚senilen Delinquenten'. Jeder Wettkampfteilnehmer bekam zwei Jährlinge und vier Mutterschafe. Sechs Schafe für jeden Handler zur Verfügung zu stellen, bedeutet, Schafe von verschiedenen Teilen des Hügels zu benutzen — Schafe, die überhaupt nicht willens waren, auf fremdem Boden gemeinsam zu gehen.

Einpferchen (Frank Moyes).

Dankbar waren wir, als ein paar Tage vor dem Trial ein Retter erschien. Es war ein Pferd mit Namen Smokey Joe, und man kann ihn nur mit „riesig", „prachtvoll" und „weiß" beschreiben! Es war von der Art der Schlachtrösser, auf denen die Ritter vergangener Zeiten rittlings in die Schlacht galoppierten. Smokey war ein Geschenk, und einem geschenkten Gaul schaut man ja nicht ins Maul. Sein Temperament war das eines Kamels, doch was noch wichtiger war, er war absolut harmlos und unglaublich weise. Ohne seine Hilfe hätten wir die Schafe für das Trial vielleicht nie zusammenbekommen.

Nach einer Woche Dauerregen sank dicker Nebel herab. Er umhüllte die umliegenden Hügel wie ein Leichentuch. GWB war damit beschäftigt, Kälber zu entwöhnen, so daß Garry, sein Sohn Laddie und ich (auf Smokey Joe reitend) uns auf den Weg machten, um die Schafe auf dem Hügel zu sammeln. Als ich losritt, bemerkte ich meine Wäsche auf der Leine. Etwa 20 durchnäßte Kleidungsstücke hingen schlaff und leblos da, wo ich sie vor einer Woche hingehängt hatte.

Wir sammelten den Hügel in zwei Hälften. Die obere Hälfte schlossen wir in einem Feld zwischen Straße und Haus ein. Die Schafe, die für das Trial benutzt werden sollten, wurden in einem kleinen Feld in der Nähe des Kurses untergebracht. Am Ende jenes nassen und nebligen Morgens wußte ich die vielen Vorteile, Hunde vom Rücken eines Pferdes aus zu führen, voll zu schätzen. Abgesehen davon, daß ein Hund, wenn er außerhalb der Sicht arbeitet, zu neunzig Prozent seinen Verstand und seine Initiative gebraucht, weshalb

Glen bei seinem Siegeslauf.

Leadburn Nell, Garry's Partnerin und Mutter von fünf hübsch gezeichneten Würfen.

man ihn am besten allein läßt, so ist doch das Reiten auf einem Pferd wesentlich leichter als zu gehen.

Während der Nacht vor dem Trial regnete es immer noch in Strömen, und deshalb fand ich mich damit ab, daß ich die Schmach der ausgebreiteten Wäsche auf der Leine wohl oder übel ertragen mußte. Sonntag, 10. Oktober — der Trialtag — dämmerte wolkig herauf, doch glücklicherweise hatte der Regen aufgehört, und, abgesehen von einzelnen Schauern, war der Tag schön. Wir standen und besichtigten den Kurs, er enthielt einen nahezu 700 Yards weiten Outrun über schwieriges Gelände, Binsen, Gräben, eine Steinmauer und dank des unfreundlichen Wetters auch einen Wassersprung!

Für mich war es ein historisches und freundliches Ereignis. Den ganzen Tag hindurch ging alles sehr kameradschaftlich zu, und alle waren an dem Geschehen interessiert. Es ist ein Vorteil, frühere Teilnehmer bei einem Trial zu haben. Es geht geselliger zu. Wie die Hunde den Kurs in Angriff nehmen, fesselt ihre Aufmerksamkeit mehr als die Frage, wer wohl gewinnen wird.

Der einzige Teil des Trials, der nicht sichtbar war, war die Position, von der aus die Hunde tatsächlich ihren ‚Lift' ausführten. Aus praktischen Gründen wurden die Schafe am Horizont freigesetzt. Die Tatsache, daß jedes ‚Paket' Schafe unerschütterlich und ‚auf dem Kurs' daherkamen, konnte andeuten, daß der Frage, wo und wie ein Hund wirklich seinen ‚Lift' ausführt, zuviel Bedeutung beigemessen wird.

Wenn man die Hunde ihren eigenen Einfällen überließe, würden sie uns vielleicht ein oder zwei Dinge lehren. Ich habe oft gedacht, daß die Zerstreutheit der Männer und Hunde am ‚letting out post' (der Pfosten, an dem die Schafgruppe für den nächsten Teilnehmer aufgestellt wird) den letzten Teil des ‚Outruns' und ‚Lifts' eines Hundes verderben kann, was dazu führt, daß einige Richter mit ihrem Bleistift ein Paradefest feiern! Also ‚laßt den Hund das Kaninchen sehen'!

Ein zusätzliches Glanzlicht des Bowmont Trials war die Anwesenheit seiner Durchlaucht, des Herzogs von Roxburgh, der, wie es sich herausstellen sollte, die Freude hatte, den ersten Preis einem Schäfer in seinen Diensten zu überreichen, denn der erste Preis ging an Geoff und seinen langhaarigen Glen, dem Sohn von Leadburn Nell und Garry.

Das Scottish National 1982

Das 1982 in Strathaven (Straven), Lanarkshire, abgehaltene Scottish National Sheep Dog Trial wird als eines der besten in Erinnerung bleiben. Es war sicherlich sowohl aus der Sicht der Teilnehmer als auch der Zuschauer ideal. Der Kurs war auf einem allmählich ansteigenden Hang sehr gut gebaut, wobei auch die kleinsten Details vom örtlichen Komitee berücksichtigt wurden.

Während der drei Tage verhielten sich die Blackface-Schafe allgemein gut, obwohl gelegentlich ein Teilnehmer mit einer Gruppe aus ‚drei' und ‚zwei' konfrontiert war, die vorsichtig über den Kurs gebracht werden mußten. Folgerichtig waren es die dominantesten, meisterhaften Hunde, die nach vorne kamen. Das Wetter war nahezu perfekt, obwohl es am Donnerstag vielleicht ein bißchen warm für die Schafe und auch für die Hunde war. Glücklicherweise gab es keine Wiederkehr des Rinderpferches ‚Iron Lady of Glamis' des

letzten Jahres. Die Schafe wurden von ‚One man and His Dog' während der drei Tage wunderbar an dem Pfosten plaziert!

Ich fuhr nach Straven los, ohne daran zu denken, daß ich ins schottische Team kommen könnte. Garry hatte bei den vorhergehenden Nationals immer sein Bestes gegeben, doch dies war inzwischen schon unser fünftes, und bei den früheren vier Versuchen hatten wir versagt. Ich trug ein Kleid, eins, das ich vorher nie in Betracht gezogen hatte. Dies besondere Gewand war blumig und lose herabhängend. Sehr zu meiner Bestürzung neigte es dazu, bei der leichtesten Brise in die Luft zu fliegen.

Egal — wir kamen an die Reihe und gingen los, als Nummer 23 am Samstag. Die Schafe waren jedenfalls etwas kecker, wie ich bemerkte, und gut für Garrys entschlossene Taktik geeignet. Ich stieg auf den Stand, der für die nicht so großen, wie ich eine bin, vorbereitet wurde. Ich bin fest davon überzeugt, daß große Leute bei einem Hütehundetrial einen unfairen Vorteil haben. Beim Start können sie bereits alle Hindernisse übersehen, und beim Einpferchen und Abtrennen bestehen sie nur aus Armen und Beinen.

Links: *Er leckte meine Nase* (Ian Hossack). **Unten:** *Ein kritischer Zuschauer* (Frank Moyes).

Unsere Schafe befanden sich am Pfosten, und mein Herz sank, als eins von ihnen wendete und sich von den anderen fortbewegte. Garry war bereits zur Rechten los, und ohne irgendein Kommando sammelte er sanft das besagte Schaf und brachte es wieder zu den anderen. Abgesehen von einigen wenigen Abweichungen von der geraden Linie des Kurses, brachten wir es irgendwie fertig, alle Schafe durch die Gatter zu bekommen — eine ganz erfreuliche Überraschung. Ich seufzte erleichtert auf und stieg zum Shedding-Ring hinunter.

Der Shedding-Ring erwies sich jedoch, milde gesagt, als etwas unangenehm. Mein weißer Anorak und das flatternde Kleid schreckten diese mißtrauischen Blackies auf. Jedesmal wenn ich einen Versuch machte, zogen sie sich bis zum äußersten Ende am Sägespäne-Ring zurück. Schließlich ließ ich aus lauter Verzweiflung Garry hineindrängen. Es war die letzte Möglichkeit, denn die Zeit lief davon. Glücklicherweise zahlte sich die rauhe Taktik aus, als Garry die zwei halsbandlosen Schafe von den anderen abschnitt. Ich ging hinüber zum Pferch und überließ es ihm, die Schafe wieder zusammenzubringen und sie hinter mir her zu treiben. Ich weiß nicht, was er ihnen angedroht hat, doch zu meiner großen Überraschung galoppierten sie hinein, um ihm zu entkommen.

Der International Supreme Championship Kurs.

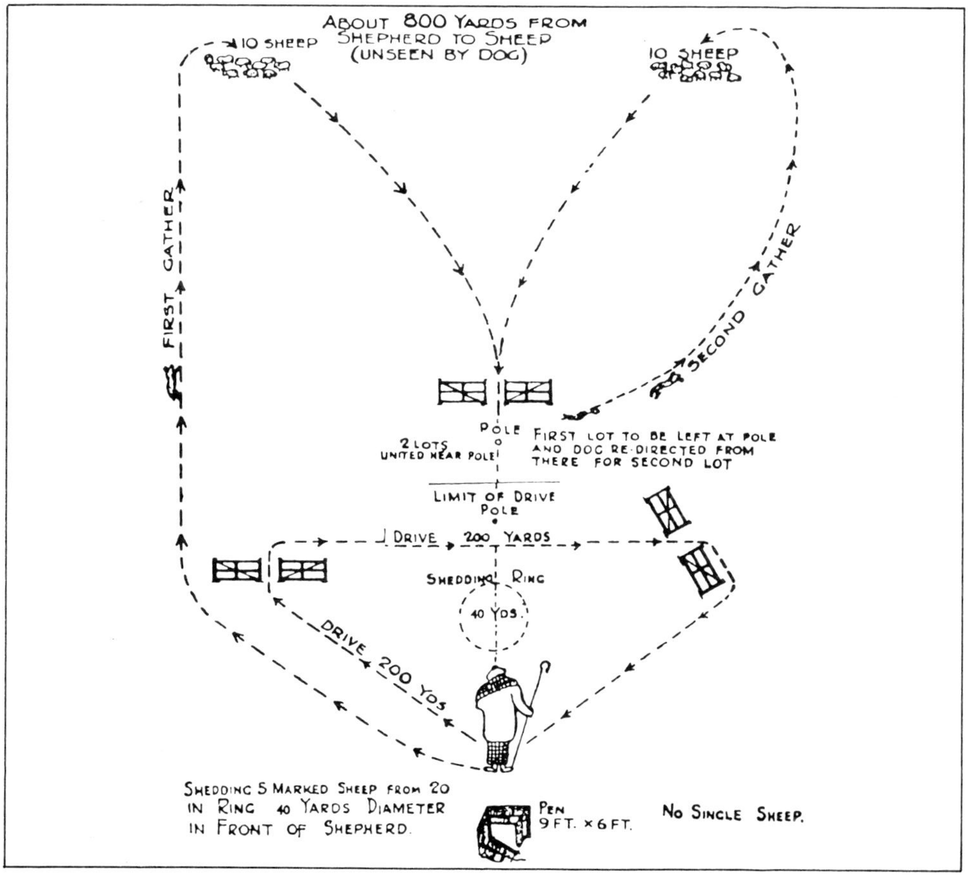

Als es zum Abtrennen unseres mit einem roten Halsband kenntlich gemachten Schafes kam, mußte ich nur die gleiche Taktik anwenden wie zuvor, und dankbarerweise zahlte es sich aus. ‚Wir waren trocken nach Hause gekommen'. Unser 1982er National-Lauf war vorbei, und die Punktezahl von den Richtern Andrew Ferguson und Willie McMillan war 185, die zweithöchste des Tages nach John Angus MacLeods stilvoller und eindrucksvoller Vorstellung mit Ben. (Ben eindrucksvoll und John stilvoll!) In der Gesamtwertung kamen Garry und ich auf den 12. Platz im Team für Schottland.

Ich lebte wie im Traum. Zwei Tage später wurde der Traum Wirklichkeit, als ich schließlich feststellte, daß ich die zweithöchste Stufe meines Ehrgeizes erlangt hatte. Ich kletterte mit meinem ergebenen Garry zur höchsten Spitze des Whitelaw, von wo aus man die schönste vorstellbare Aussicht hat, und nach einem vorsichtigen Blick, um mich zu vergewissern, daß niemand in der Nähe war, kreischte ich mit höchster Stimme ‚Yipeee'. Die Schafe und eine Krähenfamilie in der Ferne schreckten auf, als das Echo um die einsamen Hügel widerhallte. Garry sah erstaunt zu mir auf, als ich mich lachend neben ihn warf. Er leckte meine Nase, und ich umarmte ihn vor Dankbarkeit.

Die Neuankömmlinge. Whitelaw Trim II und Whitelaw Jed II.

Während der folgenden Wochen gab ich Garry kein spezielles Training, außer dem Praktizieren des Shedding im ‚Internationalen Stil‘ und einem ‚Doppellift‘. Er war gewöhnt, auf dem Hügel weite Sammlungen auszuführen und wurde bei seiner täglichen Arbeit oft zurückgelenkt, um verschiedene Abtrennungen vorzunehmen. Ich machte mich zum ‚Blair Atholl International‘ erklärlicherweise extrem nervös auf den Weg, doch mit einem großen Vertrauen in meinen kleinen Partner. Sollten wir das Glück haben, uns für den Finaletag zu qualifizieren?

Das International 1982

Die Atmosphäre und die Aufregung meiner ersten Teilnahme an einem International Sheep Dog Trial wird mir ewig im Gedächtnis bleiben. Veranstaltet wurde es in dem schönen, welligen Parkland, welches das märchenhafte Schloß, dem Heim seiner Durchlaucht des Herzogs von Atholl in Blair Atholl, Perthshire, umgibt, auf einem weiten, tiefliegenden Feld. Die Richter waren Peter Hetherington aus Schottland, G. W. Jones aus Wales und Harry Huddleston aus England.

Garry startete in den Qualifikations-Trials am Donnerstag. Seinem Charakter gemäß, setzte er nie eine Pfote falsch, im Gegensatz zu mir, denn wir verfehlten alle unsere Gatter und liefen beim abschließenden Shed aus der Zeit. Unglücklicherweise neigten die Blackface-Schafe zur Flucht. Sie waren für einen Hund von Garrys Kaliber viel zu leicht. Es benötigte einen guten Handler, um sie bei der Geschwindigkeit durch die Hürden steuern zu können.

Obwohl ich es nicht schaffte, meinen Hund zum Finale zu qualifizieren, war die Erfahrung doch die Anstrengung wert, und ich kam auch nicht mit leeren Händen nach Haus. Französische Freunde brachten eine enorme, mit Ornamenten verzierte Glasflasche mit, die ein wunderbares Parfüm enthielt, welches mir ordnungsgemäß überreicht wurde, nachdem es aus den Wellington-Stiefeln einer lieben Freundin gezogen wurde, in denen es aus Sicherheitsgründen versteckt war. Bei besonderen Gelegenheiten, wenn ich das Parfüm benutze, werde ich jetzt an die Aufregung beim Blair Atholl International erinnert, doch noch mehr erinnert es mich an die Border Collie Fans, die es während des ganzen Weges von Frankreich hegten. Mein bisher stolzester Besitz wurde mir von Thomson Mc Knight auf der Tribüne überreicht. Es ist ein goldemailliertes Abzeichen, auf dem Jock Richardsons Wiston Cap abgebildet ist. Diese Abzeichen werden jedes Jahr an alle Mitglieder der Teams verschenkt.

Nach meinem Lauf am Donnerstag fuhren wir nach Hause, um unsere anderen Hunde zu füttern und zu bewegen, so daß wir am Samstag nach Blair Atholl zurückkehren konnten, um das Supreme Championship zu sehen. Als wir zu Hause ankamen, entdeckten wir, daß Trim, die nur einen Steinwurf von ihrem 12. Geburtstag entfernt war, zwei perfekt gezeichnete Zwillinge zur Welt gebracht hatte. Die Neuankömmlinge bekamen auf der Stelle ihre Namen-Whitelaw Trim II und Whitelaw Jed II.

Der Samstag dämmerte warm und sonnig herauf. Nach einem frühen Start waren wir schon bald auf der Haupttribüne in Blair bequem untergebracht. Die Blackface Schafe waren an jenem Tag deutlich leichter zu handhaben, und ich hätte fast alles dafür gegeben, den ‚Doppel-Lift‘ mit Garry versuchen zu können. Aber ich konnte meine Augen schließen und träumen. (Auf diese Weise ist es oft weniger enttäuschend.) Am Ende des Tages wurden das Teammitglied von Wales E. Wyn Edwards und sein stattlicher, langhaariger Bill die Stars von Blair Atholl. Dies war bereits ihr zweiter Supreme-Championship-Titel in Folge.

Das International — aus der Vogelperspektive

Aus meiner ‚weiblichen' Sicht sollte jedem Konkurrenten, der sich bei einem National qualifiziert, um beim International starten zu dürfen, erlaubt werden, seinen Hund im Supreme Championship laufen zu lassen. So wie es ist, hängt sehr viel vom Benehmen der Schafe, vom Glück und der Geschicklichkeit des Handlers ab, ob man durch das Qualifikationstrial kommt oder nicht. Ein viel besserer Weg, um sicherzustellen, daß jeder eine faire Chance bekommt, würde sein, die zehn höchstplazierten Hunde jedes Nationals zu nehmen und allen die Gelegenheit zu geben, den Doppel-Lift beim International zu versuchen. Wenn wir schon darüber reden — warum nimmt man nicht einen Mini-Doppel-Lift, bei dem jeder Konkurrent nur einen Hund seiner Wahl bei den National Sheepdog Trials einsetzen darf? Es würde sicherlich ein praktischeres und unterhaltsameres National sein, wenn die Fähigkeiten des echten Schäfers mit seinem Hund gefördert werden.

Ein anderer Punkt, der wert ist, im Einklang mit den Betroffenen überdacht zu werden, ist die Wahl des Platzes. Die Teilnehmer sind sich aber voll darüber im klaren, daß man nicht alleine das Feld in Betracht ziehen muß. Jedoch sollte dieser Punkt, zusammen mit der Wahl der Schafe, bei denen, die an der Auswahl beteiligt sind, an erster Stelle stehen. Im Einklang mit erfahrenen Veteranen sind große, flache Pfannkuchen-Felder nicht die geeigneten Plätze, um ein International durchzuführen. Ich zähle die gegebenen Gründe auf:

1. Entfernungen sind auf der Ebene extrem schwierig zu beurteilen.
2. Aus der Sicht des Hundes kann das Hören oft ein Problem sein, und so ist es auch.
3. Auf einem großen, flachen Feld neigen die Schafe zum Galoppieren, besonders die muskulösen Hügeltypen.
4. Wenn nicht die Richter und die Zuschauer oben auf der Haupttribüne plaziert sind, kann die Aktion des Hundes nicht beurteilt werden, wenn er hinter seinen Schafen auf einem flachen Feld steckt. Es ist praktisch unmöglich.

Warum also finden die International Sheep Dog Trials regelmäßig auf einer ebenen Fläche statt, wo doch jedes Land drei Jahre Zeit hat, ein entsprechendes Feld zu finden?

Das 1981er International, das auf einem hügeligen Kurs auf der Nord View Farm in Armathwait in Cumbria stattfand, war ein fairer und praktischer Test für Hunde und Handler und aus der Sicht der Zuschauer eine Freude zum Zusehen. Gebt uns doch mehr Kurse dieses Typs! Sie bieten ausgezeichnete Unterhaltung, die auch wertvoll für die Öffentlichkeit ist. Das Wichtigste aber ist, daß sie eine Herausforderung an die Collies und die Konkurrenten darstellen, denn schließlich würde es kein Trial ohne eine solche geben.

One Man and His Dog, 1982

Der Montag, 13. September 1982, sah uns wieder einmal auf der Straße. Diesmal fuhren wir in Richtung Fairlie, in der Nähe von Largs, an der Westküste Schottlands. Im hinteren Wagen befand sich eine kostbare Fracht — Geoff Junior, tiefschlafend, benutzte Garry als Kopfkissen und die hochträchtige Jed, um seine Füße zu wärmen.

Der Brief von der BBC hatte uns Ende April erreicht. Natürlich dachte ich, daß er nur für GWB sein sollte, bis ich beim näheren Hinsehen feststellte, daß er an mich adressiert war. Mein Puls beschleunigte sich, konnte es möglich sein? Nein, sicherlich nicht. Ich war gerade vom Lämmerfeld gekommen und wusch schnell noch meine Hände, bevor ich den langen weißen Umschlag aufriß, und, ganz sicher, da vor meinen Augen war es! Eine Einladung von Ian Smith, dem Produzenten, an den One Man and His Dog-Television-Sheepdog-Trials teilzunehmen.

Wir wurden, wie üblich, zuerst zu Hause gefilmt. Es war ein stürmischer Sommertag (Man konnte mich in meinem besten Kleid sehen, als ich wie rasend unseren Küchenboden schrubbte, damit ich für meine Besucher bereit war!) Draußen auf dem Hügel wurde ich einige Minuten lang von einem wolkenbruchartigen Regen überrascht, bis Ian einen gewissen Gentleman zu meiner Rettung sandte. Ich wurde hastig in ein Fahrzeug gepackt, das bereits von Leuten und Ausrüstung überquoll, während der arme Garry draußen lag, nasser und nasser wurde, und eine ungeduldige kleine Herde Cheviots bewachte.

Kurz darauf kehrte die Sonne zurück, und Garry wurde schnell mit ein paar alten Taschentüchern, die in den Tiefen einer Regenmanteltasche entdeckt wurden, trockengerieben, während ich mich bemühte, meine nassen Finger durch mein zerzaustes Haar zu ziehen. Mit der Hilfe einer warmen Brise war schnell wieder alles in Ordnung und das notwendige Filmen bald vollendet, wobei Geoff Junior und seine zahme, lahme Ente für immer auf dem Film unsterblich gemacht wurden. Ian, Margret (seine Produktionsassistentin) und die Film-Crew fuhren wieder einmal ab und nahmen, wie wir hofften, liebevolle Erinnerungen an Swindon und das Bowmont Water mit nach Hause.

Hier waren wir also an einem sonnigen Montagmorgen im September 1982, fuhren Richtung Westen, um einen Blick auf den Trialskurs zu werfen, um am folgenden Tag, wenn die schottische Ausscheidung von One Man and His Dog gefilmt werden sollte, bereit zu sein. Bei unserer Ankunft wurden wir von Alistair Cutter aus Stow, seiner Frau Sandra und Alistairs dreifarbiger ‚Klasse'- Hündin Midge begrüßt, die, zusammen mit John Templeton und seinem kurzhaarigen Dauer-Sieger Roy, das schottische Team komplett machten.

Auf den ersten Blick erfüllte mich der Kurs mit Bestürzung, jedoch, nachdem ich ihn mindestens dreimal überquert hatte, begann die knifflige Anlage in mir Gestalt anzunehmen. Es war bestimmt ein interessanter, spannender Kurs. In der Tat war er wirklich anspruchsvoll, und ich war entschlossen, jeden Augenblick der folgenden fünf Wettkampftage zu genießen. Ich hatte mir schon immer gesagt, daß ich an dem Tage, an dem ich das Trialling ‚ernst' nehmen würde, soweit es das Siegen betrifft, aufhören würde. Für mich bedeutet die Arbeit mit dem Hund in erster Linie Spaß haben, besonders wenn der Hund Initiative hat.

Der Kurs lag hoch oben auf einem felsenbestreuten Hang, mit wunderbaren Aussichten zur Linken zum glitzernden Silbersee, den Inseln von Cumbria mit den schroffen Bergspitzen von Arran, die in der Ferne über die Hügel hervorguckten. Ein schattiger Wald begrenzte den Kurs an seiner rechten Seite und schützte ihn vor dem brausenden Wind. Hinter dem Zentrum versteckte eine weitere Baumreihe und einige belaubte Dornensträucher einen tiefen Graben.

Eine Frau mit ihrer Herde, 1982 (Ian Hossack).

Nachdem wir den ‚Probelauf' eines örtlichen Schäfers und seines jungen Hundes für die Einstellung der Kameras gesehen hatten, quartierten wir uns mit Alistair und Sandra in einem komfortablen Hotel am See ein. Unser Zimmer lag zu ebener Erde, geeignet, den Parkplatz von hier aus sehen zu können, so daß wir einen achtsamen Blick auf Jed werfen konnten, die sich im hinteren Wagen befand, wo sie ihre Welpen zur Welt bringen sollte.

Der Morgen dämmerte grau aber glücklicherweise trocken herauf, und nach einem ausgiebigen, schmackhaften Frühstück machten wir uns auf den Weg zurück zu der Anlage, wo wir mit den Richtern Mervyn Williams und Thomson McKnight von Eric Halsall informiert wurden und er uns im Inneren eines Caravans, der auf dem schmalen Pfad geparkt war, von wo aus man den Kurs gut überblicken konnte, einen Plan der Anlage zeigte. Nachdem unsere Fragen beantwortet waren, wurde darum gelost, wer mit seinem Hund zuerst starten sollte.

Meine weibliche Intuition sagte mir, daß ich es sein würde. Ich hatte recht, es war so!! Nach dem Mittagessen machte ich mich auf. Das Mikrophon war sorgsam versteckt. Ich trug eine neue, lässige, türkisfarbene Bluse und meine alten Bluejeans. Da stand ich nun. Garry an meiner Seite blickte ruhig zu mir auf und wartete auf sein Stichwort. Endlich kam ein Zeichen in Form eines Winkes vom Bühnenleiter Keith Hatton, und wir schritten hinaus zu dem Markierungsstein am Rand des Sheddingringes.

Ich hatte mich entschieden, Garry nach links hinauszuschicken, für den Fall, daß die sieben Blckfaces gerne schwimmen und sich entschließen würden, zur See hinunter zu schießen! Garry rannte gut heraus, hob sich wie ein Schattenriß gegen die See, die Inseln, den Himmel ab und kam schnell direkt hinter seinen Schafen an. Sie waren wie die Engel und ließen sich in aller Ruhe aufnehmen, blieben zufrieden ‚in Linie'. Sie gingen durch den ersten Satz Hürden, dann hinunter in die Senke im Zentrum des Kurses.

Gespannt wartete ich auf ihr Wiederauftauchen, stand auf Zehenspitzen und seufzte vor Erleichterung, als sie wieder in Sicht kamen, langsam das seichte Wasser in dem Graben durchwatend. Das ‚Treiben' ging nach links, einen steilen Damm hinunter. Es war uns jedoch erlaubt, hinter den Schafen herzugehen und dann an einem großen glitzernden Fels anzuhalten, der zu diesem Anlaß angemessen mit ‚Der Fels des Schäfers' benannt wurde. Von hier an war der Hund auf sich selbst gestellt. Er mußte seine Schützlinge den Hang weiter hinunter und durch eine Lücke in der Hecke hindurchtreiben. Sobald ich sehen konnte, daß Garry mit seinen Schafen sicher durch die Bäume und über den Graben gelangt war, durfte ich wieder zum Shedding-Ring zurückkehren. Gleichzeitig spähte ich durch das Dickicht, damit ich das Quertreiben zu Ende bringen konnte. Plötzlich blieb ich wie versteinert stehen, als ich durch eine Lücke in der Hecke mit eigenen Augen sah, wie meine sieben ‚Engel' in aller Ruhe hintereinander an der falschen Seite eines weißen Markierungspfostens entlangmarschierten, wobei Garry vollkommen glücklich war, ihnen leise im Kielwasser folgen zu können. Ich stöhnte innerlich. Ich hatte die Existenz dieses Pfostens komplett vergessen. Es gab nichts mehr zu tun, als noch ein ‚gutes Ende' zu versuchen.

Die Schafe wurden um die Hecke am Ende des Quertriebs gewendet und durch zwei Hürden gebracht, bevor sie in dem mit Sägespänen markierten Shedding-Ring ankamen.

Der Ring war klein, und es dauerte ein paar Minuten, die sieben Schafe in Position zu bringen, damit der rotbebänderte ‚Jährling' sauber abgetrennt werden konnte, ohne daß seine Gefährten den Ring verließen. Dann ging es zum Pferch weiter, wo sie gefällig bis zum offenen Tor marschierten und sich schwer gegen das Gatter lehnten. Garry starrte sie an, während ich mit dem Seil wackelte und mit meiner Schäferkrücke leise auf den Boden klopfte. Ich erinnerte mich daran, wie ich bei einer anderen Gelegenheit, als ich das gleiche mit einem geliehenen Stock tat, nicht gewußt hatte, daß Holzwürmer ihn durchlöchert hatten. Das Resultat war, daß er barst und ich mit dem Horn in der Hand ziemlich dumm aus der Wäsche guckte.

Ich dirigierte Garry etwas nach links. Einen Moment lang schlug mir das Herz bis zum Hals, als ein Schaf plötzlich einen winzigen Sprung in die Freiheit versuchte. Schnell wie der Blitz wendete Garry es wieder zurück, und die sieben Schafe gingen demütig in den Pferch. Ich schloß rasch das Gatter, rief Garry zu mir und wartete auf Keith Hattons Wink, welches das Signal sein sollte, daß die Kameras abgestellt waren.

Die schottische Ausscheidung wurde von John Templeton mit Roy gewonnen. Garry und ich waren Zweite. Alistair mit Midge gute Dritte.

Ian Smith hätte gerne die Geburt von Jeds Welpen gefilmt, wenn sie ihn fristgericht zur Welt gebracht hätte. ‚Little Spider', der ein paar Tage, nachdem wir wieder nach Hause zurückgekehrt waren, geboren wurde, lebte traurigerweise nur drei Tage. Jed war schon zu alt und für eine leichte Geburt zu dick.

Kapitel 16

Omega

Bis vor kurzem war der Frühling meine liebste Jahreszeit, der Sommer lag in meiner Gunst knapp dahinter an zweiter Stelle. Das zeitige Frühjahr trägt einen eigenen Wohlgeruch mit sich. Ein warmes, lindes Aroma treibt die rauhe Starrheit des Winters aus und vermittelt einem das entspannende Gefühl, ‚glücklich überlebt' zu haben. Mir werden immer noch die Augen feucht beim süßen Morgengesang der Vögel in der Dämmerung und dem Anblick der ersten Lämmer. Im Sonnenlicht badende, goldene Schlüsselblumen, die wild am moosigen Ufer wachsen, verzaubern mich noch immer.

Das Gefühl des warmen Frühlingsregens erfrischt meine Haut, und der Wind trägt den köstlichen Geruch dampfender Erde in meine Nase. In der Dämmerung vermischt sich das Parfüm des saftigen, jungen Grases und der kräftigen Fichten zu einer Köstlichkeit. Zarte Spinngewebe, in Tau getaucht, schimmern und strahlen zu meiner Freude.

Vielleicht, wie alles andere auch, wechselt unsere Vorliebe für die Jahreszeiten mit der Zeit, denn inzwischen seufze ich erleichtert auf, wenn der Herbst in Erscheinung tritt. Es ist eine Zeit des Besinnens, eine Zeit der Entspannung, eine Zeit des flüchtigen Spätsommers und der gemütlichen Abende am Kaminfeuer. Es ist die Zeit des Neubeginns, wenn die Mutterschafe sich nicht mehr nach ihren abgesetzten Nachkommen sehnen, wenn sie ihre Gedanken anderen Dingen zuwenden und zufrieden auf dem glatten, abgeweideten Gelände grasen. Es ist die Zeit, wenn die Schwalben ‚Lebewohl' sagen. Es gibt keine Hetze mehr beim ersten Sonnenstrahl, wenn verschlafene Augen sich zu entfernten Sheepdog-Trials aufmachen. Keine Sorge mehr um die Tiere, die zu Hause zurückgelassen werden. Ich staune beim Anblick der leuchtenden Ebereschen, der lebhaften Hagebutten und Mehlbeeren.

Auf dem Hügel folgen mir die wohlgenährten Kühe in ihrem glatten Fell neugierig durch das raschelnde Farnkraut. Die kahlen Stoppeln warten geduldig auf den Pflug. Ich lausche erwartungsvoll der Musik klirrender Steine auf Metall, dem Geräusch der seufzenden Erde, wenn sie flink ins Schwarze gewendet wird und für die kreisenden Vögel einladend offen daliegt.

Cheviot-Lämmer grasen auf dem smaragdenen Wintergras, unterbrechen nur, um ein undeutliches ‚Willkommen' zu blöken, ihre Mäuler mit saftigen Gräsern gefüllt. Ihre Mütter haben sie längst vergessen. Die Bäume sind mit Gewändern aus Gold, Bronze, Gelb und fahlem Grün anmutig verziert. Da ist eine Schärfe in der Luft, die belebt. Es ist eine Beruhigung zu wissen, daß alles sicher eingebracht ist. Ich heiße dich willkommen, friedlicher, wunderschöner Herbst.

Schlußwort

Ich hoffe, daß die Geschichte sich wiederholt, denn friedlich in ihren Zwingern schlummernd, befindet sich eine neue Generation von Border-Collie-Welpen für GWB. Jan II ist aus einer Schwester der originalen schnellflankierenden ‚Biontic-Bitch'. Die Geschwister Jed und Trim II, träumen von dem Tag, an dem sie ‚wie ein Mann' zusammen arbeiten können.

Und für mich ist da das Kind mit seiner weißen Blesse aus der letzten Verbindung von Garry und der süßen Leadburn Nell.

Gemütliche Abende am Feuer.

G.W. Billingham 1975

BORDER COLLIES

- Meine treuen Freunde -

Eric Halsall
Kommentator der BBC-Fernsehsendung:
"One Man and his Dog"

283 Seiten, 133 Fotos

Dies Buch gibt sowohl einen realen Einblick in das Arbeitsleben der Schäfer auf den Hügeln Britanniens als auch eine liebevolle Einsicht in die Charaktere und Eigenschaften der Colliehunde, die ein Leben lang deren Gefährten sind.

MEIN LEBEN MIT BORDER COLLIES

Training — Handling — Trialing

H. Glyn Jones und Barbara C. Collins

Hardcover, Schutzumschlag
196 Seiten, 114 Fotos

Glyn Jones ist ein hervorragender Border-Collie-Trainer. Er betrachtet jeden Hund als ein Individuum. Diese von seinem Vater ererbte Kunst praktiziert und entwickelt er weiter. In MEIN LEBEN MIT BORDER COLLIES erklärt er die Entwicklung seines Systems und legt detailliert dar, wie junge Hunde aufgezogen, trainiert und als Arbeitshunde eingesetzt werden.

Bestseller in Amerika!

EINZIGARTIGE HUNDE GEFÄHRLICHE MÄNNER

Donald McCaig — 216 Seiten, 20 Fotos

„Berückend ... Das Herz von EINZIGARTIGE HUNDE, GEFÄHRLICHE MÄNNER berührt einen tieferen Akkord: den Adel des Geistes." — Chicago Tribune

Wenn der Autor von NOPS TRIALS Schottland nach dem richtigen Border Collie durchsucht, um diesen mit auf seine Farm nach Amerika zurückzubringen, dann ist das Ergebnis nicht nur ein lebhaftes Abenteuer in den Highlands. Es ist auch eine tief bewegende Schilderung des alten, seltsamen Paktes zwischen Mensch und Hund.

NOPS TRIALS

- ein Hundeschicksal -

Donald McCaig — 330 Seiten
neue, ungekürzte Fassung — 13 Illustrationen

„NOPS TRIALS hielt mich bis zur letzten Seite in Spannung. Glaubwürdig, bewegend, schön. Diese Geschichte von der Hingabe eines Mannes zu seinem Hund ist so spannend wie ein Kriminalroman." — JAMES HERRIOT

GÜNTER PIEPENBROCK
BUCHVERLAG UND VERSAND
MACKEBENSTR. 14 · D-33647 BIELEFELD
TELEFON 05 21 / 44 08 55